高等院校金融数学丛书

非寿险索赔准备金评估随机性方法

张连增　段白鸽／编著

北京大学出版社
PEKING UNIVERSITY PRESS

图书在版编目(CIP)数据

非寿险索赔准备金评估随机性方法/张连增,段白鸽编著. —北京：北京大学出版社，2013.11

(高等院校金融数学丛书)

ISBN 978-7-301-23357-3

Ⅰ. ①非… Ⅱ. ①张… ②段… Ⅲ. ①保险－索赔－准备金－评估方法－研究－中国 Ⅳ. ①F842.6

中国版本图书馆 CIP 数据核字(2013)第 248299 号

书　　名：非寿险索赔准备金评估随机性方法

著作责任者：张连增　段白鸽　编著

责 任 编 辑：尹照原　曾琬婷

标 准 书 号：ISBN 978-7-301-23357-3/N・0058

出 版 发 行：北京大学出版社

地　　址：北京市海淀区成府路 205 号　100871

网　　址：http://www.pup.cn　新浪官方微博：@北京大学出版社

电 子 信 箱：zpup@pup.cn

电　　话：邮购部 62752015　发行部 62750672　编辑部 62752021　出版部 62754962

印　刷　者：北京大学印刷厂

经　销　者：新华书店

787mm×980mm　16 开本　12.75 印张　280 千字

2013 年 11 月第 1 版　2013 年 11 月第 1 次印刷

定　　价：38.00 元

作 者 简 介

张连增 南开大学经济学院风险管理与保险学系教授、博士生导师。研究领域：统计精算与定量风险管理。

自1996年开始从事精算学的教学科研工作，注重高水平精算理论研究，在 *Insurance: Mathematics and Economics*，*North American Actuarial Journal*，*Scandinavian Actuarial Journal* 等国际精算顶级期刊发表过研究论文。自2003年至今，结合当前我国非寿险精算实务的需要，在国内较早而又系统地开展了非寿险精算的教学研究，尤其在非寿险准备金评估领域取得了丰富的研究成果。多年来为精算专业研究生开设"随机过程"、"精算风险理论"、"非寿险准备金评估"及"金融风险管理"等课程，在保险精算、统计、金融交叉学科的研究中积累了丰富的经验，形成了比较成熟的精算观点。在多年的教学研究工作中，与国内外精算同行建立了广泛的学术交流与合作关系。作为访问学者，曾应邀访问了香港大学统计与精算学系、墨尔本大学精算研究中心、加拿大滑铁卢大学统计与精算学系等。

段白鸽 复旦大学经济学院风险管理与保险学系教师、师资博士后，中国准精算师。研究领域：统计精算与定量风险管理、不确定性经济学。

自2007年开始从事精算学的学习和科研工作，一直注重高水平精算理论研究，在国际精算顶级期刊 *Insurance: Mathematics and Economics*，*Scandinavian Actuarial Journal* 发表过研究论文。自2010年至今，在CSSCI核心刊物已发表论文25篇。与其博士生导师张连增教授合著了《寿险精算习题解答》一书，参编了《寿险精算》(2011年以来中国精算师资格考试指定用书)一书，并参与张连增教授主持的国家自然科学基金项目"非寿险定价与索赔准备金评估的分层模型研究"和"财险公司准备金估计随机性方法的理论研究"及中央高校基本科研业务费专项资金(跨学科创新团队建设基金)项目"金融工程与精算学中的定量风险管理统计模型与方法"等。多次参加国内外学术交流，有多篇论文被国际会议收录。2011年12月，作为访问学者，应邀访问了香港大学统计与精算学系。

前　言

2008年9月至2009年8月，我在加拿大滑铁卢大学统计与精算学系访问期间，采用Wüthrich和Merz的专著为教材，为滑铁卢大学精算研究生开设损失准备金评估（Loss Reserving）课程。教学之余，我及时关注近年来国际精算期刊上最新发表的研究论文。回国后，这项工作一直在坚持。从2010年3月开始，我为南开大学经济学院精算专业硕士生开设非寿险精算理论专题课程。2011年3月，又为硕士生开设相同的课程。在教学的同时，我对讲课内容进行了系统的整理完善，形成了本书的前半部分内容。最近几年，我指导研究生开展非寿险准备金评估随机性方法的研究工作。在这方面，2010级的博士生段白鸽取得了很好的研究成果，部分成果经整理后形成了本书的后半部分内容。

本书的大部分内容参考2008年出版的著作*Stochastic Claims Reserving Methods in Insurance*，*Wiley Finance*，其作者是瑞士苏黎世联邦理工学院（ETHZ）数学系的M. Wüthrich和M. Merz. 这是一部划时代的专著，国际上精算专家、苏黎世联邦理工学院的教授H. Bühlmann对它发表了书评。该书系统整理、总结了索赔准备金评估随机性方法的研究成果，有些即将发表的成果也收入其中。自该书出版至今已过去了五年，在此期间，书中有些内容已经出现于精算期刊中。

本书前七章选材于上述专著，它们也是上述专著的主要内容。除了第一章引言和符号之外，从第二章到第七章分别介绍了索赔准备金评估的各种随机性方法。上述专著中的数值例子大多用MS Excel实现。在过去四年的教学中，我对所有的数值例子都已用R软件得以实现。目前，R软件在国际上已成为日益流行的开发软件。它也有几个精算软件包，在精算教学研究中，R软件已经成为基本工具之一。

第八章是Münich链梯法的介绍。Münich链梯法出现于2004年，它是标准链梯法的改进，适合于同时有已决赔款数据和已发生赔款数据时使用，在索赔准备金评估中有重要的应用价值。近年来关于该方法的研究已成为一个热点。

第九章介绍了近年来较为流行的Clark方法，它是通过对损失进展过程引入增长曲线建模来评估索赔准备金的。本章内容来自以往的研究论文。

第十章介绍了非线性分层增长曲线模型，这是近年来已得到关注的较新的方法。分层模型在非寿险精算学中的应用研究已经出现。本章内容从非线性分层模型的角度，把流量三角形每个事故年数据视为纵向数据，给出了索赔准备金评估的一种方法。

索赔准备金评估随机性方法是当前国际精算理论研究的前沿，对较新的研究成果，本书暂未介绍，有待于以后补充完善，如分层广义线性模型、多元索赔准备金评估方法、模型统计诊断等。另外，以往的方法大多数是关于宏观水平数据（由个体数据汇合之后形成）的索赔准备金评估方法，近年来，直接采用微观水平数据的索赔准备金评估方法已经成为一个研究热点。这些都是本书之后的研究内容。

本书的出版得到了中央高校基本科研业务费专项资金“金融工程与精算学中的定量风险管理统计模型与方法”（NKZXTD1101）的资助，在此表示衷心的感谢。

张连增

2013 年 6 月

目　　录

第一章　引言和符号

§1.1　索 赔 过 程

在本书中，我们主要考虑针对一大类保险产品的索赔准备金的评估问题．这类保险产品在欧洲大陆被称为非寿险，在英国被称为一般险，在美国被称为财产和意外伤害险．该类产品的分支包括了除寿险之外的所有保险产品．这种划分主要基于以下两个考虑：

(1) 寿险产品与非寿险产品在很多方面有着显著的差异，例如合同条款、索赔类型、风险驱动因素等造成的差异．这意味着寿险与非寿险产品在建模上也有很大的差异．

(2) 在许多国家，如瑞士和德国，寿险和非寿险产品在法律上有着严格的界限．这意味着一家经营非寿险产品的公司是不允许销售寿险产品的，反之亦然．因此，在瑞士，同时销售寿险产品和非寿险产品的公司，都拥有至少两个以上的法律实体．

非寿险产品业务通常包括以下几种：

(1) 机动车／汽车保险(机动车第三者责任险，机动车车损险)；

(2) 财产险(私人和商业的防火、防水、洪水、商业中断险等)；

(3) 责任险(私人和商业的责任险，包括董事和高管的责任险)；

(4) 意外险(个人和群体的意外险，包括强制性的意外险、工伤赔偿保险)；

(5) 健康险(私人性质的个人和群体健康险)；

(6) 海上保险(包括运输险)；

(7) 其他保险产品(航空意外险、旅行险、法律保护险、信用保险、传染病险等)．

一份非寿险保单是保险人和被保险人双方之间的合同．该合同规定保险人收取固定的(确定性的)金额，称为**保费**．当明确指定的随机事件发生之后，保险人要向被保险人支付经济补偿．当指定的事件发生时，被保险人获得一定金额给付的权利，就构成了被保险人向保险人的**索赔**(claim)．

保险人就一项索赔有义务支付给被保险人的金额称为**索赔额**(claim amount)或**损失额**(loss amount)．完成一项索赔的支付(payment)可称为**索赔支付**(claim payments)，也可称为**损失支付**(loss payments)、**已付赔款**(paid claim)或**已付损失**(paid loss)．

一般情况，保险公司对一项索赔无法立即结案(settle)，这主要有以下三个原因：

(1) 报案延迟(reporting delay)，即“索赔发生”和“索赔报告给保险人”两者之间存在时滞．一项索赔的报案过程可能持续长达数年之久，如石棉污染、环境污染的索赔．

(2) 索赔报告给保险人之后，索赔的最终结案可能仍需数年时间. 例如，财产险的索赔通常能相对较快地结案，而对责任险或人身伤害险的索赔，为充分了解索赔的情况，常常需要较长的时间.

(3) 还有一种情况，就是对已经结案的索赔，因为一些未预期到的新进展或旧病复发，需要重新处理.

1.1.1 会计原则和事故年

有三种不同的保费会计原则：

(1) 入账保费(premium booked)原则；

(2) 签单保费(premium written)原则；

(3) 已赚保费(premium earned)原则.

保费会计原则的选择依赖于承保业务的种类. 本书在不失一般性的情况下，集中讨论已赚保费原则.

通常，保险公司在一年内至少会结算一次. 例如，我们假设结算日是在每年的 12 月 31 日，那么对于生效日为 2008 年 10 月 1 日，有两次分期保费分别发生在 2008 年 10 月 1 日和 2009 年 4 月 1 日的一年期保单，应该如何记账？ 我们假设：2008 年的签单保费为 100 元，2008 年的入账保费为 50 元(即 2008 年实际收到的保费)，2008 年 12 月 31 日的未来保费为 50 元(在 2009 年应收到的保费，也即 2009 年的入账保费).

如果假设风险暴露在时间上是均匀分布的，那么 2008 年的已赚保费为 25 元(对应于 2008 年的风险暴露的保费)，2008 年 12 月 31 日的未赚保费准备金(UPR)为 75 元(对应于 2009 年的风险暴露的保费)，即 2009 年的已赚保费为 75 元.

如果风险暴露在时间上不是均匀分布的，那么就需要用其他方法把已赚保费分摊到不同会计年度. 为了保持财务报表的一致性，事故日期和保费会计原则的相容性(通过风险暴露模式)就很重要. 因此，2008 年发生的所有索赔必须与 2008 年的已赚保费相匹配，即 2008 年的索赔必须由 2008 年的已赚保费来赔付，而 2008 年之后发生的索赔必须由 2008 年 12 月 31 日的未赚保费准备金来赔付.

因此，一方面保险公司必须提取保费准备金以应对未来的风险暴露，另一方面针对以往风险暴露带来的未结案索赔，必须提取索赔准备金. 针对以往风险暴露，有两种不同类型的索赔准备金：

(1) IBNyR(Incurred But Not yet Reported)准备金. 这部分索赔准备金对应于 2008 年 12 月 31 日之前已发生，但在年末尚未报告给保险公司的索赔(即报告延迟至以后会计年度)，见表 1.1.

(2) IBNeR(Incurred But Not enough Reported)准备金. 这部分索赔准备金对应于已于 2008 年 12 月 31 日前报告，但还未结案的索赔，即可以预期未来会有赔付，这些赔付应由已赚保费承担.

这意味着通过风险暴露模式,索赔支付与保费直接关联.这种关联性决定了要为索赔结案提供准备金(reserves).其他保险结构,如社会保险,保险人通常采用现收现付制(pay-as-you-go)来支付索赔.保险人需确保当前的保费收入至少足够支付当前的索赔赔付.这通常是法律强制保险.在本书中,我们不考虑这种类型的保险.

表 1.1 给出了 IBNyR 索赔次数的报告延迟.

表 1.1 IBNyR 索赔次数的索赔进展三角形

事故年 i	进展年 j										
	0	1	2	3	4	5	6	7	8	9	10
0	368	191	28	8	6	5	3	1	0	0	1
1	393	151	25	6	4	5	4	1	2	1	0
2	517	185	29	17	11	10	8	1	0	0	1
3	578	254	46	22	17	6	3	0	1	0	0
4	622	206	39	16	3	7	0	1	0	0	0
5	660	243	28	12	12	4	4	1	0	0	0
6	666	234	53	10	8	4	6	1	0	0	0
7	573	266	62	12	5	7	6	5	1	0	1
8	582	281	32	27	12	13	6	2	1	0	
9	545	220	43	18	12	9	5	2	0		
10	509	266	49	22	15	4	8	0			
11	589	540	29	17	12	4	9				
12	564	496	23	12	9	5					
13	607	203	29	9	7						
14	674	169	20	12							
15	619	190	41								
16	660	161									
17	660										

1.1.2 索赔通胀

索赔成本(claim costs)经常会受到索赔通胀的影响.这里的索赔通胀与典型的收入通胀或价格通胀很少有关联,而与特定的保险业务有关.例如,由于意外险和医疗费增长导致的索赔通胀;由于机动车车损险、汽车维修技术的复杂性导致的索赔通胀.重要的一点在于这种索赔通胀可能从事故发生日持续到最终赔付或结案日.在本书中,我们不讨论这点.

§1.2　未决损失负债及常用符号

在本节，我们给出索赔准备金评估中常用的记号和术语. 在大多数情形下，未决损失负债都是通过“索赔进展三角形”(见图 1.1)来研究的，它把保险索赔按两个时间轴加以划分.

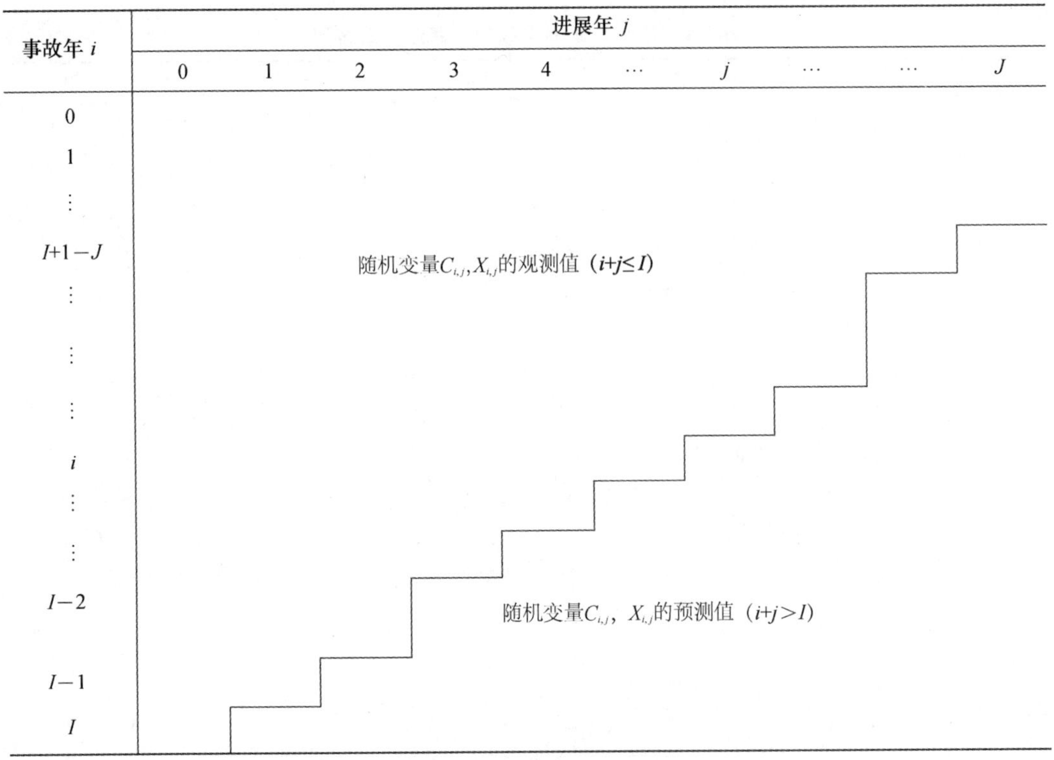

图 1.1　索赔进展三角形

图 1.1 中 i 表示事故年，即事故发生年(纵轴)；j 表示进展年，亦即进展期(横轴)；I 表示最近的事故年，J 表示最后的进展年，且 $i \in \{0,1,\cdots,I\}$，$j \in \{0,1,\cdots,J\}$.

为了举例说明，可以假设 $X_{i,j}$ 表示赔付(后面给出其他的含义)，那么 $X_{i,j}$ 表示第 i 个事故年发生的索赔在第 j 个进展年的所有赔付，即 $X_{i,j}$ 是第 i 个事故年的索赔在第 $i+j$ 个会计年度的增量索赔. 第 i 个事故年的索赔经过 j 个进展年之后的累计赔付记为 $C_{i,j}$，即

$$C_{i,j} = \sum_{k=0}^{j} X_{i,k}.$$

在事故年 I，索赔进展三角形可分为两部分：上三角形(梯形)包含了所有满足 $i+j \leqslant I$

的观测值 $X_{i,j}$，而下三角形包含了所有满足 $i+j>I$ 的未决赔付 $X_{i,j}$ 的估计值或预测值. 引入如下符号：

$$\mathcal{D}_I = \{X_{i,j} \mid i+j \leqslant I, 0 \leqslant j \leqslant J\}$$

表示上三角形；

$$\mathcal{D}_I^c = \{ X_{i,j} \mid i+j > I, i \leqslant I, j \leqslant J\}$$

表示下三角形. 从左下方到右上方的各条对角线表示会计年 $k=i+j$ $(k \geqslant 0)$. 第 k 个会计年的增量索赔记为

$$X_k = \sum_{i+j=k} X_{i,j} .$$

增量索赔 $X_{i,j}$ 可以表示 (i,j) 单元的增量支付，也可以表示第 i 个事故年的报告延迟为第 j 个进展年的已报告索赔次数，或表示 (i,j) 单元的索赔额的变化量. 累计索赔 $C_{i,j}$ 可以表示累计赔付，也可以表示所有的已报告索赔次数，或表示已发生索赔额. $C_{i,J}$ 常常被称为事故年 i 的最终索赔额或总的索赔次数.

如果 $X_{i,j}$ 表示增量赔付，那么第 i 个事故年在第 j 个进展年的未决损失负债定义为

$$R_{i,j} = \sum_{k=j+1}^{J} X_{i,k} = C_{i,J} - C_{i,j}.$$

$R_{i,j}$ 的预测称为索赔准备金(claims reserves). 第 i 个事故年的最终索赔额就是 $C_{i,J}$.

我们做两个一般性的假设：

(1) 在本书中，假设 $I=J$ ；

(2) 对于所有的 $j>I$，都有 $X_{i,j}=0$.

第一个假设可极大地简化符号和公式.

§1.3　一些注记

在构造损失准备金评估模型，并对最终索赔额进行估计和预测时，有几种可能的方式来考虑索赔数据. 一般以下几类数据是研究对象：

(1) 累计或增量索赔数据；

(2) 已支付或已发生索赔数据；

(3) 区分小额与大额索赔数据；

(4) 指数化或未经指数化的索赔数据；

(5) 索赔次数或索赔平均额数据.

通常情况下，采用不同的方法和按不同聚合方式得到的数据集，产生的结果差异会很大. 针对特定的数据集，只有经验丰富的准备金评估精算师才能够判断出对未来负债的估计哪个是准确的或好的，哪一种方法适用于哪种数据集.

一般在使用索赔准备金评估方法之前,首先需要理解数据反映出来的许多现象,而不能仅仅应用某个随机性模型通过过去的观测值直接预测未来.尤其对直保业务,对数据的理解甚至可以直接归结到单个索赔,以及索赔理赔人员的个人知识.

因此,在本书中,我们会介绍用来估计损失准备金的不同方法,但只有结合实务经验才能确定适用于某个特定情形的方法.本书的重点在于对随机性模型的数学描述,并推导这些模型的各种性质;针对特定的数据集,选择合适的模型,这一问题在本书中仅部分涉及.事实上,模型选择问题在实际应用中可能是最困难的问题之一.另外,在索赔准备金评估的文献中,关于模型选择的讨论也是非常有限的,例如,Barnett 和 Zehnwirth(2000)[1] 以及 Venter(1998)[2] 研究了链梯法的某些方面.从这个角度看,在本书中,我们将非常机械地应用不同的随机性模型,而没有考虑使用哪个模型.

在本书中,我们总是采用同样的数据集(由表 2.2 给出,它是累计索赔数据 $C_{i,j}$).对于该数据集,我们应用各种随机性模型,有些方法完全是基于数据的,而另外一些加入了专家观点(expert opinions)和外部知识(external knowledge).在经典的索赔准备金评估文献里,索赔准备金经常被理解为对未决损失负债给出的最优估计.

给出最优估计意味着精算师要应用某种算法,得到数值结果.近年来,尤其是在新的偿付能力监管框架下,保险业内也开始关注不利索赔准备金(adverse claims reserves)的进展,并估计未来可能发生的潜在的损失.这些问题要求采用随机性索赔准备金评估模型,使得一方面从理论上支持索赔准备金评估的算法,另一方面对算法中的不确定性进行度量.

从这种观点出发,我们必须认识到,随机性准备金评估模型并不是确定性算法失效下的解决方案,而是使用合适的随机性模型,度量确定性索赔准备金评估算法中的不确定性.

本书的重点在于估计索赔准备金总额,并度量准备金的预测不确定性.这是一种长期的观点,对偿付能力问题是重要的.然而也存在其他观点(如短期观点)度量不确定性(如损益表中的不确定性).在长期管理决策中,短期观点是重要的.

另外,索赔准备金总是用名义货币单位(nominal scale)来度量的.从经济学的观点来看,我们也应研究贴现准备金(discounted reserve),因为它与金融市场和保险负债的市场价值是相关的.然而,关于非寿险现金流组合的市场价值,人们的认识尚浅,对其推理可能需要一套新的数学工具,进而理解非寿险准备金的金融市场驱动因素.

在本书中,索赔进展三角形的数据(已支付的或已发生的)通常包含了能够分摊到单个索赔的损失调整费用(从而包含在索赔额里),这类费用称为可分摊损失调整费用,记为ALAE(allocated loss adjustment expenses).ALAE 中典型的有外部诉讼费用、外部专家费用等.内部损失调整费用(理赔部门和索赔处理系统的维护、管理费等)通常不包含在索赔额里,需要单独估算,这类费用称为不可分摊损失调整费用,记为 ULAE(unallocated loss adjustment expenses).在本书中,我们对 ULAE 不再涉及.

参考文献

[1] Barnett G, Zehnwirth B. Best estimates for reserves. Proc CAS, 2000,87: 245-321.
[2] Venter G G. Testing the assumptions of age-to-age factors. Proc CAS,1998,85: 807-847.

第二章　基本方法

在本章中，我们从以下三种标准方法出发，展开对索赔准备金评估的讨论：

(1) 链梯法(Chain-ladder/CL)；

(2) BF 法(Bornhuetter-Ferguson)；

(3) 关于索赔次数的泊松模型(Poisson model).

本章的目标是让读者初步了解如何解决索赔准备金估计问题. 链梯法和 BF 法是最简单的索赔准备金评估方法. 由于其简单性，使得它们是实际中最常使用的方法. 虽然算法简单，但是计算结果经常出乎意料的准确. 以上三种方法在本书第三章、第四章和第六章将分别有更详细的讨论.

链梯法和 BF 法可以理解为确定索赔准备金的纯粹的算法. 这些算法被机械地用于预测未来负债. 然而，一般来说，这种理解没有考虑到对预测结果的不确定性的度量. 只有建立了随机性模型，使得准备金评估算法基于这些模型，才能够确定预测结果的不确定性. 因此，在本章中，我们将定义链梯法和 BF 法的随机性模型，它们将在本书后面各章中用到.

在本章中，我们仍然沿用第一章的假设，对于所有 $j > J$，都有 $X_{i,j} = 0$，并有 $I = J$.

§ 2.1　链　梯　法

链梯法也许是在理论和实务中最流行的索赔准备金评估方法. 在精算的经典文献里，经常把链梯法解释为估计索赔准备金的一种纯粹计算算法. 很久之后，精算师才开始考虑从理论上能支持链梯法的随机性模型. 目前，已有几种支持链梯法的随机性模型. 在本节中，我们介绍与分布无关的理论推导(Mack，1993[1]). 关于与分布无关的链梯法的条件预测误差将在第三章讨论. 在本章的 § 2.3 中，我们给出支持链梯法的另外一种随机性模型.

与分布无关的链梯法的推导基于以下假设，该假设把相邻的累计索赔与适当的联结比率联系起来.

模型假设 2.1(与分布无关的链梯法)

(1) 不同事故年 i 的累计索赔 $C_{i,j}$ 是独立的；

(2) 存在一组进展因子 $f_0, f_1, \cdots, f_{J-1} > 0$，使得对所有的 $0 \leqslant i \leqslant I$ 和 $1 \leqslant j \leqslant J$，等式

$$\mathrm{E}(C_{i,j} \mid C_{i,0}, C_{i,1}, \cdots, C_{i,j-1}) = \mathrm{E}(C_{i,j} \mid C_{i,j-1}) = f_{j-1} \cdot C_{i,j-1} \tag{2.1}$$

成立.

注 (1) 模型假设 2.1 源自 Mack(1993)提出的与分布无关的链梯法模型的前两项假设. 虽然只有关于一阶矩的假设,但是已经足够对预期的未来索赔进行条件估计(从而描述链梯法算法). 只有在对预测和估计的不确定性加以度量时,才需要高阶矩假设. 完整的 Mack 模型将在第三章 §3.2 给出.

(2) 不同事故年的索赔是独立的假设,对几乎所有的索赔准备金评估方法都是常见的. 此项假设的一个含义就是应该消除数据中的会计年度的效应.

(3) f_j 称为联结比率(link ratios)、进展因子(development factors)、链梯因子(CL factors)或逐年因子(age-to-age factors),它是链梯法的核心,描述了如何把相邻累计索赔联在一起.

下文中 $\mathcal{D}_I = \{C_{i,j} \mid i+j \leqslant I, 0 \leqslant j \leqslant J\}$ 表示在时刻 I 的观测值的集合,即上三角形.

引理 2.1 在模型假设 2.1 下,可以得到

$$\mathrm{E}(C_{i,J} \mid \mathcal{D}_I) = \mathrm{E}(C_{i,J} \mid C_{i,I-i}) = C_{i,I-i} \cdot f_{I-i} \cdot f_{I-i+1} \cdot \cdots \cdot f_{J-1}. \tag{2.2}$$

证明 应用条件期望的性质、各事故年的独立性以及(2.1)式,可得

$$\begin{aligned}\mathrm{E}(C_{i,J} \mid \mathcal{D}_I) &= \mathrm{E}(C_{i,J} \mid C_{i,0}, C_{i,1}, \cdots, C_{i,I-i}) \\ &= \mathrm{E}((\mathrm{E}(C_{i,J} \mid C_{i,J-1}) \mid C_{i,0}, C_{i,1}, \cdots, C_{i,I-i}) \\ &= f_{J-1} \cdot \mathrm{E}(C_{i,J-1} \mid \mathcal{D}_I).\end{aligned}$$

迭代上述步骤,直到对角线 $i+j=I$ 时,即可证得该引理. □

在给定 $\mathcal{D}_I$ 的条件下,引理 2.1 给出了预测最终索赔 $C_{i,J}$ 的算法,该算法经常被称为递推法.

对于已知的链梯因子 f_j,基于 $\mathcal{D}_I$ 的第 i 个事故年的未决索赔负债可用下式预测:

$$\mathrm{E}(C_{i,J} \mid \mathcal{D}_I) - C_{i,I-i} = C_{i,I-i}(f_{I-i} f_{I-i+1} \cdots f_{J-1} - 1). \tag{2.3}$$

上式为在基于 $\mathcal{D}_I$ 和已知的链梯因子 f_j 条件下,第 i 个事故年的"最优估计"准备金. 注意,(2.3)式也可用于在基于 $\mathcal{D}_I$ 条件下,对随机变量 $C_{i,J} - C_{i,I-i}$ 加以预测.

然而,在大多数实际应用中,链梯因子是未知的,同样需要估计. 具体的估计方法如下:对于 $j = 0, 1, \cdots, J-1$,有

$$\hat{f}_j = \frac{\sum_{i=0}^{I-j-1} C_{i,j+1}}{\sum_{i=0}^{I-j-1} C_{i,j}} = \sum_{i=0}^{I-j-1} \frac{C_{i,j}}{\sum_{k=0}^{I-j-1} C_{k,j}} \cdot \frac{C_{i,j+1}}{C_{i,j}}. \tag{2.4}$$

也就是说,链梯因子的估计值是每个事故年的单个进展因子 $F_{i,j+1} = C_{i,j+1}/C_{i,j}$ 的加权平均,权重是每个事故年至进展年 j 为止累计索赔额占所有事故年至进展年 j 的累计索赔总额的比例.

估计量 2.1(CL 估计量) $\mathrm{E}(C_{i,j}\mid\mathcal{D}_I)$ 的 **CL 估计量为**

$$\hat{C}_{i,J}^{\mathrm{CL}}=\hat{\mathrm{E}}(C_{i,j}\mid\mathcal{D}_I)=C_{i,I-i}\hat{f}_{I-i}\cdots\hat{f}_{j-1},\quad i+j>I. \tag{2.5}$$

如果把链梯法理解为一种机械的算法,那么(2.5)式就给出了在链梯法下索赔准备金的估计.

我们定义

$$\mathcal{B}_k=\{C_{i,j}\mid i+j\leqslant I,0\leqslant j\leqslant k\}\subseteq\mathcal{D}_I. \tag{2.6}$$

特别地,有 $\mathcal{B}_J=\mathcal{D}_I$, 即 $\mathcal{B}_J$ 是在时刻 I 所有的观测值的集合. 表 2.1 给出了一个例子.

表 2.1 集合 $\mathcal{B}_3$ (增量索赔次数)

事故年 i	进展年 j										
	0	1	2	3	4	5	6	7	8	9	10
0	368	191	28	8	6	5	3	1	0	0	1
1	393	151	25	6	4	5	4	1	2	1	0
2	517	185	29	17	11	10	8	1	0	0	1
3	578	254	46	22	17	6	3	0	1	0	0
4	622	206	39	16	3	7	0	1	0	0	0
5	660	243	28	12	12	4	4	1	0	0	0
6	666	234	53	10	8	4	6	1	0	0	0
7	573	266	62	12	5	7	6	5	1	0	1
8	582	281	32	27	12	13	6	2	1	0	
9	545	220	43	18	12	9	5	2	0		
10	509	266	49	22	15	4	8	0			
11	589	540	29	17	12	4	9				
12	564	496	23	12	9	5					
13	607	203	29	9	7						
14	674	169	20	12							
15	619	190	41								
16	660	161									
17	660										

引理 2.2 在模型假设 2.1 下,可以得到

(1) 在给定 $\mathcal{B}_j$ 的条件下, $\hat{f}_j$ 是 f_j 的无偏估计量,即 $\mathrm{E}(\hat{f}_j\mid\mathcal{B}_j)=f_j$;

(2) $\hat{f}_j$ 是 f_j 的无偏估计量,即 $\mathrm{E}(\hat{f}_j)=f_j$;

(3) $\mathrm{E}(\hat{f}_0,\hat{f}_1,\cdots,\hat{f}_j)=\mathrm{E}(\hat{f}_0)\cdots\mathrm{E}(\hat{f}_j)$, 即 $\hat{f}_0,\hat{f}_1,\cdots,\hat{f}_j$ 是不相关的;

(4) 在给定 $C_{i,I-i}$ 的条件下，$\hat{C}_{i,J}^{\mathrm{CL}}$ 是 $\mathrm{E}(C_{i,J} \mid \mathcal{D}_I) = \mathrm{E}(C_{i,J} \mid C_{i,I-i})$ 的无偏估计量，即

$$\mathrm{E}(\hat{C}_{i,J}^{\mathrm{CL}} \mid C_{i,I-i}) = \mathrm{E}(C_{i,J} \mid \mathcal{D}_I);$$

(5) $\hat{C}_{i,J}^{\mathrm{CL}}$ 是 $\mathrm{E}(C_{i,J})$ 的无偏估计量，即 $\mathrm{E}(\hat{C}_{i,J}^{\mathrm{CL}}) = \mathrm{E}(C_{i,J})$.

证明 (1) 利用随机变量 $C_{i,j}$ 关于 $\mathcal{B}_j$ 的可测性、不同事故年之间的独立性以及模型假设 2.1，可得

$$\mathrm{E}(\hat{f}_j \mid \mathcal{B}_j) = \frac{\sum_{i=0}^{I-j-1} \mathrm{E}(C_{i,j+1} \mid \mathcal{B}_j)}{\sum_{i=0}^{I-j-1} C_{i,j}} = \frac{\sum_{i=0}^{I-j-1} C_{i,j} f_j}{\sum_{i=0}^{I-j-1} C_{i,j}} = f_j.$$

(2) 由上一个结论可直接得到.

(3) 把以下等式反复迭代就可得到这个结论：

$$\begin{aligned}
\mathrm{E}(\hat{f}_0 \hat{f}_1 \cdots \hat{f}_j) &= \mathrm{E}(\mathrm{E}(\hat{f}_0 \hat{f}_1 \cdots \hat{f}_j \mid \mathcal{B}_j)) \\
&= \mathrm{E}(\hat{f}_0 \hat{f}_1 \cdots \hat{f}_{j-1} \mathrm{E}(\hat{f}_j \mid \mathcal{B}_j)) \\
&= \mathrm{E}(\hat{f}_0 \hat{f}_1 \cdots \hat{f}_{j-1}) f_j \\
&= \mathrm{E}(\hat{f}_0 \hat{f}_1 \cdots \hat{f}_{j-1}) \mathrm{E}(\hat{f}_j).
\end{aligned}$$

(4) 注意到

$$\begin{aligned}
\mathrm{E}(\hat{C}_{i,J}^{\mathrm{CL}} \mid C_{i,I-i}) &= \mathrm{E}(C_{i,I-i} \hat{f}_{I-i} \cdots \hat{f}_{J-2} \hat{f}_{J-1} \mid C_{i,I-i}) \\
&= \mathrm{E}(C_{i,I-i} \hat{f}_{I-i} \hat{f}_{I-i+1} \cdots \hat{f}_{J-2} \mathrm{E}(\hat{f}_{J-1} \mid \mathcal{B}_{J-1}) \mid C_{i,I-i}) \\
&= f_{J-1} \mathrm{E}(\hat{C}_{i,J-1}^{\mathrm{CL}} \mid C_{i,I-i}),
\end{aligned}$$

反复迭代可得

$$\begin{aligned}
\mathrm{E}(\hat{C}_{i,J}^{\mathrm{CL}} \mid C_{i,I-i}) &= C_{i,I-i} f_{I-i} f_{I-i+1} \cdots f_{J-2} f_{J-1} \\
&= \mathrm{E}(C_{i,J} \mid \mathcal{D}_I).
\end{aligned}$$

(5) 由上一个结论可直接得到. □

注 (1) 初看上去，链梯因子的估计量 $\hat{f}_j$ 的不相关性有些出乎意料，因为相邻进展年的链梯因子部分地依赖于相同数据(一次出现在分子位置，另一次出现在分母位置).

(2) 引理 2.2 表明了链梯因子的不相关性，然而这并不能保证其独立性. 事实上，可以证明相邻的链梯因子 $\hat{f}_j$ 和 $\hat{f}_{j+1}$ 的平方是负相关的. 正是这种负相关性导致了对参数估计量的估计误差的多次讨论.

(3) 引理 2.2 的第一个结论表明，无论何种分布假设，估计量 $\hat{f}_j$ 都是链梯因子 f_j 的无偏估计量. 这一性质是选择(2.4)式来估计链梯因子的理由. 在第三章，我们将证明在一定的方差假设下(2.4)式满足一定的最优准则(见引理 3.1).

(4) 引理 2.2 的第四个结论表明，对于最优估计 $\mathrm{E}(C_{i,J} \mid \mathcal{D}_I)$，$\hat{C}_{i,J}^{\mathrm{CL}}$ 是无偏估计量，这支

持了与分布无关的链梯法的算法. 在第三章,我们将讨论这些无偏估计量的性质.

例 2.1(链梯法) 本例的数据(见表 2.2)将在本书多次使用,用于演示和比较不同的索赔准备金评估方法. 但需要注意的是,相同数据不大可能作为不同的随机性方法的实现. 利用估计量 2.4 得到的链梯法索赔准备金见表 2.3.

表 2.2 累计索赔 $C_{i,j}$ 的观测值和估计的链梯因子 $\hat{f}_j$

事故年 i \ 进展年 j	0	1	2	3	4	5	6	7	8	9
0	5 946 975	9 668 212	10 563 929	10 771 689	10 978 393	11 040 517	11 106 330	11 121 180	11 132 310	11 148 123
1	6 346 756	9 593 162	10 316 384	10 468 181	10 536 005	10 572 608	10 625 360	10 636 546	10 648 192	
2	6 269 090	9 245 313	10 092 366	10 355 134	10 507 837	10 573 281	10 626 826	10 635 750		
3	5 863 015	8 546 239	9 268 771	9 459 424	9 592 399	9 680 740	9 724 068			
4	5 778 885	8 524 114	9 178 009	9 451 404	9 681 692	9 786 916				
5	6 184 793	9 013 132	9 585 897	9 830 796	9 935 753					
6	5 600 184	8 493 391	9 056 505	9 282 022						
7	5 288 066	7 728 169	8 256 211							
8	5 290 793	7 648 729								
9	5 675 568									
$\hat{f}_j$	1.4925	1.0778	1.0229	1.0148	1.0070	1.0051	1.0011	1.0010	1.0014	

表 2.3 累计索赔的预测值 $\hat{C}_{i,j}^{\text{CL}}$ 和链梯法索赔准备金估计 $\hat{C}_{i,J}^{\text{CL}} - C_{i,I-i}$

事故年 i \ 进展年 j	0	1	2	3	4	5	6	7	8	9	链梯法索赔准备金
0											0
1										10 663 318	15 126
2									10 646 884	10 662 008	26 257
3								9 734 574	9 744 764	9 758 606	34 538
4							9 837 277	9 847 906	9 858 214	9 872 218	85 302
5						10 005 044	10 056 528	10 067 393	10 077 931	10 092 247	156 494
6				9 419 776	9 485 469	9 534 279	9 544 580	9 554 571	9 568 143		286 121
7				8 445 057	8 570 389	8 630 159	8 674 568	8 683 940	8 693 030	8 705 378	449 167
8			8 243 496	8 432 051	8 557 190	8 616 868	8 661 208	8 670 566	8 679 642	8 691 971	1 043 242
9		8 470 989	9 129 696	9 338 521	9 477 113	9 543 206	9 592 313	9 602 676	9 612 728	9 626 383	3 950 815
合计											6 047 061

§2.2 BF 法

BF 法最早由 Bornhuetter 和 Ferguson(1972)提出[2]. 一般来说,BF 法是一种很稳健的方法,因为它不考虑观测值中的离群点. 在本书第四章还会提到这点.

BF 法通常被理解为估计准备金的一种机械的算法. 至今已有一些支持 BF 法的随机性模型. 容易验证以下假设与 BF 法是一致的.

模型假设 2.2 (1) 不同事故年的累计索赔 $C_{i,j}$ 相互独立;

(2) 存在参数 $\mu_0,\mu_1,\cdots,\mu_I>0$ 和模式参数 $\beta_0,\beta_1,\cdots,\beta_J>0$, $\beta_J=1$, 使得对 $0\leqslant i\leqslant I$, $0\leqslant j\leqslant J-1$, $1\leqslant k\leqslant J-j$, 下两式成立:

$$\mathrm{E}(C_{i,0})=\beta_0\mu_i,\quad \mathrm{E}(C_{i,j+k}\mid C_{i,0},C_{i,1},\cdots,C_{i,j})=C_{i,j}+(\beta_{j+k}-\beta_j)\mu_i.$$

在模型假设 2.2 下,可以得到

$$\mathrm{E}(C_{i,j})=\beta_j\mu_i,\quad \mathrm{E}(C_{i,J})=\mu_i.$$

序列 $\{\beta_j\}_{j=0,\cdots,J}$ 表示索赔进展模式. 如果 $C_{i,j}$ 是累计赔付,那么 $\{\beta_j\}_{j=0,\cdots,J}$ 就反映了累计现金流模式(也称为支出模式).

模型假设 2.2 隐含了下面的模型假设:

模型假设 2.3 (1) 不同事故年的累计索赔 $C_{i,j}$ 相互独立;

(2) 存在参数 $\mu_0,\mu_1,\cdots,\mu_I>0$ 和模式参数 $\beta_0,\beta_1,\cdots,\beta_J>0$, $\beta_J=1$, 使得对 $0\leqslant i\leqslant I$, $0\leqslant j\leqslant J-1$, 下式成立:

$$\mathrm{E}(C_{i,j})=\beta_j\mu_i. \tag{2.7}$$

注意到模型假设 2.2 的结果要比模型假设 2.3 的更强. 在很多情况下,借助于模型假设 2.3 来解释 BF 法. 然而,在使用模型假设 2.3 来验证 BF 算法时,存在一些困难. 注意到

$$\begin{aligned}\mathrm{E}(C_{i,J}\mid \mathcal{D}_I)&=\mathrm{E}(C_{i,J}\mid C_{i,0},C_{i,1},\cdots,C_{i,I-i})\\&=C_{i,I-i}+\mathrm{E}(C_{i,J}-C_{i,I-i}\mid C_{i,0},C_{i,1},\cdots,C_{i,I-i}).\end{aligned}\tag{2.8}$$

如果对增量索赔之间的相依性结构没有额外的假设,那么对(2.8)式的最后一项就不能进一步处理. 如果假设增量索赔 $C_{i,J}-C_{i,I-i}$ 与 $C_{i,0},C_{i,1},\cdots,C_{i,I-i}$ 是独立的,就可得到

$$\begin{aligned}\mathrm{E}(C_{i,J}\mid \mathcal{D}_I)&=\mathrm{E}(C_{i,J}\mid C_{i,0},C_{i,1},\cdots,C_{i,I-i})\\&=C_{i,I-i}+\mathrm{E}(C_{i,J}-C_{i,I-i})=C_{i,I-i}+(1-\beta_{I-i})\mu_i.\end{aligned}\tag{2.9}$$

注意到从模型假设 2.2 也可得到(2.9)式的结论.

在模型假设 2.2 和模型假设 2.3 下,(2.8)和(2.9)两式右边最后一项都是需要估计的. 对 BF 法,估计如下:

估计量 2.2(BF 估计量) $\mathrm{E}(C_{i,J}\mid \mathcal{D}_I)$ 的 BF 估计量由下式给出: 对所有 $i+j>I$, 有

$$\hat{C}_{i,J}^{\mathrm{BF}}=\hat{\mathrm{E}}(C_{i,J}\mid \mathcal{D}_I)=C_{i,I-i}+(1-\hat{\beta}_{I-i})\hat{\mu}_i, \tag{2.10}$$

其中 $\hat{\beta}_{I-i}$ 是 β_{I-i} 的估计量，$\hat{\mu}_i$ 是预期最终索赔 $\mathrm{E}(C_{i,J})$ 的先验估计.

如果把 BF 法理解为一种机械的算法，那么(2.10)式给出了计算 BF 法准备金的算法. 现在的关键问题是如何确定估计量 $\hat{\beta}_j$ 和 $\hat{\mu}_i$.

从链梯法的模型假设 2.1 可得

$$\mathrm{E}(C_{i,j}) = \mathrm{E}(\mathrm{E}(C_{i,j} \mid C_{i,j-1})) = f_{j-1}, \quad \mathrm{E}(C_{i,j-1}) = \mathrm{E}(C_{i,0}) \prod_{k=0}^{j-1} f_k,$$

$$\mathrm{E}(C_{i,J}) = \mathrm{E}(C_{i,0}) \prod_{k=0}^{J-1} f_k .$$

由此推出

$$\mathrm{E}(C_{i,j}) = \prod_{k=j}^{J-1} f_k^{-1} \mathrm{E}(C_{i,J}).$$

如果与 BF 法的模型假设 2.3(见(2.7)式)比较，可知 $\prod_{k=j}^{J-1} f_k^{-1}$ 和 β_j 的角色类似，这是由于在链梯法中 $\prod_{k=j}^{J-1} f_k^{-1}$ 表示经过 j 个进展年后已经赔付额占预期最终索赔 $\mu_i = \mathrm{E}(C_{i,J})$ 的比例. 因此，通常设二者相等，以相互确定 f_j 或 $\{\beta_j\}_j$，即

$$\prod_{k=j}^{J-1} f_k^{-1} = \beta_j. \tag{2.11}$$

这样 BF 估计量就可以进一步表示为

$$\hat{C}_{i,J}^{\mathrm{BF}} = C_{i,I-i} + \left(1 - \widehat{\prod_{j=I-i}^{J-1} f_j^{-1}}\right)\hat{\mu}_i. \tag{2.12}$$

另一方面，对于链梯法的估计量，有

$$\begin{aligned}\hat{C}_{i,J}^{\mathrm{CL}} &= C_{i,I-i} \prod_{j=I-i}^{J-1} \hat{f}_j = C_{i,I-i} + C_{i,I-i}\left(\prod_{j=I-i}^{J-1} \hat{f}_j - 1\right) \\ &= C_{i,I-i} + \frac{\hat{C}_{i,J}^{\mathrm{CL}}}{\prod_{j=I-i}^{J-1} \hat{f}_j}\left(\prod_{j=I-i}^{J-1} \hat{f}_j - 1\right) = C_{i,I-i} + \left(1 - \prod_{j=I-i}^{J-1} \hat{f}_j^{-1}\right)\hat{C}_{i,J}^{\mathrm{CL}}.\end{aligned} \tag{2.13}$$

因此，如果比较 BF 法和链梯法的索赔进展模式，差别就在于对 BF 法，我们完全相信先验估计 $\hat{\mu}_i$，而对链梯法，先验估计仅由基于观测值的估计 $\hat{C}_{i,J}^{\mathrm{CL}}$ 代替. 从这一点来说，BF 法和链梯法构成了索赔准备金评估问题的两个极端. 一个很自然的问题就是：如何把这两个极端算法组合在一起？ 这将在第四章中加以讨论.

接下来考虑如何进行参数估计.

(1) 对于参数 μ_i，需要先验估计量 $\hat{\mu}_i$. 很多情况下，它可采用战略性业务计划的目标值，或用于保费计算的选定值. 该数值应在有观测值之前确定，它是基于专家意见的纯粹先验估计.

(2) 对于"未来因子" $1-\beta_{I-i}$，如果要严格应用 BF 法，也应该使用一个先验估计. 该先验估计应独立于观测值给出. 然而，在大多数应用中并没有严格采用 BF 法，未来因子由已有数据的链梯因子的估计量给出. 用 $\hat{f}_k$ 表示 f_k 在链梯法下的估计量，设定

$$\hat{\beta}_j^{\mathrm{CL}} = \hat{\beta}_j = \widehat{\prod_{k=j}^{J-1} f_k^{-1}} = \prod_{k=j}^{J-1} \frac{1}{\hat{f}_k}. \tag{2.14}$$

此时，BF 法和链梯法的区别仅在于最终索赔 $C_{i,J}$ 的估计量的选择，也就是先验估计 $\hat{\mu}_i$. 对应的链梯法下的估计为 $\hat{C}_{i,J}^{\mathrm{CL}}$，即

$$\begin{aligned} \hat{\hat{C}}_{i,J}^{\mathrm{BF}} &= C_{i,I-i} + (1-\hat{\beta}_{I-i}^{\mathrm{CL}})\hat{\mu}_i, \\ \hat{C}_{i,J}^{\mathrm{CL}} &= C_{i,I-i} + (1-\hat{\beta}_{I-i}^{\mathrm{CL}})\hat{C}_{i,J}^{\mathrm{CL}}. \end{aligned} \tag{2.15}$$

例 2.2(BF 法)　沿用例 2.1 中的数据. 表 2.4 给出了按 BF 法和链梯法计算出的准备金估计.

从表 2.4 中可以看出，使用不同的方法，会导致索赔准备金有显著的差异. 相对于链梯法的估计值而言，先验估计 $\hat{\mu}_i$ 显得保守，在每个事故年的索赔准备金估计都比链梯法的估计大.

表 2.4　BF 法和链梯法的索赔准备金估计

	先验估计		估计量		BF 法准备金	链梯法准备金
i	$\hat{\mu}_i$	$\hat{\beta}_{I-i}^{\mathrm{CL}}$ /%	$\hat{C}_{i,J}^{\mathrm{BF}}$	$\hat{C}_{i,J}^{\mathrm{CL}}$		
0	11 653 101	100.0	11 148 124	11 148 124		
1	11 367 306	99.9	10 664 316	10 663 318	16 124	15 126
2	10 962 965	99.8	10 662 749	10 662 008	26 998	26 257
3	10 616 762	99.6	9 761 643	9 758 606	37 575	34 538
4	11 044 881	99.1	9 882 350	9 872 218	95 434	85 302
5	11 480 700	98.4	10 113 777	10 092 247	178 024	156 494
6	11 413 572	97.0	9 623 328	9 568 143	341 305	286 121
7	11 126 527	94.8	8 830 301	8 705 378	574 089	449 167
8	10 986 548	88.0	8 967 375	8 691 971	1 318 646	1 043 242
9	11 618 437	59.0	10 443 953	9 626 383	4 768 384	3 950 815
合计					7 356 580	6 047 061

§ 2.3　IBNyR 索赔次数，泊松模型

在本节中，我们介绍泊松模型，它主要用于对索赔次数的建模. 泊松模型是我们介绍的第一个基于明确的分布假设的索赔准备金评估模型. 有了明确的分布假设，就可以计算参数的最大似然估计量，它们用于索赔准备金估计.

泊松模型值得注意的性质就是由最大似然估计量得到的索赔准备金与由链梯法得到的结果相同(见后文中的引理 2.4). 该结论表明,除了与分布无关的链梯法模型假设 2.1 之外,泊松模型是支持链梯法的另一个随机性模型. 实际上,关于链梯法算法的“正确”的随机性模型的讨论是存在争议的,因为多种随机性模型(基于非常不同的方法)都支持链梯法. 这些模型的差别是重要的,尤其在计算高阶矩时更是如此. 因此,我们可以得到不同模型下的索赔准备金估计,这些模型最终的索赔准备金估计却相同.

模型假设 2.4(泊松模型) 存在参数 $\mu_0, \mu_1, \cdots, \mu_I > 0$ 和 $\gamma_0, \gamma_1, \cdots, \gamma_J > 0$,使得增量索赔 $X_{i,j}$ 有相互独立的泊松分布,而且对于 $0 \leqslant i \leqslant I$ 和 $0 \leqslant j \leqslant J$,下式成立:

$$\mathrm{E}(X_{i,j}) = \mu_i \gamma_j, \qquad \sum_{j=0}^{J} \gamma_j = 1.$$

注意,在模型假设 2.4 中,显然要求增量索赔 $X_{i,j}$ 是非负的. 然而,在很多实际应用中,我们也会观察到负的增量索赔,这表明对这些情形,泊松模型并不合适.

第 i 个事故年的累计索赔也服从泊松分布,而且 $\mathrm{E}(C_{i,J}) = \mu_i$. 因此参数 μ_i 表示事故年 i 的预期索赔总额,而参数 γ_j 则表示在第 j 个进展年的预期报告模式或现金流模式. 除此之外,注意到 $\dfrac{\mathrm{E}(X_{i,j})}{\mathrm{E}(X_{i,0})} = \dfrac{\gamma_j}{\gamma_0}$,它不依赖于事故年 i.

引理 2.3 泊松模型满足模型假设 2.2.

证明 从 $X_{i,j}$ 的独立性直接得到不同事故年的累计索赔之间的独立性. 此外,还有

$$\mathrm{E}(C_{i,0}) = \mathrm{E}(X_{i,0}) = \mu_i \beta_0,$$

$$\begin{aligned}\mathrm{E}(C_{i,j+k} \mid C_{i,0}, C_{i,1}, \cdots, C_{i,j}) &= C_{i,j} + \sum_{l=1}^{k} \mathrm{E}(X_{i,j+l} \mid C_{i,0}, C_{i,1}, \cdots, C_{i,j}) \\ &= C_{i,j} + \mu_i \sum_{l=1}^{k} \gamma_{j+l} = C_{i,j} + \mu_i (\beta_{j+k} - \beta_j),\end{aligned}$$

其中 $\beta_0 = \gamma_0$, $\beta_j = \sum_{l=0}^{j} \gamma_l$. 则可知泊松模型满足模型假设 2.2. □

引理 2.3 说明泊松模型满足 BF 法的模型假设,因此可以用 BF 法的估计量来确定泊松模型下的索赔准备金. 但在这里我们选用参数估计的途径. 估计参数 μ_i 和 β_j 有不同的方法,其中之一为最大似然估计法. 观测值集合为 $\mathcal{D}_I = \{X_{i,j} \mid i + j \leqslant I, 0 \leqslant j \leqslant J\}$,基于观测值集合的似然函数记为

$$L_{\mathcal{D}_I}(\mu_0, \mu_1, \cdots, \mu_I, \gamma_0, \gamma_1, \cdots, \gamma_J) = \prod_{i+j \leqslant I} \left(\exp\{-\mu_i \gamma_j\} \frac{(\mu_i \gamma_j)^{X_{i,j}}}{X_{i,j}!} \right).$$

令对数似然函数关于未知参数 μ_i 和 γ_j 的偏导数为 0,得到 $I + J + 2$ 个方程如下:

$$\sum_{j=0}^{I-i} \hat{\mu}_i \hat{\gamma}_j = \sum_{j=0}^{I-i} X_{i,j} = C_{i,I-i}, \tag{2.16}$$

$$\sum_{i=0}^{I-j} \hat{\mu}_i \hat{\gamma}_j = \sum_{i=0}^{I-j} X_{i,j}, \tag{2.17}$$

其中 $i \in \{0,1,\cdots,I\}$，$j \in \{0,1,\cdots,J\}$．在约束条件 $\sum_{j=0}^{J} \hat{\gamma}_j = 1$ 下，上述方程组有唯一解．唯一解 $\hat{\mu}_i$ 和 $\hat{\gamma}_j$ 就是参数 μ_i 和 γ_j 的最大似然估计量．

估计量 2.3(泊松最大似然估计) 对于模型假设 2.4，$\mathrm{E}(X_{i,j})$ 和 $\mathrm{E}(C_{i,J} \mid \mathcal{D}_I)$ 的**泊松最大似然估计量**由以下两式给出：

$$\hat{X}_{i,j}^{\mathrm{Poi}} = \hat{\mathrm{E}}(X_{i,j}) = \hat{\mu}_i \hat{\gamma}_j,$$

$$\hat{C}_{i,J}^{\mathrm{Poi}} = \hat{\mathrm{E}}(C_{i,J} \mid \mathcal{D}_I) = C_{i,I-i} + \sum_{j=I-i+1}^{J} \hat{X}_{i,j}^{\mathrm{Poi}},$$

其中 $i+J>J$．由(2.16)式可得

$$\begin{aligned}\hat{C}_{i,J}^{\mathrm{Poi}} &= C_{i,I-i} + \Big(1 - \sum_{j=0}^{I-i} \hat{\gamma}_j\Big)\hat{\mu}_i \\ &= C_{i,I-i} + \hat{\mu}_i - C_{i,I-i} = \hat{\mu}_i.\end{aligned} \tag{2.18}$$

例 2.3(泊松最大似然估计) 沿用表 2.2 的数据(见例 2.1)．表 2.5 给出了观测值集合 $\mathcal{D}_I$，即满足 $i+j \leqslant I$ 的增量索赔 $X_{i,j} = C_{i,j} - C_{i,j-1}$．表 2.6 即为求解方程组(2.16)和(2.17)的结果以及相应的索赔准备金估计 $\hat{C}_{i,J}^{\mathrm{Poi}} - C_{i,I-i}$．

注意到泊松模型下的索赔准备金估计值与链梯法下的估计值相同．在后面的引理 2.4 中，我们将证明这一结论不是偶然产生的巧合，而是具有普遍性的结论．

此外，方程组(2.16)和(2.17)不是总能容易求解的．但对于本例来说，求解较为容易(见后文中的推论 2.18)．对于更为一般的方程组，通常采用数值求解的方法，具体见第六章．

表 2.5 增量索赔的历史观测值

事故年 i \ 进展年 j	0	1	2	3	4	5	6	7	8	9
0	5 946 975	3 721 237	895 717	207 760	206 704	62 124	65 813	14 850	11 130	15 813
1	6 346 756	3 246 406	723 222	151 797	67 824	36 603	52 752	11 186	11 646	
2	6 269 090	2 976 223	847 053	262 768	152 703	65 444	53 545	8 924		
3	5 863 015	2 683 224	722 532	190 653	132 976	88 340	43 329			
4	5 778 885	2 745 229	653 894	273 396	230 288	105 224				
5	6 184 793	2 828 338	572 765	244 899	104 957					
6	5 600 184	2 893 207	563 114	225 517						
7	5 288 066	2 440 103	528 043							
8	5 290 793	2 357 936								
9	5 675 568									

表 2.6 估计值 $\hat{\mu}_i$，$\hat{\gamma}_j$，增量索赔估计 $X_{i,J}^{\mathrm{Poi}}$ 及泊松模型下的索赔准备金

进展年 j / 事故年 i	0	1	2	3	4	5	6	7	8	9	$\hat{\mu}_i$	链梯法索赔准备金
0											11 148 124	0
1										15 126	10 663 318	15 126
2									11 133	15 124	10 662 008	26 257
3								10 506	10 190	13 842	9 758 606	34 538
4							50 361	10 628	10 308	14 004	9 872 218	85 302
5						69 291	51 484	10 865	10 538	14 316	10 092 247	156 494
6					137 754	65 693	48 810	10 301	9 991	13 572	9 568 143	286 121
7				188 846	125 332	59 769	44 409	9 372	9 090	12 348	8 705 378	449 167
8			594 767	188 555	125 139	59 677	44 341	9 358	9 076	12 329	8 691 972	1 043 242
9		2 795 421	658 706	208 825	138 592	66 093	49 107	10 364	10 052	13 655	9 626 383	3 950 815
$\hat{\gamma}_j$	58.96%	29.04%	6.84%	2.17%	1.44%	0.69%	0.51%	0.11%	0.10%	0.14%	合计	6 047 061

§2.4 链梯法的泊松推导

在本节中，我们证明泊松模型下的索赔准备金估计和链梯法的索赔准备金估计相同. 假设方程组(2.16)和(2.17)存在唯一的正解.

引理 2.4 链梯法估计量 2.1 等于泊松最大似然估计量 2.3，即 $\hat{C}_{i,J}^{\mathrm{Poi}}=\hat{C}_{i,J}^{\mathrm{CL}}$.

在证明之前，需要指出，由最大似然估计可得到进展因子 f_j 的估计.

证明 泊松最大似然估计量 2.3 可表示为

$$\hat{C}_{i,J}^{\mathrm{Poi}}=\hat{\mathrm{E}}(C_{i,J}\mid\mathcal{D}_I)=C_{i,I-i}+\hat{\mu}_i\sum_{j=I-i+1}^{J}\hat{\gamma}_j=\hat{\mu}_i\sum_{j=0}^{J}\hat{\gamma}_j,\quad i>0.$$

上式最后一步用到了(2.16)式. 再次应用(2.16)式，可得

$$\hat{C}_{i,J}^{\mathrm{Poi}}=\hat{\mathrm{E}}(C_{i,J}\mid\mathcal{D}_I)=C_{i,I-i}\frac{\sum_{j=0}^{J}\hat{\gamma}_j}{\sum_{j=0}^{I-i}\hat{\gamma}_j}.\tag{2.19}$$

(2.19)式可写为

$$\hat{C}_{i,J}^{\mathrm{Poi}}=C_{i,I-i}\frac{\sum_{j=0}^{J}\hat{\gamma}_j}{\sum_{j=0}^{I-i}\hat{\gamma}_j}=C_{i,I-i}\frac{\sum_{j=0}^{I-i+1}\hat{\gamma}_j}{\sum_{j=0}^{I-i}\hat{\gamma}_j}\cdots\frac{\sum_{j=0}^{J}\hat{\gamma}_j}{\sum_{j=0}^{J-1}\hat{\gamma}_j}.\tag{2.20}$$

应用后面的引理 2.5,在集合 $\mathcal{D}_I$ 上有

$$\sum_{i=0}^{I-j} C_{i,j} = \sum_{i=0}^{I-j} \hat{\mu}_i \sum_{k=0}^{j} \hat{\gamma}_k. \tag{2.21}$$

另外,应用(2.17)式,可得

$$\sum_{i=0}^{I-j} C_{i,j-1} = \sum_{i=0}^{I-j} (C_{i,j} - X_{i,j}) = \sum_{i=0}^{I-j} \hat{\mu}_i \sum_{k=0}^{j-1} \hat{\gamma}_k. \tag{2.22}$$

由(2.21)和(2.22)两式可得

$$\frac{\sum_{k=0}^{j} \hat{\gamma}_k}{\sum_{k=0}^{j-1} \hat{\gamma}_k} = \frac{\sum_{i=0}^{I-j} C_{i,j}}{\sum_{i=0}^{I-j} C_{i,j-1}} = \hat{f}_{j-1}.$$

因此,从(2.20)式可得

$$\hat{C}_{i,J}^{\mathrm{Poi}} = C_{i,I-i} \frac{\sum_{k=0}^{I-(I-i+1)} C_{k,I-i+1}}{\sum_{k=0}^{I-(I-i+1)} C_{k,I-i}} \cdots \frac{\sum_{k=0}^{I-J} C_{k,J}}{\sum_{k=0}^{I-J} C_{k,J-1}} = C_{i,I-i} \hat{f}_{I-i} \cdots \hat{f}_{J-1} = \hat{C}_{i,J}^{\mathrm{CL}}. \tag{2.23}$$

则引理得证. □

至此,需要证明如下引理:

引理 2.5　在模型假设 2.4 下,基于观测值集合 $\mathcal{D}_I$,下式成立:

$$\sum_{i=0}^{I-j} C_{i,j} = \sum_{i=0}^{I-j} \hat{\mu}_i \sum_{k=0}^{j} \hat{\gamma}_k. \tag{2.24}$$

证明　应用归纳法. 从(2.16)可知,对于 $i = 0$ 和 $I = J$,有

$$C_{0,J} = \sum_{j=0}^{J} X_{0,j} = \hat{\mu}_0 \sum_{j=0}^{J} \hat{\gamma}_j$$

成立. 上式是归纳法的第一步,即在(2.24)式中 $j = I = J$.

当 j 变为 $j-1$ 时,应用归纳法假设以及(2.16)和(2.17)两式,可得

$$\begin{aligned}\sum_{i=0}^{I-(j-1)} C_{i,j-1} &= \sum_{i=0}^{I-j} C_{i,j} - \sum_{i=0}^{I-j} X_{i,j} + \sum_{k=0}^{j-1} X_{I-j+1,k} \\ &= \sum_{i=0}^{I-j} \hat{\mu}_i \sum_{k=0}^{j} \hat{\gamma}_k - \hat{\gamma}_j \sum_{i=0}^{I-j} \hat{\mu}_i + \hat{\mu}_{I-j+1} \sum_{k=0}^{j-1} \hat{\gamma}_k,\end{aligned}$$

也就是

$$\sum_{i=0}^{I-(j-1)} C_{i,j-1} = \sum_{i=0}^{I-j} \hat{\mu}_i \sum_{k=0}^{j-1} \hat{\gamma}_k + \hat{\mu}_{I-j+1} \sum_{k=0}^{j-1} \hat{\gamma}_k = \sum_{i=0}^{I-(j-1)} \hat{\mu}_i \sum_{k=0}^{j-1} \hat{\gamma}_k.$$

由归纳法,即证(2.24)式成立. □

引理的证明解释了两个集合 $[0, I-j] \times [0, j]$ 和 $[0, I-j+1] \times [0, j-1]$ 是如何联系的.

推论 2.1 在模型假设 2.4 下，对于 $0 \leqslant i \leqslant J$，可得

$$\sum_{k=0}^{j} \hat{\gamma}_k = \hat{\beta}_j^{\mathrm{CL}} = \prod_{k=j}^{J-1} \frac{1}{\hat{f}_k},$$

其中规定空乘等于 1.

证明 由(2.19)和(2.23)两式可得，对于所有 $i \geqslant 0$，下式成立：

$$C_{i,I-i} \frac{\sum_{j=0}^{J} \hat{\gamma}_j}{\sum_{j=0}^{J-i} \hat{\gamma}_j} = \hat{C}_{i,J}^{\mathrm{Poi}} = \hat{C}_{i,J}^{\mathrm{CL}} = C_{i,I-i} \hat{f}_{I-i} \cdots \hat{f}_{J-1}.$$

由假设 $\sum_{j=0}^{J} \hat{\gamma}_j = 1$ 可得

$$1 = \sum_{j=0}^{I-i} \hat{\gamma}_j \prod_{j=I-i}^{J-1} \hat{f}_j = \sum_{j=0}^{I-i} \hat{\gamma}_j (\hat{\beta}_{I-i}^{\mathrm{CL}})^{-1}.$$ □

注 (1) 推论 2.1 表明与分布无关的链梯法和泊松模型有相同的进展/现金流模式 $\hat{\beta}_j^{\mathrm{CL}}$. 因此，如果在 BF 法中采用 $\hat{\beta}_j^{\mathrm{CL}}$，那么 BF 法和泊松模型的差别只在于预期最终索赔 μ_i 的选择. 由(2.18)式可得

$$\hat{C}_{i,J}^{\mathrm{Poi}} = C_{i,I-i} + (1 - \hat{\beta}_{I-i}^{\mathrm{CL}})\hat{\mu}_i,$$

其中 $\hat{\mu}_i$ 是由(2.16)和(2.17)式得到的最大似然估计.

(2) 在前面，我们需要求解线性方程组(2.16)和(2.17)，得到最大似然估计 $\hat{\mu}_i$ 和 $\hat{\gamma}_j$. 由推论 2.2 可知，在已知链梯因子 $\hat{f}_k$ 的情况下可直接计算得到 $\hat{\mu}_i$ 和 $\hat{\gamma}_j$，即

$$\hat{\gamma}_j = \hat{\beta}_j^{\mathrm{CL}} - \hat{\beta}_{j-1}^{\mathrm{CL}} = \prod_{k=j}^{J-1} \frac{1}{\hat{f}_k}\left(1 - \frac{1}{\hat{f}_{j-1}}\right),$$

$$\hat{\mu}_i = \sum_{j=0}^{I-i} X_{i,j} \Big/ \sum_{j=0}^{I-i} \hat{\gamma}_j = \frac{C_{i,I-i}}{\hat{\beta}_{I-i}^{\mathrm{CL}}} = \hat{C}_{i,J}^{\mathrm{CL}}.$$

(3) 注意到泊松模型只有在增量索赔为非负值时才适用，而与分布无关的链梯法没有此限制，所以与分布无关的链梯法的应用范围更广.

参考文献

[1] Mack T. Distribution-free calculation of the standard error of chain ladder reserve estimates. Astin Bulletin，1993，23(2)：213-225.

[2] Bornhuetter R L，Ferguson R E. The actuary and IBNR. Proc CAS，1972，59：181-195.

第三章 链梯法模型

§3.1 预测均方误差

在第二章中，我们仅给出了关于最终索赔的均值/期望的估计. 当然，我们也希望知道该估计在预测随机变量时的优劣程度. 为了分析这些问题，我们需要引入随机性模型. 在第二章中我们可把索赔准备金评估方法看成估计索赔准备金的简单的确定性算法. 如果要度量这些估计的准确性，我们就需要有一个适当的随机性框架.

假设对某家非寿险公司，索赔准备金总额为 6 047 061，收益状况如表 3.1. 最终利润只有+60 000. 如果把索赔准备金减少 1%，那么税前收入就是原来的二倍，即+120 000. 考虑到索赔准备金的额度较大，索赔准备金的微小的变动都可能会对收益产生巨大的影响. 因此，了解索赔准备金估计的不确定性是非常重要的.

表 3.1 收益状况

	在 12 月 31 日的收益状况
已赚保费	4 020 000
当前事故年的已发生索赔	−3 340 000
之前事故年的损失经验	−40 000
承保与其他费用	−1 090 000
投资收入	510 000
税前收入	60 000

为了度量估计出的索赔准备金(或预测的未决索赔负债)的优劣程度，我们要考虑二阶矩. 为此，我们需要计算下面定义的预测均方误差(MSEP).

假设对随机变量 X，现有观测集为 $\mathcal{D}$，并设 $\hat{X}$ 是关于 $E(X|\mathcal{D})$ 的 $\mathcal{D}$ 可测的估计量，它也是关于 X 的 $\mathcal{D}$ 可测的预测量.

定义 3.1 设 $\hat{X}$ 是关于 X 的预测量，**条件 MSEP** 定义如下：

$$\mathrm{msep}_{X|\mathcal{D}}(\hat{X}) = E[(\hat{X} - X)^2 \mid \mathcal{D}].$$

对于一个 $\mathcal{D}$ 可测的估计量 $\hat{X}$，有

$$\mathrm{msep}_{X|\mathcal{D}}(\hat{X}) = \mathrm{Var}(X \mid \mathcal{D}) + (\hat{X} - \mathrm{E}(X \mid \mathcal{D}))^2. \tag{3.1}$$

(3.1)式右边的第一项称为条件过程方差(随机误差),它描述了随机性模型内在的波动性(这是纯粹的随机项,不能够被消除);第二项称为参数估计误差,它反映了在参数和条件期望估计中的不确定性.一般来说,观测数据越多,估计误差就会变小。但是要注意到在许多实际情形下,它不会完全消失,这是因为我们要基于过去的信息来预测未来的预期行为.

为了求参数估计误差,我们需要具体计算(3.1)式右边的第二项.然而,它只有在 $\mathrm{E}(X \mid \mathcal{D})$ 已知时才可计算.但是这一项通常是不知道的(我们用 $\hat{X}$ 来估计它).因此,关于参数估计误差的估计的推导是比较复杂的.评价 $\hat{X}$ 的优劣的一种方式就是,研究 $\hat{X}$ 围绕 $\mathrm{E}(X \mid \mathcal{D})$ 的可能的波动.

注 在下一节,我们要通过二阶矩(如条件 MSEP 和条件变异系数)来度量最终索赔(未决负债)的估计量或预测量的优劣.但是,随机性索赔准备金评估的最终目的是得到索赔准备金的完整预测分布.然而,在大多数情况下,我们无法解析地计算预测分布,而不得不采用数值算法(如第七章的 Bootstrap 方法和第四章的 MCMC 方法),得到索赔准备金的模拟的预测分布.得到模拟的预测分布之后,我们不仅能够计算索赔准备金的前两阶矩,还能够得到预测区间、分位数(如 VaR,即在险价值)和风险度量(如 ES,即预期不足额).然而,在实际应用和偿付能力考虑中,二阶矩估计(如条件 MSEP 和它的组成部分条件过程方差(和估计误差)以及条件变异系数)通常就足够了,这是因为在大多数情形下,我们可以用前两阶矩对整体分布进行拟合.在我们看来,解析解(同样仅限于前两阶矩)是重要的,因为它们可采用所涉及的参数给出明确的解释.另外,这些估计都非常易于解释,并可针对参数进行敏感性分析.

§3.2 链 梯 法

我们已经在§2.1和§2.4分别描述了链梯算法和链梯法.在较早的精算文献里,链梯法经常被理解为一种纯粹的计算算法,至于哪些概率模型会导致这种算法并未讨论.

已有的与链梯法有关的随机性模型是不同的,它们有不同的数学性质.另一方面,它们的共同点在于由这些模型得到的索赔准备金估计与由链梯法得到的相同,在这些模型中或者采用最大似然估计,或者采用无偏矩估计,或者采用贝叶斯估计.在本章中,我们考虑描述链梯算法的与分布无关的模型.

链梯法可应用于累计支付额、已发生索赔额等.由于它非常简单,因此是在实务中最常用的方法.通过采用链梯法因子的适当估计,就可得到较可靠的索赔准备金.链梯法的主要缺陷有以下几点:

(1) 需要满足齐次性假设.例如,在进展因子中不应有某种趋势,否则就需要对数据进行转换,或者把流量三角形拆分为多个流量三角形,使得每部分都满足齐次性假设.

(2) 在估计后面的进展因子(对应于较大的 j 的 f_j)时，数据量很少. 在实务中，这对于较近的事故年(即对应于较大的 i)可能参考意义不大.

(3) 每个事故年的第一个观测值有时候对索赔进展并不是很有代表性，这对较近的事故年产生的问题更大. 更一般地，如果在最近的日历年(会计年)对角线上存在离群值，那么采用这个离群值计算最终估计时，就不再总是合适的. 因此，对于较近的事故年，或者是在最近的对角线上有异常值的话，通常会选择 BF 法.

(4) 对于长尾业务，链梯法分别应用于累计支付额和已发生索赔额时，两种结果的差异会非常大. 这主要是因为齐次性没有满足. 关于这个问题，近年来已出现了 Munich 链梯法，它减少了基于累计支付额得到的索赔准备金和基于已发生索赔额得到的索赔准备金之间的差异. 在本书的第八章，我们讨论 Munich 链梯法.

3.2.1　Mack 模型(与分布无关的链梯法模型)

在模型假设 2.1 中，我们已经定义了链梯法模型. 在这里我们把定义扩展，使得它包含二阶矩，从而就能得到关于链梯法估计量的条件 MSEP 的估计.

模型假设 3.1(与分布无关的链梯法模型)

(1) 对于不同事故年，累计索赔 $C_{i,j}$ 是独立的；

(2) $\{C_{i,j}\}_{j\geqslant 0}$ 构成一个 Markov 链. 设存在因子 $f_0, f_1, \cdots, f_{J-1}>0$，方差参数 $\sigma_0^2, \sigma_1^2, \cdots, \sigma_{J-1}^2>0$，使得对于所有的 $0\leqslant i\leqslant I$ 和 $1\leqslant j\leqslant I$，有

$$\mathrm{E}\left(C_{i,j}\mid C_{i,j-1}\right)=f_{j-1}\,C_{i,j-1}, \tag{3.2}$$

$$\operatorname{Var}\left(C_{i,j}\mid C_{i,j-1}\right)=\sigma_{j-1}^2\,C_{i,j-1}\,. \tag{3.3}$$

回顾 § 2.1 中的结论(见引理 2.2)可以得到：

(1) 参数 f_j 和 σ_j^2 估计如下：

$$\hat{f}_j=\frac{\sum_{i=0}^{I-j-1}C_{i,j+1}}{\sum_{i=0}^{I-j-1}C_{i,j}}=\sum_{i=0}^{I-j-1}\frac{C_{i,j}}{\sum_{k=0}^{I-j-1}C_{k,j}}\frac{C_{i,j+1}}{C_{i,j}}, \tag{3.4}$$

$$\hat{\sigma}_j^2=\frac{1}{I-j-1}\sum_{i=0}^{I-j-1}C_{i,j}\left(\frac{C_{i,j+1}}{C_{i,j}}-\hat{f}_j\right)^2;$$

(2) 给定 $\mathcal{B}_j$，$\hat{f}_j$ 是关于 f_j 的(条件)无偏估计；

(3) $\hat{f}_0, \hat{f}_1, \cdots, \hat{f}_{J-1}$ 是不相关的.

定义单个进展因子为

$$F_{i,j+1}=\frac{C_{i,j+1}}{C_{i,j}}, \tag{3.5}$$

那么进展因子的估计 $\hat{f}_j$ 为 $F_{i,j+1}$ 的加权平均值，即

$$\hat{f}_j = \sum_{i=0}^{I-j-1} \frac{C_{i,j}}{\sum_{k=0}^{I-j-1} C_{k,j}} F_{i,j+1}. \tag{3.6}$$

注意到在给定 $C_{i,j}$ 下，$F_{i,j+1}$ 是关于 f_j 的条件无偏估计量. 下面的引理 3.3 说明了(3.6)式成立的理由.

引理 3.1 在模型假设 3.1 下，估计量 $\hat{f}_j$ 是关于 f_j 的 $\mathcal{B}_{j+1}$ 可测的无偏估计，它是关于 f_j 的无偏估计 $(F_{i,j+1})_{0\leqslant i\leqslant I-j-1}$ 所构成的线性组合无偏估计量中，条件方差最小的一个，即

$$\operatorname{Var}(\hat{f}_j \mid \mathcal{B}_j) = \min_{\alpha_i} \operatorname{Var}\Big(\sum_{i=0}^{I-j-1} \alpha_i F_{i,j+1} \;\Big|\; \mathcal{B}_j\Big), \quad \sum_i \alpha_i = 1.$$

$\hat{f}_j$ 的条件方差为

$$\operatorname{Var}(\hat{f}_j \mid \mathcal{B}_j) = \frac{\sigma_j^2}{\sum_{i=0}^{I-j-1} C_{i,j}}.$$

为证明引理 3.1，我们需要下面的引理.

引理 3.2 假设 $P_1, P_2, \cdots, P_H$ 是相互独立的关于 μ 的无偏估计量，方差分别为 $\sigma_1^2, \sigma_2^2, \cdots, \sigma_H^2 > 0$，那么 $P_1, P_2, \cdots, P_H$ 的线性组合中最小方差无偏估计量如下：

$$P = \frac{\sum_{h=1}^{H} \frac{P_h}{\sigma_h^2}}{\sum_{h=1}^{H} \frac{1}{\sigma_h^2}}, \quad \operatorname{Var}(P) = \Big(\sum_{h=1}^{H} \frac{1}{\sigma_h^2}\Big)^{-1}.$$

引理 3.2 表明，在 P 的线性表达式中，对应于 P_h 的系数与其方差成反比. 引理 3.2 的证明要用到拉格朗日乘数法，这里不再给出.

引理 3.1 的证明 考虑单个进展因子 $F_{i,j+1} = C_{i,j+1}/C_{i,j}$. 在给定 $\mathcal{B}_j$ 的条件下，单个进展因子 $F_{i,j+1}$ 是关于 f_j 的独立的无偏估计量，而且

$$\operatorname{Var}(F_{i,j+1} \mid \mathcal{B}_j) = \operatorname{Var}(F_{i,j+1} \mid C_{i,j}) = \frac{\sigma_j^2}{C_{i,j}}.$$

因此，由引理 3.2，即得

$$\operatorname{Var}(\hat{f}_j \mid \mathcal{B}_j) = \frac{\sigma_j^2}{\sum_{i=0}^{I-j-1} C_{i,j}}. \qquad \square$$

引理 3.3 在模型假设 3.1 下，以下结论成立：

(1) 在给定 $\mathcal{B}_j$ 的条件下，$\hat{\sigma}_j^2$ 为 σ_j^2 的无偏估计量，即 $\mathrm{E}(\hat{\sigma}_j^2 \mid \mathcal{B}_j) = \sigma_j^2$；

(2) $\hat{\sigma}_j^2$ 为 σ_j^2 的无条件无偏估计量，即 $\mathrm{E}(\hat{\sigma}_j^2) = \sigma_j^2$.

证明 (2) 可以从(1)推出. 因此我们只需证明(1)即可. 注意到

$$\mathrm{E}\Big(\Big(\frac{C_{i,j+1}}{C_{i,j}} - \hat{f}_j\Big)^2 \;\Big|\; \mathcal{B}_j\Big) = \mathrm{E}\Big(\Big(\frac{C_{i,j+1}}{C_{i,j}} - f_j\Big)^2 \;\Big|\; \mathcal{B}_j\Big) - 2\mathrm{E}\Big(\Big(\frac{C_{i,j+1}}{C_{i,j}} - f_j\Big)(\hat{f}_j - f_j) \;\Big|\; \mathcal{B}_j\Big)$$
$$+ \mathrm{E}((\hat{f}_j - f_j)^2 \mid \mathcal{B}_j).$$

下面，计算上式右侧的每一项. 首先，第一项为

$$\mathrm{E}\left(\left(\frac{C_{i,j+1}}{C_{i,j}}-f_j\right)^2 \Bigg| \mathcal{B}_j\right)=\mathrm{Var}\left(\frac{C_{i,j+1}}{C_{i,j}}\Bigg| \mathcal{B}_j\right)=\frac{1}{C_{i,j}}\sigma_j^2;$$

根据不同事故年之间的独立性，中间项变为

$$\begin{aligned}\mathrm{E}\left(\left(\frac{C_{i,j+1}}{C_{i,j}}-f_j\right)(\hat{f}_j-f_j)\Bigg| \mathcal{B}_j\right)&=\mathrm{Cov}\left(\frac{C_{i,j+1}}{C_{i,j}},\hat{f}_j\Bigg| \mathcal{B}_j\right)\\&=\frac{C_{i,j}}{\sum\limits_{i=0}^{I-j-1}C_{i,j}}\mathrm{Var}\left(\frac{C_{i,j+1}}{C_{i,j}}\Bigg| \mathcal{B}_j\right)=\frac{\sigma_j^2}{\sum\limits_{i=0}^{I-j-1}C_{i,j}};\end{aligned}$$

最后一项为

$$\mathrm{E}((\hat{f}_j-f_j)^2 \mid \mathcal{B}_j)=\mathrm{Var}(\hat{f}_j \mid \mathcal{B}_j)=\frac{\sigma_j^2}{\sum\limits_{i=0}^{I-j-1}C_{i,j}}.$$

把以上各项都加在一起，就得到

$$\mathrm{E}\left(\left(\frac{C_{i,j+1}}{C_{i,j}}-\hat{f}_j\right)^2 \Bigg| \mathcal{B}_j\right)=\sigma_j^2\left(\frac{1}{C_{i,j}}-\frac{1}{\sum\limits_{i=0}^{I-j-1}C_{i,j}}\right).$$

因此，最后得到(1)成立：

$$\mathrm{E}(\hat{\sigma}_j^2 \mid \mathcal{B}_j)=\frac{1}{I-j-1}\sum_{i=0}^{I-j-1}C_{i,j}\mathrm{E}\left(\left(\frac{C_{i,j+1}}{C_{i,j}}-\hat{f}_j\right)^2 \Bigg| \mathcal{B}_j\right)=\sigma_j^2.$$ □

下面的等式在推导条件估计误差的估计量时有重要的作用(见 3.2.3 小节)：

$$\mathrm{E}\left(\hat{f}_j^2 \,\Big|\, \mathcal{B}_j\right)=\mathrm{Var}(\hat{f}_j \mid \mathcal{B}_j)+f_j^2=\frac{\sigma_j^2}{\sum\limits_{i=0}^{I-j-1}C_{i,j}}+f_j^2. \tag{3.7}$$

在第二章中，我们已经知道在给定信息 $\mathcal{D}_I$ 下，如何应用链梯法预测最终索赔 $C_{i,J}$，即

$$\hat{C}_{i,J}^{\mathrm{CL}}=\hat{\mathrm{E}}(C_{i,J} \mid \mathcal{D}_I)=C_{i,I-i}\hat{f}_{I-i}\cdots\hat{f}_{J-1}.$$

现在我们的目标是在与分布无关的链梯法模型下，对于单个事故年 $i\in\{1,2,\cdots,I\}$，推导 $\hat{C}_{i,J}^{\mathrm{CL}}$ 的条件 MSEP 的估计：

$$\begin{aligned}\mathrm{msep}_{C_{i,J}|\mathcal{D}_I}(\hat{C}_{i,J}^{\mathrm{CL}})&=\mathrm{E}[(\hat{C}_{i,J}^{\mathrm{CL}}-C_{i,J})^2 \mid \mathcal{D}_I]\\&=\mathrm{Var}(C_{i,J} \mid \mathcal{D}_I)+[\hat{C}_{i,J}^{\mathrm{CL}}-\mathrm{E}(C_{i,J} \mid \mathcal{D}_I)]^2.\end{aligned} \tag{3.8}$$

另外，对于各个事故年汇合后，考虑

$$\mathrm{msep}_{\sum_i C_{i,J}|\mathcal{D}_I}\left(\sum_{i=1}^{I}\hat{C}_{i,J}^{\mathrm{CL}}\right)=\mathrm{E}\left[\left(\sum_{i=1}^{I}\hat{C}_{i,J}^{\mathrm{CL}}-\sum_{i=1}^{I}C_{i,J}\right)^2 \Bigg| \mathcal{D}_I\right].$$

由(3.8)式，我们需要给出条件过程方差和条件估计误差的估计.

3.2.2 条件过程方差

考虑(3.8)式右边的第一项,即条件过程方差.假设 $i>0$,则

$$\begin{aligned}\operatorname{Var}(C_{i,J}\mid\mathcal{D}_I) &= \operatorname{Var}(C_{i,J}\mid C_{i,I-i})\\ &= \mathrm{E}[\operatorname{Var}(C_{i,J}\mid C_{i,I-i})\mid C_{i,I-i}]+\operatorname{Var}[\mathrm{E}(C_{i,J}\mid C_{i,I-i})\mid C_{i,I-i}]\\ &= \sigma_{J-1}^2\mathrm{E}(C_{i,J-1}\mid C_{i,I-i})+f_{J-1}^2\operatorname{Var}(C_{i,J-1}\mid C_{i,I-i})\\ &= \sigma_{J-1}^2 C_{i,I-i}\prod_{m=I-i}^{J-2}f_m+f_{J-1}^2\operatorname{Var}(C_{i,J-1}\mid C_{i,I-i}).\end{aligned}\tag{3.9}$$

因此,对单个事故年 i 的条件过程方差,我们得到递推公式.迭代上述步骤,得到

$$\begin{aligned}\operatorname{Var}(C_{i,J}\mid C_{i,I-i}) &= C_{i,I-i}\sum_{j=I-i}^{J-1}\prod_{n=j+1}^{J-1}f_n^2\sigma_j^2\prod_{m=I-i}^{j-1}f_m\\ &= \sum_{j=I-i}^{J-1}\prod_{n=j+1}^{J-1}f_n^2\sigma_j^2\mathrm{E}(C_{i,j}\mid C_{i,I-i})\\ &= [\mathrm{E}(C_{i,J}\mid C_{i,I-i})]^2\sum_{j=I-i}^{J-1}\frac{\sigma_j^2/f_j^2}{\mathrm{E}(C_{i,j}\mid C_{i,I-i})}.\end{aligned}\tag{3.10}$$

这就得到以下引理:

引理 3.4(单个事故年的过程方差) 在模型假设 3.1 下,单个事故年 $i\in\{1,2,\cdots,I\}$ 的最终索赔的条件过程方差由下式给出:

$$\operatorname{Var}(C_{i,J}\mid\mathcal{D}_I)=[\mathrm{E}(C_{i,J}\mid C_{i,I-i})]^2\sum_{j=I-i}^{J-1}\frac{\sigma_j^2/f_j^2}{\mathrm{E}(C_{i,j}\mid C_{i,I-i})}.\tag{3.11}$$

由引理 3.4,我们给出单个事故年 i 的条件过程方差的估计:

$$\begin{aligned}\widehat{\operatorname{Var}}(C_{i,J}\mid\mathcal{D}_I) &= \hat{\mathrm{E}}[(C_{i,J}-E(C_{i,J}\mid\mathcal{D}_I))^2\mid\mathcal{D}_I]\\ &= (\hat{C}_{i,J}^{\mathrm{CL}})^2\sum_{j=I-i}^{J-1}\frac{\hat\sigma_j^2/\hat f_j^2}{\hat C_{i,J}^{\mathrm{CL}}}.\end{aligned}\tag{3.12}$$

条件过程方差的估计量(3.12)可以写成递推形式,见(3.9)式.对于 $j\in\{I-i+1,I-i+2,\cdots,J\}$ 就有

$$\widehat{\operatorname{Var}}(C_{i,j}\mid\mathcal{D}_I)=\widehat{\operatorname{Var}}(C_{i,j-1}\mid\mathcal{D}_I)\hat f_{j-1}^2+\hat\sigma_{j-1}^2\hat C_{i,J-1}^{\mathrm{CL}},$$

其中假设 $\widehat{\operatorname{Var}}(C_{i,I-i}\mid\mathcal{D}_I)=0$,$\hat C_{i,I-i}^{\mathrm{CL}}=C_{i,I-i}$.

由于不同事故年之间的独立性,可得下面的等式:

$$\operatorname{Var}\Big(\sum_{i=1}^{I}C_{i,J}\;\Big|\;\mathcal{D}_I\Big)=\sum_{i=1}^{I}\operatorname{Var}(C_{i,J}\mid\mathcal{D}_I).$$

因此各个事故年汇合后,条件过程方差的估计如下:

$$\widehat{\operatorname{Var}}\Big(\sum_{i=1}^{I}C_{i,J}\;\Big|\;\mathcal{D}_I\Big)=\sum_{i=1}^{I}\widehat{\operatorname{Var}}(C_{i,J}\mid\mathcal{D}_I).$$

例 3.1(与分布无关的链梯法,条件过程方差)　回到表 2.2 (见例 2.1). 由于数据不足(即没有假设 $I > J$),因此最后一个方差参数 σ_{J-1}^2 就不能由估计量 $\hat{\sigma}_{J-1}^2$ 给出(见(3.4)式). 关于尾部因子和方差估计已有大量文献,这里不做进一步的讨论,仅采用 Mack[1] 给出的外推法:

$$\hat{\sigma}_{J-1}^2 = \min(\hat{\sigma}_{J-2}^4/\hat{\sigma}_{J-3}^2, \hat{\sigma}_{J-3}^2, \hat{\sigma}_{J-2}^2). \tag{3.13}$$

表 3.2 给出了单个进展因子、链梯因子(CL 因子)及方差参数,表 3.3 给出了估计的条件过程标准差.

表 3.2　观察的单个进展因子 $F_{i,j+1}$,估计的 CL 因子 $\hat{f}_j$,估计的标准差 $\hat{\sigma}_j$

事故年 i \ 进展年 j	0	1	2	3	4	5	6	7	8
0	1.6257	1.0926	1.0197	1.0192	1.0057	1.0060	1.0013	1.0010	1.0014
1	1.5115	1.0754	1.0147	1.0065	1.0035	1.0050	1.0011	1.0011	
2	1.4747	1.0916	1.0260	1.0147	1.0062	1.0051	1.0008		
3	1.4577	1.0845	1.0206	1.0141	1.0092	1.0045			
4	1.4750	1.0767	1.0298	1.0244	1.0109				
5	1.4573	1.0635	1.0255	1.0107					
6	1.5166	1.0663	1.0249						
7	1.4614	1.0683							
8	1.4457								
9									
$\hat{f}_j$	1.4925	1.0788	1.0229	1.0148	1.0070	1.0051	1.0011	1.0010	1.0014
$\hat{\sigma}_j$	135.253	33.803	15.760	19.847	9.336	2.001	0.823	0.219	0.059

表 3.3　CL 索赔准备金和估计的条件过程标准差

i	$C_{i,I-i}$	$\hat{C}_{i,J}^{\text{CL}}$	CL 索赔准备金	$\widehat{\text{Var}}(C_{i,J} \mid \mathcal{D}_I)^{1/2}$	Vco_i /%
0	11 148 124	11 148 124	0		
1	10 648 192	10 663 318	15 126	191	1.3
2	10 635 751	10 662 008	26 257	742	2.8
3	9 724 068	9 758 606	34 538	2 669	7.7
4	9 786 916	9 872 218	85 302	6 832	8.0
5	9 935 753	10 092 247	156 494	30 478	19.5
6	9 282 022	9 568 143	286 121	68 212	23.8
7	8 256 211	8 705 378	449 167	80 077	17.8
8	7 648 729	8 691 971	1 043 242	126 960	12.2
9	5 675 568	9 626 383	3 950 815	389 783	9.9
合计			6 047 061	424 379	7.0

对于事故年 i，相对于索赔准备金估计的条件变异系数定义为

$$\text{Vco}_i=\widehat{\text{Vco}}(C_{i,j}-C_{i,I-i}\mid\mathcal{D}_I)=\frac{\widehat{\text{Var}}(C_{i,J}\mid\mathcal{D}_I)^{1/2}}{\hat{C}_{i,J}^{\text{CL}}-C_{i,I-i}}.$$

如果使用估计的变异系数作为不确定性的度量，可见索赔准备金总额的不确定性约 7%（见表 3.3）. 注意到这是一个纯粹的过程不确定性.

3.2.3 单个事故年的估计误差

下面推导条件参数估计误差的估计，即希望得到关于 CL 因子估计值 $\hat{f}_j$ 的准确度的估计. 对单个事故年，链梯法估计的参数误差由下式给出（见(3.8)，(2.2)和(2.5)式）：

$$\begin{aligned}[\hat{C}_{i,J}^{\text{CL}}-\text{E}(C_{i,J}\mid\mathcal{D}_I)]^2&=C_{i,I-i}^2(\hat{f}_{I-i}\hat{f}_{I-i+1}\cdots\hat{f}_{J-1}-f_{I-i}f_{I-i+1}\cdots f_{J-1})^2\\&=C_{i,I-i}^2\Big(\prod_{j=I-i}^{J-1}\hat{f}_j^2+\prod_{j=I-i}^{J-1}f_j^2-2\prod_{j=I-i}^{J-1}\hat{f}_jf_j\Big).\end{aligned}\qquad(3.14)$$

因此，我们希望计算(3.14)式. 注意到估计量 $\hat{f}_{I-i},\hat{f}_{I-i+1},\cdots,\hat{f}_{J-1}$ 在时刻 I 是已知的，但"真实的"CL 因子 $f_{I-i},f_{I-i+1},\cdots,f_{J-1}$ 是未知的（否则，就不会加以估计）. 因此，我们不能直接计算(3.14)式. 为了确定条件估计误差，需要分析因子估计 $\hat{f}_j$ 在多大程度上围绕真实的因子 f_j 波动. 已有的方法涉及贝叶斯方法或重复抽样技术，它们解决的问题为：$\hat{f}_j$ 还可能会取哪些值？在使用重复抽样时有不同的方法，如非参数自举法、参数自举法、蒙特卡洛模拟或解析计算. 尽管在本章中我们考虑解析的计算，这里仍使用"重复抽样"这个术语.

对 $\hat{f}_j$ 的重复抽样有多种方法，包括条件抽样和无条件抽样. 现对给定的事故年 $i\in\{1,2,\cdots,I\}$ 来对这些方法加以解释. 从(3.14)式右边可以看出，确定索赔准备金估计波动的主要困难来自关于估计因子的平方 $\hat{f}_j^2$ 的计算. 注意到(3.14)式的最后一项，由于 CL 因子估计量的不相关性和无偏性，从而可用平均值计算.

以下只讨论条件重复抽样方法. 定义

$$\mathcal{D}_{I,i}^{\text{O}}=\{C_{k,j}\in\mathcal{D}_I\mid j>I-i\}\subseteq\mathcal{D}_I$$

为自进展年 $j=I-i+1$ 之后的包含于流量三角形 $\mathcal{D}_I$ 中的右上角的观测值.

注意到 $\hat{f}_j$ 是关于 $\mathcal{B}_{j+1}$ 可测的. 对于在 $\mathcal{D}_{I,i}^{\text{O}}$ 中的条件重复抽样，计算下式：

$$\text{E}(\hat{f}_{I-i}^2\mid\mathcal{B}_{I-i})\text{E}(\hat{f}_{I-i+1}^2\mid\mathcal{B}_{I-i+1})\cdots\text{E}(\hat{f}_{J-1}^2\mid\mathcal{B}_{J-1}).\qquad(3.15)$$

由于当 $j>I-i$ 时，$\mathcal{D}_{I,i}^{\text{O}}\cap\mathcal{B}_j\neq\varnothing$，因此 $\mathcal{D}_{I,i}^{\text{O}}$ 中的观测值对估计值有直接影响，(3.15)式依赖于 $\mathcal{D}_{I,i}^{\text{O}}$ 中的观测值. 这种方法称为条件重复抽样方法.

在条件重复抽样方法中，我们在条件结构下对观测的 CL 因子 $\hat{f}_j$ 重复抽样. 为了更好地理解这种重复抽样，我们需引入更强的模型假设，为此引入时间序列模型. 这些关于链梯法的时间序列模型出现于一些文献中[2][3].

模型假设 3.2(时间序列模型)

(1) 不同事故年 i 的累计索赔 $C_{i,j}$ 是相互独立的;

(2) 存在常数 $f_j > 0$, $\sigma_j > 0$ 以及随机变量 $\varepsilon_{i,j+1}$, 使得对于所有 $i \in \{0,1,\cdots,I\}$ 和 $j \in \{0,1,\cdots,J-1\}$, 下式成立:

$$C_{i,j+1} = f_j C_{i,j} + \sigma_j \sqrt{C_{i,j}}\, \varepsilon_{i,j+1}. \tag{3.16}$$

对于所有的 $i \in \{0,1,\cdots,I\}$, $j \in \{0,1,\cdots,J-1\}$, 在给定 $\mathcal{B}_0$ 的条件下, $\varepsilon_{i,j+1}$ 是相互独立的; 另外 $\mathrm{E}(\varepsilon_{i,j+1} \mid \mathcal{B}_0) = 0$, $\mathrm{E}(\varepsilon_{i,j+1}^2 \mid \mathcal{B}_0) = 1$ 和 $P(C_{i,j+1} > 0 \mid \mathcal{B}_0) = 1$.

注 容易验证由模型假设 3.2 可推出模型假设 3.1.

以下我们应用条件重复抽样方法,即在时间序列模型下进行条件重复抽样. 给定上三角 $\mathcal{D}_I$,要对观测值 $\hat{f}_{I-i}, \hat{f}_{I-i+1}, \cdots, \hat{f}_{J-1}$ 进行重复抽样. 注意到在给定 $\mathcal{D}_I$ 的条件下, $\hat{f}_j$ 的观测值可能不同于此前已观测的值. 考虑到这种不确定性,采用如下做法:给定 $\mathcal{D}_I$, 对于所有 $i \in \{0,1,\cdots,I\}$ 和 $j \in \{0,1,\cdots,J-1\}$, 应用下面的公式,产生一系列的新观测值 $\widetilde{C}_{i,j+1}$:

$$\widetilde{C}_{i,j+1} = f_j C_{i,j} + \sigma_j \sqrt{C_{i,j}}\, \tilde{\varepsilon}_{i,j+1}, \tag{3.17}$$

其中 $\sigma_j > 0$, 在给定 $\mathcal{B}_0$ 的条件下, $\tilde{\varepsilon}_{i,j+1}$ 和 $\varepsilon_{i,j+1}$ 独立同分布(见模型假设 3.2). 这里为了清楚地说明在条件结构下重复抽样,我们选择不同的记号($\widetilde{C}_{i,j+1}$ 与 $C_{i,j+1}$),即在给定 $\mathcal{D}_I$ 时, $\widetilde{C}_{i,j+1}$ 是随机变量,而 $C_{i,j}$ 是确定值.

按照上述方法的思路,对观测值 $\hat{f}_j$ 进行重复抽样时,仅仅通过对第 $j+1$ 个进展年的观测值进行重复抽样得到,见(3.15)式. 结合抽样假设(3.17),可得到进展因子估计的抽样表示如下:

$$\hat{f}_j = \frac{\sum_{i=0}^{I-j-1} \widetilde{C}_{i,j+1}}{\sum_{i=0}^{I-j-1} C_{i,j}} = f_j + \frac{\sigma_j}{S_j^{[I-j-1]}} \sum_{i=0}^{I-j-1} \sqrt{C_{i,j}}\, \tilde{\varepsilon}_{i,j+1}, \tag{3.18}$$

其中

$$S_j^{[I-j-1]} = \sum_{i=0}^{I-j-1} C_{i,j}. \tag{3.19}$$

注意到,为了避免符号复杂,在(3.18)式和下面的推导中,使用前面的记号 $\hat{f}_j$ 来表示进展因子 f_j 的重复抽样估计.

记重复抽样 CL 估计的概率测度为 $P^*_{\mathcal{D}_I}$. 在给定 $\mathcal{B}_j$ 下,进展因子的重复抽样估计 $\hat{f}_j$ 与原始的 CL 因子估计有相同的分布. 给定 $\mathcal{D}_I$ 时,观测值 $\{\widetilde{C}_{i,j} \mid i+j \leqslant I\}$ 以及重复抽样估计 $\hat{f}_j$ 都是随机变量. 进一步,给定 $\mathcal{B}_0 \subset \mathcal{D}_I$, 随机变量 $\tilde{\varepsilon}_{i,j}$ 是相互独立的.

总结起来,我们得到如下结论:

(1) 在概率测度 $P^*_{\mathcal{D}_I}$ 下,重复抽样估计量 $\hat{f}_0, \hat{f}_1, \cdots, \hat{f}_{J-1}$ 是相互独立的;

(2) $E^*_{\mathcal{D}_I}(\hat{f}_j)=f_j$，$0\leqslant j\leqslant J-1$；

(3) $E^*_{\mathcal{D}_I}(\hat{f}_j^2)=f_j^2+\frac{\sigma_j^2}{S_j^{[I-j-1]}}$，$0\leqslant j\leqslant J-1$.

因此，在条件重复抽样方法中，条件估计误差用下式估计(应用上面的三条性质)：

$$
\begin{aligned}
&C_{i,I-i}^2 E^*_{\mathcal{D}_I}([\hat{f}_{I-i}\cdots\hat{f}_{J-1}-f_{I-i}\cdots f_{J-1})^2]\\
&=C_{i,I-i}^2\mathrm{Var}_{P^*_{\mathcal{D}_I}}(\hat{f}_{I-i}\cdots\hat{f}_{J-1})\\
&=C_{i,I-i}^2\left(\prod_{j=I-i}^{J-1}E^*_{\mathcal{D}_I}(\hat{f}_j^2)-\prod_{j=I-i}^{J-1}f_j^2\right)\\
&=C_{i,I-i}^2\left[\prod_{j=I-i}^{J-1}\left(f_j^2+\frac{\sigma_j^2}{S_j^{[I-j-1]}}\right)-\prod_{j=I-i}^{J-1}f_j^2\right].
\end{aligned}
\tag{3.20}
$$

把参数 $\sigma_{I-i}^2,\sigma_{I-i+1}^2,\cdots,\sigma_{J-1}^2$ 和 $f_{I-i},f_{I-i+1},\cdots,f_{J-1}$ 用估计值代替，得到事故年 $i\in\{1,2,\cdots,I\}$ 的条件估计误差的估计如下：

$$
\begin{aligned}
\widehat{\mathrm{Var}}(\hat{C}_{i,J}^{\mathrm{CL}}\mid\mathcal{D}_I)&=\hat{E}^*_{\mathcal{D}_I}[(\hat{C}_{i,J}^{\mathrm{CL}}-E(C_{i,J}\mid\mathcal{D}_I))^2]\\
&=C_{i,I-i}^2\left[\prod_{j=I-i}^{J-1}\left(\hat{f}_j^2+\frac{\hat{\sigma}_j^2}{S_j^{[I-j-1]}}\right)-\prod_{j=I-i}^{J-1}\hat{f}_j^2\right].
\end{aligned}
\tag{3.21}
$$

上述估计值可以写成递推形式. 对于 $j\in\{I-i+1,I-i+2,\cdots,J\}$，有

$$
\begin{aligned}
\widehat{\mathrm{Var}}(\hat{C}_{i,j}^{\mathrm{CL}}\mid\mathcal{D}_I)&=\widehat{\mathrm{Var}}(\hat{C}_{i,j-1}^{\mathrm{CL}}\mid\mathcal{D}_I)\hat{f}_{j-1}^2+C_{i,I-i}^2\frac{\hat{\sigma}_{j-1}^2}{S_{j-1}^{[I-j]}}\left[\prod_{l=I-i}^{j-2}\left(\hat{f}_l^2+\frac{\hat{\sigma}_l^2}{S_l^{[I-l-1]}}\right)\right]\\
&=\widehat{\mathrm{Var}}(\hat{C}_{i,j-1}^{\mathrm{CL}}\mid\mathcal{D}_I)\left(\hat{f}_{j-1}^2+\frac{\hat{\sigma}_{j-1}^2}{S_{j-1}^{[I-j]}}\right)+C_{i,I-i}^2\frac{\hat{\sigma}_{j-1}^2}{S_{j-1}^{[I-j]}}\prod_{l=I-i}^{j-2}\hat{f}_l^2,
\end{aligned}
\tag{3.22}
$$

其中 $\widehat{\mathrm{Var}}(\hat{C}_{i,I-i}^{\mathrm{CL}}\mid\mathcal{D}_I)=0$，而空项乘积等于 1.

估计量 3.1(条件情形，单个事故年的 MSEP) 在模型假设 3.2 下，单个事故年 $i\in\{1,2,\cdots,I\}$ 的最终索赔的条件 MSEP 的估计如下：

$$
\begin{aligned}
\widehat{\mathrm{msep}}_{C_{i,J}\mid\mathcal{D}_I}(\hat{C}_{i,J}^{\mathrm{CL}})&=\hat{E}[(\hat{C}_{i,J}^{\mathrm{CL}}-C_{i,J})^2\mid\mathcal{D}_I]\\
&=(\hat{C}_{i,J}^{\mathrm{CL}})^2\sum_{j=I-i}^{J-1}\frac{\hat{\sigma}_j^2/\hat{f}_j^2}{\hat{C}_{i,J}^{\mathrm{CL}}}\\
&\quad+C_{i,I-i}^2\left[\prod_{j=I-i}^{J-1}\left(\frac{\hat{\sigma}_j^2}{S_j^{[I-j-1]}}+\hat{f}_j^2\right)-\prod_{j=I-i}^{J-1}\hat{f}_j^2\right].
\end{aligned}
\tag{3.23}
$$

我们可把(3.23)式写成下面的形式：

$$
\widehat{\mathrm{msep}}_{C_{i,J}\mid D_I}(\hat{C}_{i,J}^{\mathrm{CL}})=(\hat{C}_{i,J}^{\mathrm{CL}})^2\left[\sum_{j=I-i}^{J-1}\frac{\hat{\sigma}_j^2/\hat{f}_j^2}{\hat{C}_{i,J}^{\mathrm{CL}}}+\prod_{j=I-i}^{J-1}\left(\frac{\hat{\sigma}_j^2/\hat{f}_j^2}{S_j^{[I-j-1]}}+1\right)-1\right].
\tag{3.24}
$$

另外,我们还可以得到估计误差的如下线性近似:

$$C_{i,I-i}^2\Big[\prod_{j=I-i}^{J-1}\Big(\hat{f}_j^2+\frac{\hat{\sigma}_j^2}{S_j^{[I-j-1]}}\Big)-\prod_{j=I-i}^{J-1}\hat{f}_j^2\Big]\approx C_{i,I-i}^2\prod_{j=I-i}^{J-1}\hat{f}_j^2\sum_{j=I-i}^{J-1}\frac{\hat{\sigma}_j^2/\hat{f}_j^2}{S_j^{[I-j-1]}}. \tag{3.25}$$

由此,即得如下估计量:

估计量 3.2(单个事故年的 MSEP) 在模型假设 3.2 下,单个事故年 $i\in\{1,2,\cdots,I\}$ 的最终索赔的条件 MSEP 有如下估计量:

$$\widehat{\mathrm{msep}}_{C_{i,J}|\mathcal{D}_I}(\hat{C}_{i,J}^{\mathrm{CL}})=(\hat{C}_{i,J}^{\mathrm{CL}})^2\sum_{j=I-i}^{J-1}\frac{\hat{\sigma}_j^2}{\hat{f}_j^2}\Big(\frac{1}{\hat{C}_{i,J}^{\mathrm{CL}}}+\frac{1}{S_j^{[I-j-1]}}\Big). \tag{3.26}$$

下面我们介绍一个 Mack 方法. Mack(1993)给出了估计参数估计误差的另外一种方法:对 $j\in\{I-i,I-i+1,\cdots,J-1\}$,引入

$$T_j=\hat{f}_{I-i}\cdots\hat{f}_{j-1}(f_j-\hat{f}_j)f_{j+1}\cdots f_{J-1}. \tag{3.27}$$

注意到

$$(\hat{f}_{I-i}\hat{f}_{I-i+1}\cdots\hat{f}_{J-1}-f_{I-i}\cdots f_{J-1})^2=\Big(\sum_{j=I-i}^{J-1}T_j\Big)^2. \tag{3.28}$$

这表明(见(3.14)式)

$$[\hat{C}_{i,J}^{\mathrm{CL}}-\mathrm{E}(C_{i,J}\mid\mathcal{D}_I)]^2=C_{i,I-i}^2\Big(\sum_{j=I-i}^{J-1}T_j^2+2\sum_{I-i\leqslant j<k\leqslant J-1}T_jT_k\Big).$$

现对上式右边求和式中的每一项进行估计. 注意到 $\mathrm{E}(T_k\mid\mathcal{B}_k)=0$,另外对 $j<k$,T_j 是 $\mathcal{B}_k$ 可测的. 因此 T_jT_k 的估计量可选为

$$\mathrm{E}(T_jT_k\mid\mathcal{B}_k)=T_j\,\mathrm{E}(T_k\mid\mathcal{B}_k)=0,$$

而 T_j^2 的估计量可选为

$$\begin{aligned}\mathrm{E}(T_j^2\mid\mathcal{B}_j)&=\hat{f}_{I-i}^2\cdots\hat{f}_{j-1}^2\mathrm{E}[(f_j-\hat{f}_j)^2\mid\mathcal{B}_j]f_{j+1}^2\cdots f_{J-1}^2\\&=\hat{f}_{I-i}^2\cdots\hat{f}_{j-1}^2\mathrm{Var}(\hat{f}_j\mid\mathcal{B}_j)f_{j+1}^2\cdots f_{J-1}^2\\&=\hat{f}_{I-i}^2\cdots\hat{f}_{j-1}^2\frac{\sigma_j^2}{S_j^{[I-j-1]}}f_{j+1}^2\cdots f_{J-1}^2.\end{aligned}$$

因此,(3.14)式的一个估计量可选为

$$C_{i,I-i}^2\sum_{j=I-i}^{J-1}\hat{f}_{I-i}^2\cdots\hat{f}_{j-1}^2\frac{\sigma_j^2}{S_j^{[I-j-1]}}f_{j+1}^2\cdots f_{J-1}^2. \tag{3.29}$$

在(3.29)式中用估计值 $\hat{\sigma}_j^2$ 和 $\hat{f}_j$ 代替未知参数 σ_j^2 和 f_j,就得到估计量(3.25).

例 3.2(例 3.1 续) 回到例 3.1,这里计算误差估计. 比较表 3.4 和表 3.5,可见分别由条件抽样方法和 Mack 方法得到的条件估计误差的差别可以忽略不计.

表 3.4 CL 索赔准备金和由估计量 3.1 得到的估计误差

i	$\hat{C}_{i,J}^{CL}$	CL 索赔准备金	$\widehat{\mathrm{Var}}(C_{i,J}\mid\mathcal{D}_I)^{1/2}$		$\widehat{\mathrm{Var}}(\hat{C}_{i,J}^{CL}\mid\mathcal{D}_I)^{1/2}$		$\widehat{\mathrm{msep}}_{C_{i,J}\mid\mathcal{D}_I}(\hat{C}_{i,J}^{CL})^{1/2}$	
0	11 148 124							
1	10 663 318	15 126	191	1.3%	187	1.2%	267	1.8%
2	10 662 008	26 257	742	2.8%	535	2.0%	914	3.5%
3	97 586 06	34 538	2 669	7.7%	1 493	4.3%	3 058	8.9%
4	98 722 18	85 302	6 832	8.0%	3 392	4.0%	7 628	8.9%
5	10 092 247	156 494	30 478	19.5%	13 517	8.6%	33 341	21.3%
6	9 568 143	286 121	68 212	23.8%	27 286	9.5%	73 467	25.7%
7	8 705 378	449 167	80 077	17.8%	29 675	6.6%	85 398	19.0%
8	8 691 971	1 043 242	126 960	12.2%	43 903	4.2%	134 337	12.9%
9	9 626 383	3 950 815	389 783	9.9%	129 770	3.3%	410 817	10.4%

表 3.5 CL 索赔准备金和由估计量 3.2 得到的估计误差

i	$\hat{C}_{i,J}^{CL}$	CL 索赔准备金	$\widehat{\mathrm{Var}}(C_{i,J}\mid\mathcal{D}_I)^{1/2}$		$\widehat{\mathrm{Var}}(\hat{C}_{i,J}^{CL}\mid\mathcal{D}_I)^{1/2}$		$\widehat{\mathrm{msep}}_{C_{i,J}\mid\mathcal{D}_I}(\hat{C}_{i,J}^{CL})^{1/2}$	
0	11 148 124							
1	10 663 318	15 126	191	1.3%	187	1.2%	267	1.8%
2	10 662 008	26 257	742	2.8%	535	2.0%	914	3.5%
3	9 758 606	34 538	2 669	7.7%	1 493	4.3%	3 058	8.9%
4	9 872 218	85 302	6 832	8.0%	3 392	4.0%	7 628	8.9%
5	10 092 247	156 494	30 478	19.5%	13 517	8.6%	33 341	21.3%
6	9 568 143	286 121	68 212	23.8%	27 286	9.5%	73 467	25.7%
7	8 705 378	449 167	80 077	17.8%	29 675	6.6%	85 398	19.0%
8	8 691 971	1 043 242	126 960	12.2%	43 903	4.2%	134 337	12.9%
9	9 626 383	3 950 815	389 783	9.9%	129 769	3.3%	410 817	10.4%

3.2.4 条件 MSEP,各个事故年的汇合

考虑两个不同的事故年 $i<k$. 从模型假设中我们知道最终损失 $C_{i,J}$ 和 $C_{k,J}$ 是相互独立的. 但是,在汇合 $\hat{C}_{i,J}^{CL}$ 和 $\hat{C}_{k,J}^{CL}$ 时要注意,它们不是独立的,这是因为在估计 f_j 时使用了相同

的观测值. 按定义有

$$\begin{aligned}\operatorname{msep}_{C_{i,J}+C_{k,J}|\mathcal{D}_I}(\hat{C}_{i,J}^{\mathrm{CL}}+\hat{C}_{k,J}^{\mathrm{CL}}) &= \mathrm{E}[(\hat{C}_{i,J}^{\mathrm{CL}}+\hat{C}_{k,J}^{\mathrm{CL}}-(C_{i,J}+C_{k,J}))^2 \mid \mathcal{D}_I] \\ &= \operatorname{Var}(C_{i,J}+C_{k,J} \mid \mathcal{D}_I) \\ &\quad + [\hat{C}_{i,J}^{\mathrm{CL}}+\hat{C}_{k,J}^{\mathrm{CL}}-\mathrm{E}(C_{i,J}+C_{k,J} \mid \mathcal{D}_I)]^2.\end{aligned}$$

应用不同事故年的相互独立性，对于上式后一等号右端第一项，可得

$$\operatorname{Var}(C_{i,J}+C_{k,J} \mid \mathcal{D}_I) = \operatorname{Var}(C_{i,J} \mid \mathcal{D}_I) + \operatorname{Var}(C_{k,J} \mid \mathcal{D}_I);$$

而对于第二项，可得

$$\begin{aligned}&[\hat{C}_{i,J}^{\mathrm{CL}}+\hat{C}_{k,J}^{\mathrm{CL}}-\mathrm{E}(C_{i,J}+C_{k,J} \mid \mathcal{D}_I)]^2 \\ &= [\hat{C}_{i,J}^{\mathrm{CL}}-\mathrm{E}(C_{i,J} \mid \mathcal{D}_I)]^2 + [\hat{C}_{k,J}^{\mathrm{CL}}-\mathrm{E}(C_{k,J} \mid \mathcal{D}_I)]^2 \\ &\quad + 2[\hat{C}_{i,J}^{\mathrm{CL}}-\mathrm{E}(C_{i,J} \mid \mathcal{D}_I)][\hat{C}_{k,J}^{\mathrm{CL}}-\mathrm{E}(C_{k,J} \mid \mathcal{D}_I)].\end{aligned}$$

因此，两个事故年汇合后，条件 MSEP 有下面的分解形式：

$$\begin{aligned}&\operatorname{msep}_{C_{i,J}+C_{k,J}|\mathcal{D}_I}(\hat{C}_{i,J}^{\mathrm{CL}}+\hat{C}_{k,J}^{\mathrm{CL}}) \\ &= \operatorname{msep}_{C_{i,J}|\mathcal{D}_I}\hat{C}_{i,J}^{\mathrm{CL}} + \operatorname{msep}_{C_{k,J}|\mathcal{D}_I}\hat{C}_{k,J}^{\mathrm{CL}} \\ &\quad + 2[\hat{C}_{i,J}^{\mathrm{CL}}-\mathrm{E}(C_{i,J} \mid \mathcal{D}_I)][\hat{C}_{k,J}^{\mathrm{CL}}-\mathrm{E}(C_{k,J} \mid \mathcal{D}_I)].\end{aligned} \tag{3.30}$$

观察上式，除了单个事故年的条件 MSEP 外，还有交叉乘积项

$$\begin{aligned}&[\hat{C}_{i,J}^{\mathrm{CL}}-E(C_{i,J} \mid \mathcal{D}_I)][\hat{C}_{k,J}^{\mathrm{CL}}-E(C_{k,J} \mid \mathcal{D}_I)] \\ &= C_{i,I-i}(\hat{f}_{I-i}\cdots\hat{f}_{J-1} - f_{I-i}\cdots f_{J-1}) \cdot C_{k,I-k}(\hat{f}_{I-k}\cdots\hat{f}_{J-1} - f_{I-k}\cdots f_{J-1}).\end{aligned}$$

在这里，仍使用前面的条件重复抽样方法，即选择概率测度 $P_{\mathcal{D}_I}^*$，可以明确计算这些交叉乘积项. 由(3.20)式知，交叉积的估计量为

$$\begin{aligned}&C_{i,J-i}\,C_{k,J-k}\,\mathrm{E}_{\mathcal{D}_I}^*\Big[\Big(\prod_{j=I-i}^{J-1}\hat{f}_j - \prod_{j=I-i}^{J-1}f_j\Big)\Big(\prod_{j=I-k}^{J-1}\hat{f}_j - \prod_{j=I-k}^{J-1}f_j\Big)\Big] \\ &= C_{i,I-i}\,C_{k,I-k}\operatorname{Cov}(\hat{f}_{I-i}\cdots\hat{f}_{J-1}, \hat{f}_{I-k}\cdots\hat{f}_{J-1}) \\ &= C_{i,I-i}\,C_{k,I-k}\,f_{I-k}\cdots f_{I-i-1}\operatorname{Cov}_{P_{\mathcal{D}_I}^*}(\hat{f}_{I-i}\cdots\hat{f}_{J-1}) \\ &= C_{i,I-i}\,C_{k,I-k}\,f_{I-k}\cdots f_{I-i-1}\Big[\prod_{j=I-i}^{J-1}\mathrm{E}_{\mathcal{D}_I}^*(\hat{f}_j^2) - \prod_{j=I-i}^{J-1}f_j^2\Big] \\ &= C_{i,I-i}\,\mathrm{E}(C_{k,I-i} \mid \mathcal{D}_I)\Big[\prod_{j=I-i}^{J-1}\Big(f_j^2 + \frac{\sigma_j^2}{S_j^{[I-j-1]}}\Big) - \prod_{j=I-i}^{J-1}f_j^2\Big].\end{aligned}$$

至此，协方差项的估计就可以由单个事故年的估计得到.

估计量 3.3(汇总事故年的条件 MSEP) 在模型假设 3.2 下，所有事故年的最终索赔的条件 MSEP 有如下估计量：

$$\widehat{\operatorname{msep}}_{\sum_i C_{i,J}|\mathcal{D}_I}\Big(\sum_{i=1}^{I}\hat{C}_{i,J}^{\mathrm{CL}}\Big) = \hat{\mathrm{E}}\Big[\Big(\sum_{i=1}^{I}\hat{C}_{i,J}^{\mathrm{CL}} - \sum_{i=1}^{I}C_{i,J}\Big)^2 \,\Big|\, \mathcal{D}_I\Big]$$

$$
\begin{aligned}
&= \sum_{i=1}^{I} \widehat{\mathrm{msep}}_{C_{i,J}|\mathcal{D}_I}(\hat{C}_{i,J}^{\mathrm{CL}}) \\
&\quad + 2\sum_{1\leqslant i<k\leqslant I} C_{i,I-i}\,\hat{C}_{k,I-i}^{\mathrm{CL}}\left[\prod_{j=I-i}^{J-1}\left(\hat{f}_j^2+\frac{\hat{\sigma}_j^2}{S_j^{[I-j-1]}}\right)-\prod_{j=I-i}^{J-1}\hat{f}_j^2\right]. \qquad (3.31)
\end{aligned}
$$

注 上述协方差项的估计(见(3.31)式)可写成如下形式：

$$
2\sum_{1\leqslant i<k\leqslant I}\frac{\hat{C}_{k,I-i}^{\mathrm{CL}}}{C_{i,I-i}}\widehat{\mathrm{Var}}(\hat{C}_{i,J}^{\mathrm{CL}}\mid\mathcal{D}_I),
$$

其中 $\widehat{\mathrm{Var}}(\hat{C}_{i,J}^{\mathrm{CL}}\mid\mathcal{D}_I)$ 是单个事故年 i 的条件估计误差(见(3.21)式). 这种表示方式在编程计算方面较为方便,可采用矩阵乘法.

对条件估计误差进行线性近似,得到下面的估计量:

估计量 3.4(汇总事故年的条件 MSEP,Mack 公式) 在模型假设 3.8 下,所有事故年的最终索赔的条件 MSEP 有下面的估计量:

$$
\widehat{\widehat{\mathrm{msep}}}_{\sum_i C_{i,J}|\mathcal{D}_I}\left(\sum_{i=1}^{I}\hat{C}_{i,J}^{\mathrm{CL}}\right)=\sum_{i=1}^{I}\widehat{\widehat{\mathrm{msep}}}_{C_{i,J}|\mathcal{D}_I}(\hat{C}_{i,J}^{\mathrm{CL}})+2\sum_{1\leqslant i<k\leqslant I}\hat{C}_{i,J}^{\mathrm{CL}}\hat{C}_{k,J}^{\mathrm{CL}}\sum_{j=I-i}^{J-1}\frac{\hat{\sigma}_j^2/\hat{f}_j^2}{S_j^{[I-j-1]}}. \qquad (3.32)
$$

例 3.3(例 3.1 续) 这里应用本小节的结论,估计所有事故年的最终索赔的条件 MSEP,从而完整地解决例 3.1. 数值结果如表 3.6 所示.

表 3.6 CL 索赔准备金和由估计量 3.3 得到的估计误差

i	$\hat{C}_{i,J}^{\mathrm{CL}}$	CL 索赔准备金	$\widehat{\mathrm{Var}}(C_{i,J}\mid\mathcal{D}_I)^{1/2}$		$\widehat{\mathrm{Var}}(\hat{C}_{i,J}^{\mathrm{CL}}\mid\mathcal{D}_I)^{1/2}$		$\widehat{\mathrm{msep}}_{C_{i,J}\mid\mathcal{D}_I}(\hat{C}_{i,J}^{\mathrm{CL}})^{1/2}$	
0	11 148 124							
1	10 663 318	15 126	191	1.3%	187	1.2%	267	1.8%
2	10 662 008	26 257	742	2.8%	535	2.0%	914	3.5%
3	9 758 606	34 538	2 669	7.7%	1 493	4.3%	3 058	8.9%
4	9 872 218	85 302	6 832	8.0%	3 392	4.0%	7 628	8.9%
5	10 092 247	156 494	30 478	19.5%	13 517	8.6%	33 341	21.3%
6	9 568 143	286 121	68 212	23.8%	27 286	9.5%	73 467	25.7%
7	8 705 378	449 167	80 077	17.8%	29 675	6.6%	85 398	19.0%
8	8 691 971	1 043 242	126 960	12.2%	43 903	4.2%	134 337	12.9%
9	9 626 383	3 950 815	389 783	9.9%	129 770	3.3%	410 817	10.4%
协方差项					116 811		116 811	
合计		6 047 061	424 379	7.0%	185 026	3.1%	462 960	7.7%

参考文献

[1] Mack T. Distribution-free calculation of the standard error of chain ladder reserve estimates. Astin Bulletin,1993, 23(2): 213-225.

[2] Barnett G, Zehnwirth B. Best estimates for reserves. Proc CAS, 2000,87: 245-321.

[3] Buchwalder M,Bühlmann H, Merz M, Wüthrich M V. The mean square error of prediction in the chain ladder reserving method. Astin Bulletin,2006,36(2): 521-542.

第四章　贝叶斯模型

从广义的角度来说，可以把索赔准备金评估的贝叶斯方法视为一种把专家意见(或先验信息)与观察结果相结合，从而得到最终索赔的估计方法. 在最简单的情形下，先验信息为给定的单个值，如最终索赔的先验估计或平均损失率的先验估计. 然而，在严格意义上讲，索赔准备金评估的贝叶斯方法中的先验信息是随机变量(如最终索赔或风险参数)的先验分布. 贝叶斯推断可理解为把随机变量的先验分布与给定的上三角的观测数据结合在一起的过程，该过程通过贝叶斯定理来实现. 按这种方式，有时候可得到关于最终索赔的后验分布的解析表达式，它反映了由观察数据导致的不确定性的改变. 最终索赔的后验期望称为最终索赔的贝叶斯估计，它在所有关于观测数据的平方可积函数估计量中，平方损失是最小的.

在有些情形，我们无法明确计算最终索赔的后验分布，此时有很多其他方法可以选择. 一方面，我们可以应用数值算法，如马尔可夫蒙特卡罗方法(MCMC)，生成经验的后验分布. 这些方法的优点在于它们能够在任意的分布模型下给出分布结果，而不仅仅限于在特定分布假设下的前两阶矩的估计. 然而，这些方法的难点在于如何解释数值结果，这是因为如果我们不能得到解析解，那么对参数敏感性进行分析是很困难的.

另一方面，可应用线性信度方法，把最优估计的选择限制于一个较小的估计量类内，即观察数据的线性函数. 由这些方法，借助于二阶矩，如变异系数，仅得到不确定性估计的解析公式. 在实际应用中，这往往就足够了，并考虑到了对涉及的参数的解释.

在本章开始，我们先介绍入门内容，之后逐步引入贝叶斯推断.

§4.1　BH 法和 Cape-Cod 模型

作为本章的预备内容，我们首先介绍两种索赔准备金评估方法. 严格意义上来说，它们不属于贝叶斯模型，但可引导我们了解贝叶斯模型.

4.1.1　BH 法

BH 法由 Benktander (1976)[1] 和 Hovinen(1981)[2] 分别独立提出. 对给定事故年 $i\geqslant 1$，假设已知 $\mathrm{E}(C_{i,J})$ 的先验估计 μ_i 以及索赔进展模式 β_j $(0\leqslant j\leqslant J)$，使得 $\mathrm{E}(C_{i,j})=\mu_i\beta_j$ 成立. 由于 BF 法完全忽略了对角线观察值 $C_{i,I-i}$ 的影响，而 CL 法完全忽略了已有的先验

估计值 μ_i，因此我们可以考虑这两种方法的信度混合：对于 $c\in[0,1]$，定义以下信度加权公式：

$$u_i(c)=c\hat{C}_{i,J}^{\mathrm{CL}}+(1-c)\mu_i,\tag{4.1}$$

其中 $\hat{C}_{i,J}^{\mathrm{CL}}$ 是最终索赔的 CL 估计，μ_i 是最终索赔的先验点估计. 随着时间 j 的推移，我们得到关于 $C_{i,J}$ 的更多信息. 因此，随着 $C_{i,j}$ 的进展，权重参数 c 也会增大. 如选择 $c=\beta_{I-i}$，即得下面的估计量：

估计量 4.1　BH 估计量为

$$\hat{C}_{i,J}^{\mathrm{BH}}=C_{i,I-i}+(1-\beta_{I-i})[\beta_{I-i}\hat{C}_{i,J}^{\mathrm{CL}}+(1-\beta_{I-i})\mu_i],\quad 1\leqslant i\leqslant I.\tag{4.2}$$

注意到，我们可用 CL 因子 f_j 表示索赔进展模式 β_j. 应用关于 BF 法的模型假设 2.3，可得到所需结果. 在本节中规定：

$$\beta_j=\prod_{k=j}^{J-1}f_k^{-1}.\tag{4.3}$$

由于进展模式 β_j 是已知的，CL 因子也是已知的(由(4.3)式)，因此可记

$$\hat{f}_j=f_j,\quad 0\leqslant j\leqslant J-1.$$

那么 BH 估计量(4.2)可表示为以下形式：

$$\begin{aligned}\hat{C}_{i,J}^{\mathrm{BH}}&=C_{i,I-i}+(1-\beta_{I-i})\hat{C}_{i,J}^{\mathrm{BF}}\\&=\beta_{I-i}\hat{C}_{i,J}^{\mathrm{CL}}+(1-\beta_{I-i})\hat{C}_{i,J}^{\mathrm{BF}}.\end{aligned}\tag{4.4}$$

注　(1) (4.4)式表明 BH 估计量可视为迭代的 BF 估计，它用 BF 估计作为新的先验估计；

(2) 下面的引理 4.1 表明，权重 β_{I-i} 并不是迭代的不动点，这是因为 BH 估计对应于 $1-(1-\beta_{I-i})^2$.

引理 4.1　在索赔进展模式 β_j 是已知的并由(4.3)式确定的假设下，有

$$\hat{C}_{i,J}^{\mathrm{BH}}=u_i[1-(1-\beta_{I-i})^2],\quad 1\leqslant i\leqslant I,$$

其中函数 $u_i(\cdot)$ 由(4.1)式给出.

证明　由(4.1)和(4.3)两式可知

$$\begin{aligned}\hat{C}_{i,J}^{\mathrm{BH}}&=C_{i,I-i}+(1-\beta_{I-i})(\beta_{I-i}\hat{C}_{i,J}^{\mathrm{CL}}+(1-\beta_{I-i})\mu_i)\\&=\beta_{I-i}\hat{C}_{i,J}^{\mathrm{CL}}+(\beta_{I-i}-\beta_{I-i}^2)\hat{C}_{i,J}^{\mathrm{CL}}+(1-\beta_{I-i})^2\mu_i\\&=[1-(1-\beta_{I-i})^2]\hat{C}_{i,J}^{\mathrm{CL}}+(1-\beta_{I-i})^2\mu_i\\&=u_i[1-(1-\beta_{I-i})^2].\end{aligned}$$

□

例 4.1(BH 估计)　再次应用例 2.1 和例 2.2 中的数据. 假设 β_j 是已知的(此处设它等于 $\hat{\beta}_j^{\mathrm{CL}}$，见例 2.2)，那么就得到表 4.1 中的结论. 注意到，BH 索赔准备金介于 CL 索赔准备金和 BF 索赔准备金之间. 因为对于所有的事故年，β_{I-i} 大于 50%，所以 BH 索赔准备金更接近于 CL 索赔准备金.

表 4.1　BH 法的索赔准备金

i	$C_{i,I-i}$	μ_i	β_{I-i} /%	$\hat{C}_{i,J}^{CL}$	$\hat{C}_{i,J}^{BH}$	索赔准备金		
						CL	BH	BF
0	11 148 124	11 653 101	100.0	11 148 124	11 148 124			
1	10 648 192	11 367 306	99.0	10 663 318	10 663 319	15 126	15 127	16 124
2	10 635 751	10 962 965	99.8	10 662 008	10 662 010	26 257	26 259	26 998
3	9 724 068	10 616 762	99.6	9 758 606	9 758 617	34 538	34 549	37 575
4	9 786 916	11 044 881	99.1	9 872 218	9 872 305	85 302	85 389	95 434
5	9 935 753	11 480 700	98.4	10 092 247	10 092 581	156 494	156 828	178 024
6	9 282 022	11 413 572	97.0	9 568 143	9 569 793	286 121	287 771	341 305
7	8 256 211	11 126 527	94.8	8 705 378	8 711 824	449 167	455 612	574 089
8	7 648 729	10 986 548	88.0	8 691 971	8 725 026	1 043 242	1 076 297	1 318 646
9	5 675 568	11 618 437	59.0	9 626 383	9 961 926	3 950 815	4 286 358	4 768 384
合计						6 047 061	6 424 190	7 356 580

下面的定理表明，如果我们对 BF 法进一步迭代，就得到 CL 索赔准备金.

定理 4.1　设索赔进展模式 $\beta_j (0 \leqslant j \leqslant J)$ 已知，并由(4.3)式确定，而且 $\beta_{I-i} > 0$，那么有

$$\lim_{m \to \infty} \hat{C}^{(m)} = \hat{C}_{i,J}^{CL},$$

其中 $\hat{C}^{(0)} = \mu_i$，且对于 $m \geqslant 0$，下列递推式成立：

$$\hat{C}^{(m+1)} = C_{i,I-i} + (1 - \beta_{I-i}) \hat{C}^{(m)}.$$

证明　当 $m \geqslant 1$ 时，我们有

$$\hat{C}^{(m)} = [1 - (1 - \beta_{I-i})^m] \hat{C}_{i,J}^{CL} + (1 - \beta_{I-i})^m \mu_i. \tag{4.5}$$

上式对 $m = 1$ (BF 估计)和 $m = 2$ (BH 估计，见引理 4.1)是成立的.

下面用归纳法证明结论：在归纳假设下，对 $m + 1$，我们有

$$\begin{aligned} \hat{C}^{(m+1)} &= C_{i,I-i} + (1 - \beta_{I-i}) \hat{C}^{(m)} \\ &= C_{i,I-i} + (1 - \beta_{I-i}) \{ [1 - (1 - \beta_{I-i})^m] \hat{C}_{i,J}^{CL} + (1 - \beta_{I-i})^m \mu_i \} \\ &= \beta_{I-i} \hat{C}_{i,J}^{CL} + [(1 - \beta_{I-i}) - (1 - \beta_{I-i})^{m+1}] \hat{C}_{i,J}^{CL} + (1 - \beta_{I-i})^{m+1} \mu_i. \end{aligned}$$

由此即证得(4.5)式.　□

由(4.5)式及 $\beta_{I-i} > 0$，可得定理结论.

回到例 4.1，由定理 4.1，可得表 4.2.

表 4.2　BF/BH 法的迭代

i	$\hat{C}^{(1)}=\hat{C}_{i,J}^{\mathrm{BF}}$	$\hat{C}^{(2)}=\hat{C}_{i,J}^{\mathrm{BH}}$	$\hat{C}^{(3)}$	$\hat{C}^{(4)}$	$\hat{C}^{(5)}$	…	$\hat{C}^{(\infty)}=\hat{C}_{i,J}^{\mathrm{CL}}$
0	11 148 124	11 148 124	11 148 124	11 148 124	11 148 124	…	11 148 124
1	10 664 316	10 663 319	10 663 318	10 663 318	10 663 318	…	10 663 318
2	10 662 749	10 662 010	10 662 008	10 662 008	10 662 008	…	10 662 008
3	9 761 643	9 758 617	9 758 606	9 758 606	9 758 606	…	9 758 606
4	9 882 350	9 872 305	9 872 218	9 872 218	9 872 218	…	9 872 218
5	10 113 777	10 092 581	10 092 252	10 092 247	10 092 247	…	10 092 247
6	9 623 328	9 569 793	9 568 192	9 568 144	9 568 143	…	9 568 143
7	8 830 301	8 711 824	8 705 711	8 705 395	8 705 379	…	8 705 378
8	8 967 375	8 725 026	8 695 938	8 692 447	8 692 028	…	8 691 971
9	10 443 953	9 961 926	9 764 095	9 682 902	9 649 579	…	9 626 383

4.1.2　Cape-Cod 模型

CL 模型的一个主要缺陷在于最终索赔估计完全依赖于最后对角线上的观察数据. 如果最后观察值是一个离群点数据,那么它就影响到最终索赔估计. 另外,很多情况下,在长尾业务中第一个观察值往往不具有代表性. 平滑最后对角线上异常值的一种可行性办法是把 BF 估计和 CL 估计结合起来,如 BH 估计. 另一种可行性办法是使得对角线上的观察值更稳健. 这可以通过 Cape-Cod 模型来实现,它由 Bühlmann (1983)[3] 提出.

模型假设 4.1(Cape-Cod 方法)

(1) 不同事故年 i 的累计索赔 $C_{i,j}$ 是相互独立的;

(2) 存在参数 $\Pi_0,\Pi_1,\cdots,\Pi_I>0$, $K>0$,索赔进展模式 $\beta_j(0\leqslant j\leqslant J)$, $\beta_J=1$,使得对于所有的 $i=0,1,\cdots,I$,下式成立:

$$\mathrm{E}(C_{i,j})=\kappa\Pi_i\beta_j.$$

注意到模型假设 4.1 与模型假设 2.3 是一致的,其中 $\mu_i=\kappa\Pi_i$. 因此,在模型假设 4.1 下,可把 Π_i 理解为事故年 i 收到的保费,而 κ 反映了平均损失率. 假设 κ 与事故年 i 无关,也就是说,κ 对所有的事故年都是相同的. 我们可用最终索赔的 CL 估计来估计每个事故年的损失率. 由(4.3)式有

$$\hat{\kappa}_i=\frac{\hat{C}_{i,J}^{\mathrm{CL}}}{\Pi_i}=\frac{C_{i,I-i}}{\Pi_i\prod\limits_{j=I-i}^{J-1}f_j^{-1}}=\frac{C_{i,I-i}}{\beta_{I-i}\Pi_i}.$$

$\hat{\kappa}_i$ 是 κ 的无偏估计,这是因为

$$\mathrm{E}(\hat{\kappa}_i)=\frac{1}{\Pi_i}\mathrm{E}(\hat{C}_{i,J}^{\mathrm{CL}})=\frac{1}{\Pi_i\cdot\beta_{I-i}}\mathrm{E}(C_{i,I-i})=\frac{1}{\Pi_i}\mathrm{E}(C_{i,J})=\kappa.$$

“稳健”的整体损失率的估计是 $\hat{\kappa}_i$ 的加权平均：

$$\hat{\kappa}^{\mathrm{CC}}=\sum_{i=0}^{I}\frac{\beta_{I-i}\Pi_i}{\sum_{k=0}^{I}\beta_{I-k}\Pi_k}\hat{\kappa}_i=\frac{\sum_{i=0}^{I}C_{i,I-i}}{\sum_{i=0}^{I}\beta_{I-i}\Pi_i},\tag{4.6}$$

其中 $\hat{\kappa}^{\mathrm{CC}}$ 是 κ 的无偏估计.

定义 $C_{i,I-i}$ 的“稳健”值为

$$\hat{C}_{i,I-i}^{\mathrm{CC}}=\hat{\kappa}^{\mathrm{CC}}\Pi_i\beta_{I-i},\quad i>0.$$

由此得到如下估计量：

估计量 4.2 Cape-Cod 估计量为

$$\hat{C}_{i,J}^{\mathrm{CC}}=C_{i,I-i}+\prod_{j=I-i}^{J-1}f_j\hat{C}_{i,I-i}^{\mathrm{CC}}-\hat{C}_{i,I-i}^{\mathrm{CC}},\quad 1\leqslant i\leqslant I.\tag{4.7}$$

我们有如下引理：

引理 4.2 在模型假设 4.1 和(4.3)式下，$\hat{C}_{i,J}^{\mathrm{CC}}-C_{i,I-i}$ 是 $\mathrm{E}(C_{i,J}-C_{i,I-i})=\kappa\Pi_i(1-\beta_{I-i})$ 的无偏估计.

证明 注意到

$$\mathrm{E}(\hat{C}_{i,I-i}^{\mathrm{CC}})=\mathrm{E}(\hat{\kappa}^{\mathrm{CC}})\Pi_i\beta_{I-i}=\kappa\Pi_i\beta_{I-i}=\mathrm{E}(C_{i,I-i}).$$

另外，由(4.3)式可得

$$\hat{C}_{i,J}^{\mathrm{CC}}-C_{i,I-i}=\hat{C}_{i,I-i}^{\mathrm{CC}}\Big(\prod_{j=I-i}^{J-1}f_j-1\Big)=\hat{\kappa}^{\mathrm{CC}}\Pi_i(1-\beta_{I-i}).\tag{4.8}$$

由此，引理得证. □

注 (1) 在 Cape-Cod 方法中，CL 迭代计算应用于“稳健”的对角线的值 $\hat{C}_{i,I-i}^{\mathrm{CC}}$，但是为了计算最终索赔，需要加上原始观察值 $C_{i,I-i}$ 和“稳健”对角线值之差. 如对 Cape-Cod 估计量修正(见(4.8)式)，可得

$$\hat{C}_{i,J}^{\mathrm{CC}}=C_{i,I-i}+(1-\beta_{I-i})\hat{\kappa}^{\mathrm{CC}}\Pi_i.$$

上式是一个 BF 类型的估计量，修正后的先验估计为 $\hat{\kappa}^{\mathrm{CC}}\Pi_i$.

(2) 注意到

$$\mathrm{Var}(\hat{\kappa}_i)=\frac{1}{\Pi_i^2\beta_{I-i}^2}\mathrm{Var}(C_{i,I-i}).$$

根据 $C_{i,j}$ 的方差函数的选择，这也许表明“稳健性”可通过另外方式(方差较小)引入，参见引理 3.2.

例 4.2(Cape-Cod 方法)　回到例 2.1，例 2.2 和例 4.1 中的数据. 表 4.3 列出了"稳健"的对角线值 $\hat{C}^{CC}_{i,I-i}$ 和最终索赔的 Cape-Cod 估计 $\hat{C}^{CC}_{i,J}$. 比较发现，Cape-Cod 估计 $\hat{C}^{CC}_{i,J}$ 比相应的 BF 估计 $\hat{C}^{BF}_{i,J}$ 小，这是因为 BF 法中的先验参数 μ_i 较为保守. 在 BF 法下，损失率 μ_i/Π_i 都在 75%以上，而在 Cape-Cod 方法下，损失率 $\hat{\kappa}_i$ 都小于 75%.

表 4.3　Cape-Cod 方法的索赔准备金

i	Π_i	$\hat{\kappa}_i$ /%	$\hat{C}^{CC}_{i,I-i}$	$\hat{C}^{CC}_{i,J}$	索赔准备金		
					Cape-Cod	CL	BF
0	15 473 558	72.0	10 411 192	11 148 124	0	0	0
1	14 882 436	71.7	9 999 259	10 662 396	14 204	15 126	16 124
2	14 456 039	73.8	9 702 614	10 659 704	23 953	26 257	26 998
3	14 054 917	69.4	9 423 208	9 757 538	33 469	34 538	37 575
4	14 525 373	68.0	9 688 771	9 871 362	84 446	85 302	95 434
5	15 025 923	67.2	9 953 237	10 092 522	156 769	156 494	178 024
6	14 832 965	64.5	9 681 735	9 580 464	298 442	286 121	341 305
7	14 550 359	59.8	9 284 898	8 761 342	505 131	449 167	574 089
8	14 461 781	60.1	8 562 549	8 816 611	1 167 882	1 043 242	1 318 646
9	15 210 363	63.3	6 033 871	9 875 801	4 200 233	3 950 815	4 768 384
$\hat{\kappa}^{CC}$		67.3	合计		6 484 530	6 047 061	7 356 580

§4.2　可信的索赔准备金评估方法

本节要讨论的问题是：CL 估计和 BF 估计的最优组合是什么？最优的准则又是什么？注意到此前用到的信度组合都是很特殊的. 例如，在 BH 法中，我们仅说明观测值的信度应该随着进展而增大.

4.2.1　最小化平方损失函数

选定 $i>0$，定义事故年 i 的未决索赔为

$$R_i = R_{i,I-i} = C_{i,J} - C_{i,I-i}\ .$$

如果 $C_{i,j}$ 表示累计索赔，那么 R_i 正是在时刻 I 的未决损失负债. 假设进展模式和 CL 因子都是已知的(二者关系由(4.3)式给出)，那么 CL 索赔准备金和 BF 索赔准备金分别如下：

$$\hat{R}_i^{CL} = \hat{C}^{CL}_{i,J} - C_{i,I-i} = C_{i,I-i}\Big(\prod_{j=I-i}^{J-1} f_j - 1\Big),$$

$$\hat{R}_i^{BF} = \hat{C}^{BF}_{i,J} - C_{i,I-i} = (1-\beta_{I-i})\mu_i\ .$$

现对 CL 法和 BF 法加以组合，得到如下信度组合：

$$c\hat{C}_{i,J}^{\mathrm{CL}}+(1-c)\hat{C}_{i,J}^{\mathrm{BF}},\quad c\in[0,1].$$

相应地，索赔准备金有如下表示（见(4.4)式）：

$$\begin{aligned}\hat{R}_i(c)&=c\hat{R}_i^{\mathrm{CL}}+(1-c)\hat{R}_i^{\mathrm{BF}}\\&=\hat{C}_{i,J}^{\mathrm{BF}}-C_{i,I-i}+c(\hat{C}_{i,J}^{\mathrm{CL}}-\hat{C}_{i,J}^{\mathrm{BF}})\\&=(1-\beta_{I-i})[c\hat{C}_{i,J}^{\mathrm{CL}}+(1-c)\mu_i]\\&=(1-\beta_{I-i})u_i(c).\end{aligned}$$

现在的问题是：c 的最优值是什么？此时最优的准则选用最小化平方损失函数. 在后面的讨论中，我们的目标是使得索赔准备金估计 $\hat{R}_i(c)$ 的（无条件）MSEP 达到最小. 此时 $\hat{R}_i(c)$ 用来预测随机变量 R_i，MSEP 为

$$\mathrm{msep}_{R_i}(\hat{R}_i(c))=\mathrm{E}\{[R_i-\hat{R}_i(c)]^2\}.\tag{4.9}$$

为解决上述最优化问题，我们需要定义一个适当的随机性模型.

模型假设 4.2 (1) 对不同事故年 i，累计索赔 $C_{i,j}$ 是相互独立的.

(2) 存在 $\beta_j\ (0\leqslant j\leqslant J)$，其中 $\beta_J=1$，使得对所有的 $j\in\{0,1,\cdots,J\}$，下式成立：

$$\mathrm{E}(C_{i,j})=\beta_j\mathrm{E}(C_{i,J}).$$

(3) 存在随机变量 $U_1,U_2,\cdots,U_I$，它们是 $\mathrm{E}(C_{i,J})$ 的无偏估计，即 $\mathrm{E}(U_i)=\mathrm{E}(C_{i,J})$. 另外假设 U_i 与 $C_{i,I-i}$，$C_{i,J}$ 是独立的.

注 (1) 如果假设 $U_i=\mu_i>0$ 是确定性的，那么模型假设 4.2 就是模型假设 2.3. 这里的随机变量 U_i 反映了在选择"真实的"均值 $\mathrm{E}(C_{i,J})$ 时，存在一些不确定性（专家意见）.

(2) 注意到我们并没有假设 CL 模型是满足的. CL 模型满足模型假设 4.2，但反之不一定成立. 假设 f_j 与 β_j 满足(4.3)式，并假设 CL 估计量和 BF 估计量分别由下面的式子给出：

$$\hat{C}_{i,J}^{\mathrm{CL}}=\frac{C_{i,I-i}}{\beta_{I-i}},\quad \hat{C}_{i,J}^{\mathrm{BF}}=C_{i,I-i}+(1-\beta_{I-i})U_i.\tag{4.10}$$

信度加权索赔准备金为

$$\hat{R}_i(c)=(1-\beta_{I-i})[c\hat{C}_{i,J}^{\mathrm{CL}}+(1-c)U_i].\tag{4.11}$$

在这些模型假设下，我们需要使以下的无条件 MSEP 达到最小.

$$\mathrm{msep}_{R_i}(\hat{R}_i(c))=\mathrm{E}\{[R_i-\hat{R}_i(c)]^2\}.\tag{4.12}$$

(3) 注意到如果假设 CL 模型是满足的，那么这里的 MSEP 计算和第三章的 MSEP 计算是没有直接可比性的. 在推导 CL 法的 MSEP 公式时，我们总是假设 CL 因子 f_j 是未知的. 如果 f_j 是已知的，那么 CL 索赔准备金的 MSEP 为（见(3.8)式）

$$\begin{aligned}\mathrm{msep}_{C_{i,J}}(\hat{C}_{i,J}^{\mathrm{CL}})&=\mathrm{E}\left\{\mathrm{E}\left[(C_{i,J}-\hat{C}_{i,J}^{\mathrm{CL}})^2\,\middle|\,\mathcal{D}_I\right]\right\}=\mathrm{E}[\mathrm{msep}_{C_{i,J}|\mathcal{D}_I}(\hat{C}_{i,J}^{\mathrm{CL}})]\\&=\mathrm{E}[\mathrm{Var}(C_{i,J}\mid\mathcal{D}_I)]=\mathrm{Var}(C_{i,J})-\mathrm{Var}[\mathrm{E}(C_{i,J}\mid\mathcal{D}_I)]\end{aligned}$$

$$= \mathrm{Var}(C_{i,J}) - \mathrm{Var}(C_{i,I-i}) \prod_{j=I-i}^{J-1} f_j^2 .$$

在模型假设 4.2 及(4.10)式下，计算(4.11)式. 注意到 $\mathrm{E}[\hat{R}_i(c)] = \mathrm{E}(R_i)$，另外

$$\begin{aligned} \mathrm{msep}_{R_i}(\hat{R}_i(c)) &= \mathrm{Var}(R_i) + \mathrm{E}\{[\mathrm{E}(R_i) - \hat{R}_i(c)]^2\} \\ &\quad + 2\mathrm{E}\{[R_i - E(R_i)][\mathrm{E}(R_i) - \hat{R}_i(c)]\} \\ &= \mathrm{Var}(R_i) + \mathrm{Var}(\hat{R}_i(c)) - 2\mathrm{Cov}(R_i, \hat{R}_i(c)) . \end{aligned}$$

以下定理来自 Mack (2000)[4]，这里仅给出结论.

定理 4.2　在模型假设 4.2 和(4.10)式下，使无条件 MSEP(4.12)式达到最小的最优信度因子 c_i^* 有如下表示：

$$c_i^* = \frac{\beta_{I-i}}{1-\beta_{I-i}} \cdot \frac{\mathrm{Cov}(C_{i,I-i}, R_i) + \beta_{I-i}(1-\beta_{I-i})\mathrm{Var}(U_i)}{\mathrm{Var}(C_{i,I-i}) + \beta_{I-i}^2 \mathrm{Var}(U_i)} .$$

注　为了明确地计算定理 4.2 中的 c_i^*，我们需要给定明确的随机性模型.

4.2.2　可信的索赔准备金评估中的分布例子

为应用定理 4.2，此处我们给出一个明确的随机性模型.

模型假设 4.3　(1) 对不同事故年 i，累计索赔 $C_{i,j}$ 是相互独立的；

(2) 存在序列 $\{\beta_j\}_{0 \leqslant j \leqslant J}$，$\beta_J = 1$ 和函数 $\alpha^2(\cdot)$，使得对 $i = 0,1,\cdots,I$ 和 $j = 0,1,\cdots,J$，以下两式成立：

$$\mathrm{E}(C_{i,j} \mid C_{i,J}) = \beta_j C_{i,J}, \quad \mathrm{Var}(C_{i,j} \mid C_{i,J}) = \beta_j(1-\beta_j)\alpha^2(C_{i,J}) .$$

注　(1) 上述模型与 CL 模型有本质的区别. 在 CL 模型中，我们有“向前”的迭代，即相继的累计索赔通过损失率连在一起. 而在上述模型中，我们有“向后”的考虑，即根据最终索赔 $C_{i,J}$ 决定之前的累计索赔，这仅是进展模式的随机定义. 事实上，我们的目标在于根据观察值 $C_{i,I-i}$ 了解最终索赔 $C_{i,J}$ 的分布(通过贝叶斯定理).

(2) 可把这个模型视为贝叶斯方法，它决定了最终索赔 $C_{i,J}$. 后面将对此进一步讨论.

(3) 注意到这个模型满足模型假设 2.3，其中 $\mu_i = \mathrm{E}(C_{i,J})$. 另外，$C_{i,j}$ 满足模型假设 4.2. 一般来说，CL 模型并不满足(见(4.22)式).

(4) 注意到方差条件表明当 β_j 趋于 1 时，方差趋于 0，即如果预期未决索赔较少，那么不确定性也会相应降低.

例 4.3(模型假设 4.3)　以下是满足模型假设 4.3 的一个简单的分布实例. 假设在给定 $C_{i,J}$ 条件下，$C_{i,j}/C_{i,J}$ 有 Beta 分布，参数为 $(\alpha_i\beta_j, \alpha_i(1-\beta_j))$，那么对所有的 $i = 0,1,\cdots,I$ 和 $j = 0,1,\cdots,J$，以下两式成立：

$$\mathrm{E}(C_{i,j} \mid C_{i,J}) = C_{i,J}\mathrm{E}\left(\frac{C_{i,j}}{C_{i,J}} \,\middle|\, C_{i,J}\right) = \beta_j C_{i,J},$$

$$\mathrm{Var}(C_{i,j} \mid C_{i,J}) = C_{i,J}^2 \mathrm{Var}\left(\frac{C_{i,j}}{C_{i,J}} \middle| C_{i,J}\right) = \beta_j(1-\beta_j)\frac{C_{i,J}^2}{1+\alpha_i}.$$

回到例 2.1,例 2.2 和例 4.1 的数据. 注意到

$$\mathrm{E}[\alpha^2(C_{i,J})] = \frac{1}{1+\alpha_i}\mathrm{E}(C_{i,J}^2) = \frac{[\mathrm{E}(C_{i,J})]^2}{1+\alpha_i}[\mathrm{Vco}^2(C_{i,J})+1].$$

如前面所述,假设索赔进展模式 β_j $(0 \leqslant j \leqslant J)$ 是已知的. 这意味着在估计中没有出现来自索赔进展参数的估计误差. 我们仅有过程方差以及最终索赔估计量 U_i 的不确定性. 假设精算师针对先验估计预测真实值的误差为 5%,即

$$\mathrm{Vco}(U_i) = 5\%. \tag{4.13}$$

另外,假设

$$\mathrm{Vco}(C_{i,J}) = [\mathrm{Vco}^2(U_i) + r^2]^{1/2}, \tag{4.14}$$

其中设 $r=6\%$,它对应于纯粹的过程误差. 这些数值对应于纯粹的专家意见. 从参数 α_i, r 和 $\mathrm{Vco}(U_i)$ 的选择可见,在实务中应用如上方法非常困难,这是因为我们并没有由已有的数据估计这些参数. 这里仅应用专家意见,选定了先验数值. 从另外一个方面来讲,这些参数的选择有很大的人为因素,作为替代,我们应该使用观测值得到更合理的估计.

4.2.3 对数正态模型

下面我们给出模型假设 4.3 的另一个例子.

我们给出 $C_{i,J}$ 和 $C_{i,j} \mid C_{i,J}$ 的分布假设,使得它与模型假设 4.3 相一致. 在这里,我们明确指定 $C_{i,J}$ 的分布(即专家意见). 分布假设使得我们能够根据贝叶斯定理,确定 $C_{i,J} \mid C_{i,j}$ 的准确分布. 结果表明, $\mathrm{E}(C_{i,J} \mid C_{i,j})$ 的最优估计是观察值 $C_{i,I-i}$ 和先验均值 $\mathrm{E}(C_{i,J})$ 的信度混合平均. Gogol(1993)[5]提出了以下模型:

模型假设 4.4 (对数正态模型)

(1) 对不同事故年 i, 累计索赔 $C_{i,j}$ 是相互独立的;

(2) $C_{i,J}$ 服从参数为 $\mu^{(i)}$ 和 σ_i^2 的对数正态分布, $i=0,1,\cdots,I$.

(3) 给定 $C_{i,J}$, $C_{i,j}$ 服从参数为 $\nu_j=\nu_j(C_{i,J})$ 和 $\tau_j^2=\tau_j^2(C_{i,J})$ 的对数正态分布, $i=0,1,\cdots,I$ 和 $j=0,1,\cdots,J$.

注 $C_{i,J}$ 的先验均值为

$$\mu_i = \mathrm{E}(C_{i,J}) = \exp\left\{\mu^{(i)} + \frac{1}{2}\sigma_i^2\right\}. \tag{4.15}$$

如果 $\{C_{i,j}\}_{0\leqslant j\leqslant J}$ 满足模型假设 4.3,就可以得到

$$\mathrm{E}(C_{i,j} \mid C_{i,J}) = \exp\left\{\nu_j + \frac{1}{2}\tau_j^2\right\} \triangleq \beta_j C_{i,J},$$

$$\mathrm{Var}(C_{i,j} \mid C_{i,J}) = \exp\{2\nu_j + \tau_j^2\} \cdot (\exp\{\tau_j^2\} - 1) \triangleq \beta_j(1-\beta_j)\alpha^2(C_{i,J}).$$

为此需选择

$$\tau_j^2 = \tau_j^2(C_{i,J}) = \ln\left(1+\frac{1-\beta_j}{\beta_j}\cdot\frac{\alpha^2(C_{i,J})}{C_{i,J}^2}\right), \tag{4.16}$$

$$\nu_j = \nu_j(C_{i,J}) = \ln(\beta_j C_{i,J}) - \frac{1}{2}\ln\left(1+\frac{1-\beta_j}{\beta_j}\cdot\frac{\alpha^2(C_{i,J})}{C_{i,J}^2}\right). \tag{4.17}$$

而 $(C_{i,j}, C_{i,J})$ 的联合密度函数为

$$\begin{aligned} f_{C_{i,j},C_{i,J}}(x,y) &= f_{C_{i,j}|C_{i,J}}(x\mid y) f_{C_{i,J}}(y) \\ &= \frac{1}{(2\pi)^{1/2}\cdot\tau_j(y)}\cdot\frac{1}{x}\cdot\exp\left\{-\frac{1}{2}\left(\frac{\ln x-\nu_j(y)}{\tau_j(y)}\right)^2\right\} \\ &\quad\cdot\frac{1}{(2\pi)^{1/2}\cdot\sigma_i}\cdot\frac{1}{y}\cdot\exp\left\{-\frac{1}{2}\left(\frac{\ln y-\mu^{(i)}}{\sigma_i}\right)^2\right\} \\ &= \frac{1}{2\pi\cdot\sigma_i\cdot\tau_j(y)}\cdot\frac{1}{xy}\cdot\exp\left\{-\frac{1}{2}\left(\frac{\ln x-\nu_j(y)}{\tau_j(y)}\right)^2-\frac{1}{2}\left(\frac{\ln y-\mu^{(i)}}{\sigma_i}\right)^2\right\}. \end{aligned} \tag{4.18}$$

引理 4.3　综合模型假设 4.4 与模型假设 4.3，并取 $\alpha^2(c)=a^2c^2$，可得下面两个等式：

$$\tau_j^2(c) = \tau_j^2 = \ln\left(1+\frac{1-\beta_j}{\beta_j}a^2\right), \tag{4.19}$$

$$\nu_j(c) = \ln c + \ln\beta_j - \frac{1}{2}\tau_j^2. \tag{4.20}$$

另外，在给定 $C_{i,j}$ 的条件下，$C_{i,J}$ 的条件分布服从对数正态分布，后验参数分别为

$$\mu_{\text{post}(i,j)} = \left(1-\frac{\tau_j^2}{\sigma_i^2+\tau_j^2}\right)\left(\frac{1}{2}\tau_j^2+\ln\frac{C_{i,j}}{\beta_j}\right)+\frac{\tau_j^2}{\sigma_j^2+\tau_j^2}\mu^{(i)},$$

$$\sigma_{\text{post}(i,j)}^2 = \frac{\tau_j^2}{\sigma_i^2+\tau_j^2}\cdot\sigma_i^2.$$

注　(1) 上面的模型显示了一个有用的贝叶斯和信度结论. 在本例中，应用"共轭"分布，在给定 $C_{i,j}$ 的信息下，可明确计算最终索赔 $C_{i,J}$ 的后验分布.

(2) $C_{i,J}$ 的条件分布会根据观察值 $C_{i,I-i}$ 而变化. 在这个意义下，在给定 $C_{i,I-i}$ 下，后验分布 $C_{i,J}\mid C_{i,I-i}$ 是"最优估计"分布. 注意，在这里到我们能够用明确的解析形式计算后验分布. 由此不仅能够计算后验均值，还可以计算其他一些关键度量(如后验 VaR).

(3) 观察更新后的参数 $\mu_{\text{post}(i,j)}$，它是先验参数 $\mu^{(i)}$ 和观察值的变换的加权平均，而信度权重由下式给出：

$$\alpha_{i,j} = \frac{\sigma_i^2}{\sigma_i^2+\tau_j^2}, \qquad 1-\alpha_{i,j} = \frac{\tau_i^2}{\sigma_i^2+\tau_j^2}. \tag{4.21}$$

最终索赔 $C_{i,J}$ 的先验均值为

$$\mathrm{E}(C_{i,J}) = \exp\left\{\mu^{(i)}+\frac{1}{2}\sigma_i^2\right\}.$$

而 $C_{i,J}$ 的后验均值为

$$\begin{aligned}\mathrm{E}(C_{i,J}\mid C_{i,j}) &= \exp\left\{\mu_{\mathrm{post}(i,j)}+\frac{1}{2}\sigma^2_{\mathrm{post}(i,j)}\right\}\\ &= \exp\left\{(1-\alpha_{i,j})\left(\mu^{(i)}+\frac{1}{2}\sigma_i^2\right)+\alpha_{i,j}\left(\ln\frac{C_{i,j}}{\beta_j}+\frac{1}{2}\tau_j^2\right)\right\}\\ &= \exp\left\{(1-\alpha_{i,j})\left(\mu^{(i)}+\frac{1}{2}\sigma_i^2\right)+\alpha_{i,j}\left(-\ln\beta_j+\frac{1}{2}\tau_j^2\right)\right\}C_{i,j}^{\sigma_i^2/(\sigma_i^2+\tau_j^2)}.\end{aligned} \tag{4.22}$$

(4) 注意到上述模型并不满足 CL 模型假设(见(4.22)式的最后表达式),这点在之前已经有说明.

(5) 到目前为止,我们仅考虑了单个观测值 $C_{i,j}$. 当考虑观测值序列 $C_{i,0},C_{i,1},\cdots,C_{i,j}$ 时, $C_{i,J}$ 的后验分布仍然为对数正态分布,其均值参数为

$$\begin{aligned}\mu^*_{\mathrm{post}(i,j)} &= \frac{\sum_{k=0}^{j}\left(\ln C_{i,k}-\ln\beta_k+\frac{1}{2}\tau_k^2\right)\Big/\tau_k^2+\mu^{(i)}/\sigma_i^2}{\sum_{k=0}^{j}1/\tau_k^2+1/\sigma_i^2}\\ &= \alpha^*_{i,j}\,\frac{1}{\sum_{k=0}^{j}\frac{1}{\tau_k^2}}\sum_{k=0}^{j}\frac{\ln C_{i,k}-\ln\beta_k+\frac{1}{2}\tau_k^2}{\tau_k^2}+(1-\alpha^*_{i,j})\mu^{(i)},\end{aligned}$$

其中

$$\alpha^*_{i,j}=\frac{\sum_{k=0}^{j}\frac{1}{\tau_k^2}}{\sum_{k=0}^{j}\frac{1}{\tau_k^2}+\frac{1}{\sigma_i^2}}$$

方差参数为

$$\sigma^{2*}_{\mathrm{post}(i,j)}=\left(\sum_{k=0}^{j}\frac{1}{\tau_k^2}+\frac{1}{\sigma_i^2}\right)^{-1}.$$

注意到均值参数仍然是先验估计 $\mu^{(i)}$ 和观测值 $C_{i,0},C_{i,1},\cdots,C_{i,j}$ 的信度加权平均,信度权重为 $\alpha^*_{i,j}$. 另外,注意到该模型不满足马尔可夫性.

引理 4.3 的证明 方程(4.19)—(4.20)可由(4.16)—(4.17)式得到. 因此我们只需要计算在给定 $C_{i,j}$ 下 $C_{i,J}$ 的条件分布. 由(4.18)和(4.20)两式可见 $(C_{i,j},C_{i,J})$ 的联合密度函数为

$$f_{C_{i,j},C_{i,J}}(x,y)=\frac{1}{2\pi\sigma_i\tau_j}\cdot\frac{1}{xy}\cdot\exp\left\{-\frac{1}{2}\left[\frac{\ln x-\ln y-\ln\beta_j+\frac{1}{2}\tau_j^2}{\tau_j}\right]^2-\frac{1}{2}\left(\frac{\ln y-\mu^{(i)}}{\sigma_i}\right)^2\right\}.$$

由于

$$\left(\frac{z-c}{\tau}\right)^2+\left(\frac{z-\mu}{\sigma}\right)^2=\frac{\{z-[(\sigma^2c+\tau^2\mu)/(\sigma^2+\tau^2)]\}^2}{(\sigma^2\tau^2)/(\sigma^2+\tau^2)}+\frac{(\mu-c)^2}{\sigma^2+\tau^2}.$$

因此联合密度函数为

$$f_{C_{i,j},C_{i,J}}(x,y)=\frac{1}{2\pi\sigma_i\tau_jxy}\exp\left\{-\frac{1}{2}\left\{\frac{\{\ln y-[(\sigma_i^2c(x)+\tau_j^2\mu^{(i)})/(\sigma_i^2+\tau_j^2)]\}^2}{\sigma_i^2\tau_j^2/(\sigma_i^2+\tau_j^2)}+\frac{[\mu^{(i)}-c(x)]^2}{\sigma_i^2+\tau_j^2}\right\}\right\},$$

其中

$$c(x)=\ln x-\ln\beta_j+\frac{1}{2}\tau_j^2.$$

由此可得

$$f_{C_{i,J}|C_{i,j}}(y\mid x)=\frac{f_{C_{i,j},C_{i,J}}(x,y)}{f_{C_{i,j}}(x)}=\frac{f_{C_{i,j},C_{i,J}}(x,y)}{\int f_{C_{i,j},C_{i,J}}(x,y)\mathrm{d}y},$$

它是对数正态分布的密度函数,参数分别为

$$\mu_{\text{post}(i,j)}=\frac{\sigma_i^2c(C_{i,j})+\tau_j^2\mu^{(i)}}{\sigma_i^2+\tau_j^2},\quad \sigma^2_{\text{post}(i,j)}=\frac{\sigma_i^2\tau_j^2}{\sigma_i^2+\tau_j^2}.$$

最后,参数 $\mu_{\text{post}(i,j)}$ 可写为

$$\mu_{\text{post}(i,j)}=\frac{\sigma_i^2\left(\ln C_{i,j}-\ln\beta_j+\frac{1}{2}\tau_j^2\right)+\tau_j^2\mu^{(i)}}{\sigma_i^2+\tau_j^2}.$$

这就证明了引理 4.3.

估计量 4.3(对数正态模型,Gogol) 在引理 4.3 的假设下,我们有最终索赔 $\mathrm{E}(C_{i,J}\mid C_{i,I-i})$ 的如下估计：对 $1\leqslant i\leqslant I$, 有

$$\begin{aligned}\hat{C}_{i,J}^{\text{Go}}&=\mathrm{E}(C_{i,J}\mid C_{i,I-i})\\&=\exp\left\{\frac{\tau_{I-i}^2}{\sigma_i^2+\tau_{I-i}^2}\mu^{(i)}+\frac{\sigma_i^2}{\sigma_i^2+\tau_{I-i}^2}\ln\frac{C_{i,I-i}}{\beta_{I-i}}+\frac{\sigma_i^2\tau_{I-i}^2}{\sigma_i^2+\tau_{I-i}^2}\right\}.\end{aligned}$$

注意到我们仅以最后观测值 $C_{i,I-i}$ 为条件.

注 我们还可以考虑另外一种估计

$$\hat{C}_{i,J}^{\text{Go},2}=C_{i,I-i}+(1-\beta_{I-i})\hat{C}_{i,J}^{\text{Go}}.$$

从实务的角度,当对角线数据中存在离群点时,$\hat{C}_{i,J}^{\text{Go},2}$ 是一个更有用的估计. 但在实务中,由于每种估计都包含太多的参数,而这些参数又比较难估计,因此这两种估计都是不易得到的.

例 4.4 再次回到例 2.1 中的数据集. 选择由(4.14)式得到的 $\mathrm{Vco}(C_{i,J})$. 设 $a^2=\frac{1}{1+\alpha_i}$, 而且 $\alpha_i=600$. 根据(4.19)和(4.15)两式及 $\sigma_i^2=\ln(\mathrm{Vco}^2(C_{i,J})+1)$, 可得表 4.4. 信度权重和最终索赔的估计在表 4.5 给出.

表 4.4　对数正态模型的参数选择

i	$\mu_i=\mathrm{E}(C_{i,J})$	$\mathrm{Vco}(C_{i,J})/\%$	$\mu^{(i)}$	$\sigma_i/\%$	$\beta_{I-i}/\%$	$a^2/\%$	$\tau_{I-i}/\%$
0	11 653 101	7.8	16.27	7.8	100.0	0.17	0.0
1	11 367 306	7.8	16.24	7.8	99.9	0.17	0.0
2	10 962 965	7.8	16.21	7.8	99.8	0.17	0.2
3	10 616 762	7.8	16.17	7.8	99.6	0.17	0.2
4	11 044 881	7.8	16.21	7.8	99.1	0.17	0.4
5	11 480 700	7.8	16.25	7.8	98.4	0.17	0.5
6	11 431 572	7.8	16.25	7.8	97.0	0.17	0.7
7	11 126 527	7.8	16.22	7.8	94.8	0.17	1.0
8	10 986 548	7.8	16.21	7.8	88.0	0.17	1.5
9	11 618 437	7.8	16.27	7.8	59.0	0.17	3.4

表 4.5　对应于引理 4.3 的模型的索赔准备金

i	$C_{i,I-i}$	$(1-\alpha_{i,I-i})$ /%	$\mu_{\text{post}(i,I-i)}$	$\sigma_{\text{post}(i,I-i)}$ /%	$\hat{C}_{i,J}^{\text{Go}}$	索赔准备金		
						Go	CL	BF
0	11 148 124	0	16.23	0	11 148 124			
1	10 648 192	0	16.18	0.15	10 663 595	15 403	15 126	16 124
2	10 635 751	0.1	16.18	0.20	10 662 230	26 479	26 257	26 998
3	9 724 068	0.1	16.09	0.24	9 759 434	35 365	34 538	37 575
4	9 786 916	0.2	16.11	0.38	9 874 925	88 009	85 302	95 434
5	9 935 753	0.4	16.13	0.51	10 097 962	162 209	156 494	178 024
6	9 282 022	0.8	16.08	0.71	9 582 510	300 487	286 121	341 305
7	8 256 211	0.5	15.98	0.94	8 737 154	480 942	449 167	574 089
8	7 648 729	3.6	15.99	1.48	8 766 487	1 117 758	1 043 242	1 318 646
9	5 675 568	16.0	16.11	3.12	9 925 132	4 249 564	3 950 815	4 768 384
合计						6 476 216	6 047 061	7 356 580

下面考虑估计量 $\hat{C}_{i,J}^{\text{Go}}$ 的性质：应用(4.21)和(4.15)两式以及 $\hat{C}_{i,J}^{\text{CL}}=C_{i,I-i}/\beta_{I-i}$，可得估计量 4.3 的如下表示：

$$\begin{aligned}\hat{C}_{i,J}^{\text{Go}}&=\exp\left\{(1-\alpha_{i,I-i})\mu^{(i)}+\alpha_{i,I-i}\ln\frac{C_{i,I-i}}{\beta_{I-i}}+\alpha_{i,I-i}\tau_{I-i}^2\right\}\\&=\mu_i^{1-\alpha_{i,I-i}}\exp\left\{\ln\hat{C}_{i,J}^{\text{CL}}+\frac{1}{2}\tau_{I-i}^2\right\}^{\alpha_{i,I-i}}.\end{aligned}\tag{4.23}$$

因此，在对数标度下，我们得到先验估计 $\mu^{(i)}$ 和 CL 估计 $\hat{C}_{i,J}^{\text{CL}}$ 的加权平均. 与偏差修正一起，可得到乘积信度公式. 在例 4.4 和表 4.5 中，先验均值 $\mu^{(i)}$ 的权重 $1-\alpha_{i,I-i}$ 都很低.

注意到在此模型中，由引理 4.3，我们可以计算完整的后验分布. 由此也就能够得到 MSEP 的解析表示.

对条件 MSEP 来说，我们有

$$
\begin{aligned}
\mathrm{msep}_{C_{i,J}|C_{i,I-i}}(\hat{C}_{i,J}^{\mathrm{Go}}) &= \mathrm{Var}(C_{i,J} \mid C_{i,I-i}) \\
&= \exp\{2\mu_{\mathrm{post}(i,I-i)} + \sigma^2_{\mathrm{post}(i,I-i)}\}(\exp\{\sigma^2_{\mathrm{post}(i,I-i)}\}-1) \\
&= [\mathrm{E}(C_{i,J} \mid C_{i,I-i})]^2(\exp\{\sigma^2_{\mathrm{post}(i,I-i)}\}-1) \\
&= (\hat{C}_{i,J}^{\mathrm{Go}})^2(\exp\{\sigma^2_{\mathrm{post}(i,I-i)}\}-1).
\end{aligned}
$$

上述结论基于如下假设：参数 β_j，$\mu^{(i)}$，σ_i 和 a^2 都是已知的. 因此，它与 CL 模型中的条件 MSEP 没有直接可比性. 这是因为我们没有估计这些参数的模型，也就不能对来自参数估计的估计误差进行度量.

§4.3　严格的贝叶斯模型

在本节中，我们进一步探讨上一节的结论(先验分布和后验分布的关系). 为此首先简要介绍贝叶斯理论，然后给出在准备金评估中具体的模型和例子.

索赔准备金评估中的贝叶斯方法把先验信息或专家意见与上三角 $\mathcal{D}_I$ 的观察值联系在一起. 已有的先验信息或专家意见包含在关于标的量(如最终索赔或风险参数)的先验分布里. 此先验分布通过贝叶斯定理与似然函数联系起来. 如果我们选择较好的观察量分布和先验分布(如指数分散族及其共轭分布)，那么就会得到标的量(如最终索赔)的后验分布的解析表达式. 由此就可计算最终索赔 $C_{i,J}$ 的后验均值 $\mathrm{E}(C_{i,J} \mid \mathcal{D}_I)$，称之为在给定 $\mathcal{D}_I$ 下最终索赔 $C_{i,J}$ 的贝叶斯估计. 贝叶斯估计是关于 $C_{i,J}$ 的估计量类 $L^2_{C_{i,J}}(\mathcal{D}_I)$ 中平方损失最小的估计，称贝叶斯估计为严格的，即

$$
\mathrm{E}(C_{i,J} \mid \mathcal{D}_I) = \underset{Y \in L^2_{C_{i,J}}}{\arg\min}\, \mathrm{E}[(C_{i,J}-Y)^2 \mid \mathcal{D}_I].
$$

此时条件 MSEP 为

$$
\mathrm{msep}_{C_{i,J}|\mathcal{D}_I}\mathrm{E}(C_{i,J} \mid \mathcal{D}_I) = \mathrm{Var}(C_{i,J} \mid \mathcal{D}_I).
$$

当然，如果在概率模型中存在未知参数，那么就不能准确计算 $\mathrm{E}(C_{i,J} \mid \mathcal{D}_I)$. 这些参数需要通过关于 $\mathcal{D}_I$ 可测的估计量来估计. 因此，我们得到关于 $\mathrm{E}(C_{i,J} \mid \mathcal{D}_I)$ 的估计量 $\hat{\mathrm{E}}(C_{i,J} \mid \mathcal{D}_I)$(相应的 $C_{i,J} \mid \mathcal{D}_I$ 预测量)，而相应的条件 MSEP 为

$$
\mathrm{msep}_{C_{i,J}|\mathcal{D}_I}(\hat{\mathrm{E}}(C_{i,J} \mid \mathcal{D}_I)) = \mathrm{Var}(C_{i,J} \mid \mathcal{D}_I) + [\hat{\mathrm{E}}(C_{i,J} \mid \mathcal{D}_I) - \mathrm{E}(C_{i,J} \mid \mathcal{D}_I)]^2.
$$

此时的情形与 CL 模型相似，见(3.8)式.

注　在实务中，贝叶斯思路和方法已广泛应用于保险定价中. 而在索赔准备金评估中，贝叶斯方法还未得到广泛使用，尽管贝叶斯方法在综合专家意见和外部信息方面非常有用.

这里给出一个明确的分布例子. 引入一个潜在的变量 Θ_i，在给定 Θ_i 的条件下，对累计索赔 $C_{i,j}$ 和增量索赔 $X_{i,j}$ 给出分布假设. Θ_i 描述了事故年 i 的风险特征(例如，描述该事故年的"好"或"坏"). 此时 $C_{i,J}$ 就是随机变量，其参数依赖于 Θ_i.

这里讨论过度分散 Poisson 模型. 在贝叶斯框架下，该模型由 Verrall (1990)[6] 和 Renshaw Verrall (1998)[7] 引入索赔准备金评估中.

模型假设 4.5 (过度分散 Poisson 模型) 设存在随机变量 Θ_i 和 $Z_{i,j}$ 以及常数 $\phi_i > 0$, $\gamma_0, \gamma_1, \cdots, \gamma_J > 0$, $\sum_{j=0}^{J} \gamma_j = 1$，使得对于所有的 $i \in \{0,1,\cdots,I\}$ 和 $j \in \{0,1,\cdots,J\}$，满足:

(1) 在给定 Θ_i 的条件下，$Z_{i,j}$ 是独立的 Poisson 变量，而且增量 $X_{i,j} = \phi_i Z_{i,j}$ 满足:

$$\mathrm{E}(X_{i,j} \mid \Theta_i) = \Theta_i \gamma_j, \quad \mathrm{Var}(X_{i,j} \mid \Theta_i) = \phi_i \Theta_i \gamma_j. \tag{4.24}$$

(2) 成对变量 $(\Theta_i, (X_{i,0}, X_{i,1}, \cdots, X_{i,J}))$ ($i = 0,1,\cdots,I$) 是独立的，而且变量 Θ_i 有 Gamma 分布，形状参数为 a_i，标度参数为 b_i .

注 (1) 参数 ϕ_i 表示过度分散性. 当 $\phi_i = 1$ 时，即为 Poisson 分布;

(2) 注意到给定 Θ_i 时，$Z_{i,j}$ 的均值和方差满足

$$\mathrm{E}(Z_{i,j} \mid \Theta_i) = \mathrm{Var}(Z_{i,j} \mid \Theta_i) = \frac{\Theta_i \gamma_j}{\phi_i}. \tag{4.25}$$

增量 $X_{i,j}$ 的先验期望为

$$\mathrm{E}(X_{i,j}) = \mathrm{E}[\mathrm{E}(X_{i,j} \mid \Theta_i)] = \gamma_j \, \mathrm{E}(\Theta_i) = \gamma_j \frac{a_i}{b_i}. \tag{4.26}$$

(3) 累计损失 $C_{i,J}$ 为

$$C_{i,J} = \phi_i \sum_{j=0}^{J} Z_{i,j}.$$

这表明，给定 Θ_i 时，

$$\frac{C_{i,J}}{\phi_i} \overset{(d)}{\sim} \mathrm{Poisson}(\Theta_i \mid \phi_i), \quad \mathrm{E}(C_{i,J} \mid \Theta_i) = \Theta_i.$$

因此，Θ_i 可视为事故年 i 的(未知)期望最终索赔. 贝叶斯方法说明如何把先验期望 $\mathrm{E}(C_{i,J}) = a_i / b_i$ 与观察信息 $\mathcal{D}_I$ 结合在一起.

(4) 在实际应用中，上述模型有时会存在一些问题. 在模型假设中，增量 $X_{i,j}$ 是非负的. 如果 $X_{i,j}$ 表示已报告索赔次数，这个假设是成立的. 但是，如果 $X_{i,j}$ 表示增量赔付额，那么有可能在观察值中出现负数. 例如，在机动车保险车损险中，在保单后期保险公司通过代位追偿的收入大于其支出.

(5) 在模型假设中，γ_j 是已知的.

(6) 注意到过度分散 Poisson 模型中，$C_{i,j}$ 一般不是整数. 因此，如果对索赔次数应用过度分散 Poisson 模型，那么当 $\phi_i \neq 1$ 时，该模型就没有自然的解释.

引理 4.4 在模型假设 4.5 下，给定 $(X_{i,0}, X_{i,1}, \cdots, X_{i,j})$ 时，Θ_i 的后验分布为 Gamma

分布,更新后的参数分别为

$$a_{i,j}^{\text{post}} = a_i + \frac{C_{i,j}}{\phi_i}, \quad b_{i,j}^{\text{post}} = b_i + \sum_{k=0}^{j} \frac{\gamma_k}{\phi_i} = b_i + \frac{\beta_j}{\phi_i},$$

其中 $\beta_j = \sum_{k=0}^{j} \gamma_k$.

证明　由(4.25)式,给定 Θ_i 时, $(X_{i,0}, X_{i,1}, \cdots, X_{i,j})$ 的条件密度函数为

$$f_{X_{i,0}, X_{i,1}, \cdots, X_{i,j} | \Theta_i}(x_0, x_1, \cdots, x_j \mid \theta) = \prod_{k=0}^{j} \exp\left\{-\theta \frac{\gamma_k}{\phi_i}\right\} \frac{(\theta \gamma_k / \phi_i)^{x_k/\phi_i}}{x_k/\phi_i !}.$$

因此, Θ_i 和 $(X_{i,0}, X_{i,1}, \cdots, X_{i,j})$ 的联合密度函数为

$$\begin{aligned} f_{\Theta_i, X_{i,0}, X_{i,1}, \cdots, X_{i,j}}(\theta, x_0, x_1, \cdots, x_j) &= f_{X_{i,0}, X_{i,1}, \cdots, X_{i,j} | \Theta_i}(x_0, x_1, \cdots, x_j \mid \theta) f_{\Theta_i}(\theta) \\ &= \prod_{k=0}^{j} \exp\left\{-\theta \frac{\gamma_k}{\phi_i}\right\} \frac{(\theta \gamma_k / \phi_i)^{x_k/\phi_i}}{x_k/\phi_i !} \cdot \frac{b_i^{a_i}}{\Gamma(a_i)} \theta^{a_i - 1} \exp\{-b_i\theta\}. \end{aligned}$$

所以, Θ_i 的后验分布有 Gamma 分布,参数分别为

$$a_{i,j}^{\text{post}} = a_i + \frac{C_{i,j}}{\phi_i}, \quad b_{i,j}^{\text{post}} = b_i + \sum_{k=0}^{j} \frac{\gamma_k}{\phi_i}. \qquad \square$$

注　(1) 由于事故年是独立的,因此为了计算 Θ_i 的后验分布,只需考虑事故年 i 的观察值 $(X_{i,0}, X_{i,1}, \cdots, X_{i,j})$. 即在此阶段,事故年之间没有关联,但是它们有共同的索赔进展模式 γ_j .

(2) 在先验假设中, Θ_i 是独立同分布的. 有了观察值 $\mathcal{D}_I$ 后,对于不同的观测值,后验风险参数是不同的.

(3) 由引理 4.4 可得后验期望的表示:

$$\begin{aligned} \mathrm{E}(\Theta_i \mid \mathcal{D}_I) &= \frac{a_{i,I-i}^{\text{post}}}{b_{i,I-i}^{\text{post}}} = \frac{a_i + C_{i,I-i}/\phi_i}{b_i + \beta_{I-i}/\phi_i} \\ &= \frac{b_i}{b_i + \beta_{I-i}/\phi_i} \cdot \frac{a_i}{b_i} + \left(1 - \frac{b_i}{b_i + \beta_{I-i}/\phi_i}\right) \frac{C_{i,I-i}}{\beta_{I-i}}. \end{aligned} \tag{4.27}$$

它是先验期望 $\mathrm{E}(\Theta_i) = a_i / b_i$ 和观察值 $C_{i,I-i}/\beta_{i,I-i}$ 的信度加权平均.

(4) 在给定 $\mathcal{D}_I$ 下,我们还可得到 $(C_{i,J} - C_{i,I-i})/\phi_i$ 的后验分布. 对 $k \in \{0,1,2,\cdots\}$, 有

$$\begin{aligned} & P\left(\frac{(C_{i,J} - C_{i,I-i})}{\phi_i} = k \,\middle|\, \mathcal{D}_I\right) \\ &= \int_{\mathbb{R}_+} \exp\left\{-(1-\beta_{I-i}) \frac{\theta}{\phi_i}\right\} \frac{\left[(1-\beta_{I-i}) \dfrac{\theta}{\phi_i}\right]^k}{k!} \frac{(b_{i,I-i}^{\text{post}})^{a_{i,I-i}^{\text{post}}}}{\Gamma(a_{i,I-i}^{\text{post}})} \theta^{a_{i,I-i}^{\text{post}} - 1} \exp\{-b_{i,I-i}^{\text{post}}\theta\} \mathrm{d}\theta \\ &= \frac{(b_{i,I-i}^{\text{post}})^{a_{i,I-i}^{\text{post}}} [(1-\beta_{I-i})/\phi_i]^k}{\Gamma(a_{i,I-i}^{\text{post}}) k!} \int_{\mathbb{R}_+} \theta^{k + a_{i,I-i}^{\text{post}} - 1} \exp\{-[b_{i,I-i}^{\text{post}} + (1-\beta_{I-i})/\phi_i]\theta\} \mathrm{d}\theta \\ &= \frac{(b_{i,I-i}^{\text{post}})^{a_{i,I-i}^{\text{post}}} [(1-\beta_{I-i})/\phi_i]^k}{\Gamma(a_{i,I-i}^{\text{post}}) k!} - \frac{\Gamma(k + a_{i,I-i}^{\text{post}})}{[b_{i,I-i}^{\text{post}} + (1-\beta_{I-i})/\phi_i]^{k + a_{i,I-i}^{\text{post}}}} \end{aligned}$$

$$= \frac{\Gamma(k + a_{i,I-i}^{\text{post}})}{k!\,\Gamma(a_{i,I-i}^{\text{post}})} \left[\frac{b_{i,I-i}^{\text{post}}}{b_{i,I-i}^{\text{post}} + (1-\beta_{I-i})/\phi_i}\right]^{a_{i,I-i}^{\text{post}}} \left[\frac{(1-\beta_{I-i})/\phi_i}{b_{i,I-i}^{\text{post}} + (1-\beta_{I-i})/\phi_i}\right]^k$$

$$= \binom{k + a_{i,I-i}^{\text{post}} - 1}{k} \left[\frac{b_{i,I-i}^{\text{post}}}{b_{i,I-i}^{\text{post}} + (1-\beta_{I-i})/\phi_i}\right]^{a_{i,I-i}^{\text{post}}} \left[\frac{(1-\beta_{I-i})/\phi_i}{b_{i,I-i}^{\text{post}} + (1-\beta_{I-i})/\phi_i}\right]^k, \qquad (4.28)$$

它是负二项分布,参数为 $r = a_{i,I-i}^{\text{post}}$ 和 $p = b_{i,I-i}^{\text{post}}/[b_{i,I-i}^{\text{post}} + (1-\beta_{I-i})/\phi_i]$.

此推论的重要性在于,在给定 $C_{i,I-i}$ 时,我们能够明确计算未决负债的条件分布. 这与对数正态模型相似. 因此,我们不仅能够计算 MSEP 的估计,而且还能计算从风险管理的角度来看感兴趣的量,如 VaR.

在给定 Θ_i 时,应用 $X_{i,j}$ 的条件独立性以及(4.24)式,可得

$$\begin{aligned} \mathrm{E}(C_{i,J} \mid \mathcal{D}_I) &= \mathrm{E}(\mathrm{E}(C_{i,J} \mid \Theta_i, \mathcal{D}_I) \mid \mathcal{D}_I) \\ &= C_{i,J} + \mathrm{E}\Big[\mathrm{E}\Big(\sum_{j=I-i+1}^{J} X_{i,j}\Big) \Big| \mathcal{D}_I\Big] \\ &= C_{i,J} + (1-\beta_{I-i})\mathrm{E}(\Theta_i \mid \mathcal{D}_I). \end{aligned} \qquad (4.29)$$

结合(4.27)式,可定义如下估计量:

估计量 4.4 (Poisson-Gamma 模型) 在模型假设 4.5 下,有关于最终索赔 $\mathrm{E}(C_{i,J} \mid \mathcal{D}_I)$ 的如下估计:对 $1 \leqslant i \leqslant I$,有

$$\hat{C}_{i,J}^{\text{PoiGa}} = C_{i,I-i} + (1-\beta_{I-i})\left[\frac{b_i}{b_i + (\beta_{I-i}/\phi_i)}\frac{a_i}{b_i} + \left(1 - \frac{b_i}{b_i + (\beta_{I-i}/\phi_i)}\right)\frac{C_{i,I-i}}{\beta_{I-i}}\right]. \quad (4.30)$$

例 4.5 (Poisson-Gamma 模型) 应用例 2.1 中的数据集. 对先验参数的选择,采用表 4.6 中的数据. 注意到当 Θ_i 服从 Gamma 分布时,形状参数为 a_i,标度参数为 b_i,那么

$$\mathrm{E}(\Theta_i) = \frac{a_i}{b_i}, \quad \mathrm{Vco}(\Theta_i) = a_i^{-1/2}.$$

应用(4.24)式,可得

$$\begin{aligned} \mathrm{Var}(C_{i,J}) &= \mathrm{E}[\mathrm{Var}(C_{i,J} \mid \Theta_i)] + \mathrm{Var}[E(C_{i,J} \mid \Theta_i)] \\ &= \phi_i \mathrm{E}(\Theta_i) + \mathrm{Var}(\Theta_i) = \frac{a_i}{b_i}(\phi_i + b_i^{-1}). \end{aligned}$$

应用例 4.3 中的先验值和给定的变异系数,得到表 4.6.

表 4.6 Poisson-Gamma 模型的参数选择

i	$\mathrm{E}(\Theta_i)$	$\mathrm{Vco}(\Theta_i)/\%$	$\mathrm{Vco}(C_{i,J})/\%$	a_i	$b_i/\%$	ϕ_i
0	11 653 101	5.00	7.8	400	0.003 43	41 951
1	11 367 306	5.00	7.8	400	0.003 52	40 922
2	10 962 965	5.00	7.8	400	0.003 65	39 467
3	10 616 762	5.00	7.8	400	0.003 77	38 220

（续表）

i	$E(\Theta_i)$	$Vco(\Theta_i)/\%$	$Vco(C_{i,J})/\%$	a_i	$b_i/\%$	ϕ_i
4	11 044 881	5.00	7.8	400	0.003 62	39 762
5	11 480 700	5.00	7.8	400	0.003 48	41 331
6	11 413 572	5.00	7.8	400	0.003 50	41 089
7	11 126 527	5.00	7.8	400	0.003 60	40 055
8	10 986 548	5.00	7.8	400	0.003 64	39 552
9	11 618 437	5.00	7.8	400	0.003 44	41 826

定义信度权重 $\alpha_{i,I-i}$ 为(见(4.27)式)

$$\alpha_{i,I-i}=\frac{\beta_{I-i}/\phi_i}{b_i+\beta_{I-i}/\phi_i},$$

它是给予观察值 $C_{i,I-i}/\beta_{i,I-i}$ 的信度权重.信度权重和最终值的估计见表 4.7.从表 4.7 中可以看出,Poisson-Gamma 模型的索赔准备金与 BF 索赔准备金较为接近.

信度权重还可写为

$$\alpha_{i,I-i}=\frac{\beta_{I-i}}{\beta_{I-i}+\phi_i b_i}=\frac{\beta_{I-i}}{\beta_{I-i}+\dfrac{E[Var(X_{i,I-i}\,|\,\Theta_i)]}{\gamma_{I-i}Var(\Theta_i)}},\tag{4.31}$$

其中 $E[Var(X_{i,I-i}\,|\,\Theta_i)]/[\gamma_{I-i}Var(\Theta_i)]$ 称为信度系数.

表 4.7　Poisson-Gamma 模型的索赔准备金

i	$C_{i,I-i}$	$\beta_{i,I-i}/\%$	$\alpha_{i,I-i}/\%$	$\dfrac{a^{post}_{i,I-i}}{b^{post}_{i,I-i}}$	$\hat{C}^{PoiGa}_{i,J}$	索赔准备金		
						PoiGa	CL	BF
0	11 148 124	100.0	41.0	11 446 143	11 148 124	0	0	0
1	10 648 192	99.9	40.9	11 079 028	10 663 907	15 715	15 126	16 124
2	10 635 751	99.9	40.9	10 839 802	10 662 446	26 695	26 257	26 998
3	9 724 068	99.6	40.9	10 265 794	9 760 401	36 333	34 538	37 575
4	9 786 916	99.1	40.8	10 566 741	9 878 219	91 303	85 302	95 434
5	9 935 753	98.4	40.6	10 916 902	10 105 034	169 281	156 494	178 024
6	9 282 022	97.0	40.3	10 670 762	9 601 115	319 093	286 121	341 305
7	8 256 211	94.8	39.7	10 165 120	8 780 696	524 484	449 167	574 089
8	7 648 729	88.0	37.9	10 116 206	8 862 913	1 214 184	1 043 242	1 318 646
9	5 675 568	59.0	29.0	11 039 755	10 206 452	4 530 884	3 950 815	4 768 384
合计						6 927 972	6 047 062	7 356 579

条件 MSEP 为(参考(4.29)—(4.30)式)

$$\begin{aligned}\mathrm{msep}_{C_{i,J}|\mathcal{D}_I}(\hat{C}_{i,J}^{\mathrm{PoiGa}}) &= \mathrm{E}[(C_{i,J}-\hat{C}_{i,J}^{\mathrm{PoiGa}})^2\,|\,\mathcal{D}_I] \\ &= \mathrm{E}\left\{\left[\sum_{j=I-i+1}^{J} X_{i,j}-(1-\beta_{I-i})\mathrm{E}(\Theta_i\,|\,\mathcal{D}_I)\right]^2 \,\middle|\, \mathcal{D}_I\right\} \\ &= \mathrm{E}\left\{\left\{\sum_{j=I-i+1}^{J}[X_{i,j}-\gamma_j\mathrm{E}(\Theta_i\,|\,\mathcal{D}_I)]\right\}^2 \,\middle|\, \mathcal{D}_I\right\}.\end{aligned}$$

对贝叶斯估计,当 $j>I-i$ 时,下式成立:

$$\begin{aligned}\mathrm{E}(X_{i,j}\,|\,\mathcal{D}_I) &= \mathrm{E}[\mathrm{E}(X_{i,j}\,|\,\Theta_i,\mathcal{D}_I)\,|\,\mathcal{D}_I] = \mathrm{E}[\mathrm{E}(X_{i,j}\,|\,\Theta_i)\,|\,\mathcal{D}_I] \\ &= \gamma_j\mathrm{E}(\Theta_i\,|\,\mathcal{D}_I).\end{aligned} \tag{4.32}$$

因此

$$\mathrm{msep}_{C_{i,J}|\mathcal{D}_I}(\hat{C}_{i,J}^{\mathrm{PoiGa}}) = \mathrm{Var}\left(\sum_{j=I-i+1}^{J} X_{i,j}\,\middle|\,\mathcal{D}_I\right).$$

最后这个式子是可以计算的.给定 Θ_i 时,$X_{i,j}$ 是条件独立的,并应用(4.24)式,可得

$$\begin{aligned}&\mathrm{Var}\left(\sum_{j=I-i+1}^{J} X_{i,j}\,\middle|\,\mathcal{D}_I\right) \\ &= \mathrm{E}\left[\mathrm{Var}\left(\sum_{j=I-i+1}^{J} X_{i,j}\,\middle|\,\Theta_i\right)\,\middle|\,\mathcal{D}_I\right]+\mathrm{Var}\left[\mathrm{E}\left(\sum_{j=I-i+1}^{J} X_{i,j}\,\middle|\,\Theta_i\right)\,\middle|\,\mathcal{D}_I\right] \\ &= \mathrm{E}\left(\sum_{j=I-i+1}^{J}\phi_i\Theta_i\gamma_j\,\middle|\,\mathcal{D}_I\right)+\mathrm{Var}\left(\sum_{j=I-i+1}^{J}\Theta_i\gamma_j\,\middle|\,\mathcal{D}_I\right) \\ &= \phi_i(1-\beta_{I-i})\mathrm{E}(\Theta_i\,|\,\mathcal{D}_I)+(1-\beta_{I-i})^2\mathrm{Var}(\Theta_i\,|\,\mathcal{D}_I).\end{aligned} \tag{4.33}$$

结合引理 4.4,可得如下推论:

推论 4.1 在模型假设 4.5 下,对单个事故年 i,条件 MSEP 为

$$\mathrm{msep}_{C_{i,J}|\mathcal{D}_I}(\hat{C}_{i,J}^{\mathrm{PoiGa}}) = \phi_i(1-\beta_{I-i})\frac{a_{i,I-i}^{\mathrm{post}}}{b_{i,I-i}^{\mathrm{post}}}+(1-\beta_{I-i})^2\frac{a_{i,I-i}^{\mathrm{post}}}{(b_{i,I-i}^{\mathrm{post}})^2}.$$

注 注意到,在上述公式中,我们假设参数 a_i, b_i, ϕ_i 和 γ_j 都是已知的.当这些参数未知时,需要对参数进行估计,这就会产生估计误差.

无条件 MSEP 很容易计算.我们有

$$\begin{aligned}\mathrm{msep}_{C_{i,J}}(\hat{C}_{i,J}^{\mathrm{PoiGa}}) &= \mathrm{E}[\mathrm{msep}_{C_{i,J}|\mathcal{D}_I}(\hat{C}_{i,J}^{\mathrm{PoiGa}})] \\ &= \phi_i(1-\beta_{I-i})\frac{\mathrm{E}(a_{i,I-i}^{\mathrm{post}})}{b_{i,I-i}^{\mathrm{post}}}+(1-\beta_{I-i})^2\frac{\mathrm{E}(a_{i,I-i}^{\mathrm{post}})}{(b_{i,I-i}^{\mathrm{post}})^2}.\end{aligned} \tag{4.34}$$

另外,应用 $\mathrm{E}(C_{i,I-i})=\beta_{I-i}(a_i/b_i)$ (见(4.26)式),可得

$$\mathrm{msep}_{C_{i,J}}(\hat{C}_{i,J}^{\mathrm{PoiGa}}) = \phi_i(1-\beta_{I-i})\frac{a_i}{b_i}\cdot\frac{1+\phi_i b_i}{\phi_i b_i+\beta_{I-i}}.$$

例 4.6 表 4.8 给出了条件预测误差和无条件预测误差.

表 4.8 Poisson-Gamma 模型的 MSEP

i	条件预测误差	无条件预测误差
0	——	——
1	25 367	25 695
2	32 475	32 659
3	37 292	37 924
4	60 359	61 710
5	83 912	86 052
6	115 212	119 155
7	146 500	153 272
8	224 738	234 207
9	477 318	489 668
合计	571 707	588 809

参考文献

[1] Benktander G. An approach to credibility in calculating IBNR for casualty excess reinsurance. The Actuarial Reiview,1976, 312:7.

[2] Hovinen E. Additive and continuous IBNR. Norway :Astin Colloquium, 1981.

[3] Bühlmann H. Estimation of IBNR reserves by the methods chain ladder, Cape Cod and complimentary loss ratio. International Summer School,1983.

[4] Mack T. Credible claims reserves: the Benktander method. Astin Bulletin,2000,31(2): 333-347.

[5] Gogol D. Using expected loss ratios in reserving. Insurance: Mathematics and Economics,1993,12(3):297-299.

[6] Verrall R J. Bayes and empirical Bayes estimation for the chain ladder model. Astin Bulletin, 1990,20(2):217-243.

[7] Renshaw A E,Verrall R J. A stochastic model underlying the chain-ladder technique. British Actuarial Journal,1998,4(4):903-923.

第五章　分 布 模 型

在前面各章中，我们所考虑的大多数模型都是与分布无关的模型. 也就是说，我们并没有给出明确的概率分布(如第三章的 CL 模型)，但通过应用矩方法我们给出了估计量. 在本章中我们要给出的模型将依赖于明确的概率分布(关于增量索赔或累计索赔). 从这个意义上来说，本章有三个目的：

(1) 给出明确的分布模型，用于随机模拟；

(2) 为第六章的广义线性模型(GLM)做一些准备工作；

(3) 在学习 GLM 方法之前，先学习一些简单的内容.

但是，我们要强调的是第一个目的. 有了明确的分布模型，才有可能使用随机模拟. 在大多数分布模型中，解析计算一般不超过二阶矩. 从现在开始，当我们感兴趣的是高阶矩、分位数或风险度量时，我们就需要使用明确的分布假设，应用数值算法.

另一方面，我们也指出，实务人员在很多情况下知道二阶矩就足够了. 通常来说，他们对变异系数的合理范围有“较好的感觉或经验”. 然后，他们使用矩方法就可以对索赔准备金总额进行分布拟合(如 Gamma 分布或对数正态分布). 从数学的角度来讲，这种方法可能缺乏一致性，但是它在很多时候会导致非常合理的结果.

§5.1　累计索赔的对数正态模型

在对数正态模型中，我们考虑累计索赔和对数正态分布，该模型由 Hertig(1985)[1] 引入. 假设单个进展因子 $F_{i,j} = C_{i,j}/C_{i,j-1}$ 服从对数正态分布. 取决于方差参数 σ^2 是否是已知的，我们得到不同的无偏和有偏估计量.

模型假设 5.1(累计索赔的对数正态模型)

(1) 假设单个进展因子 $F_{i,j} = C_{i,j}/C_{i,j-1}$ 服从对数正态分布，确定性的参数为 ξ_j 和 σ_j^2，即

$$\eta_{i,j} = \ln F_{i,j} \sim N(\xi_j, \sigma_j^2), \tag{5.1}$$

其中 $i \in \{0,1,\cdots,I\}, j \in \{0,1,\cdots,J\}, C_{i,-1} = 1$.

(2) 对 $i \in \{0,1,\cdots,I\}, j \in \{0,1,\cdots,J\}$，$\eta_{i,j}$ 相互独立.

设 $F_{i,j}(0 \leqslant j \leqslant 1)$ 满足模型假设 5.1，那么可得

$$\mathrm{E}(F_{i,j})=\exp\left\{\xi_i+\frac{1}{2}\sigma_j^2\right\},\quad \mathrm{Var}(F_{i,j})=\exp\{2\xi_j+\sigma_j^2\}(\exp\{\sigma_j^2\}-1).$$

引理 5.1　在模型假设 5.1 下，链梯法假设(3.2)式是成立的，进展因子为

$$f_{j-1}=\exp\left\{\xi_j+\frac{1}{2}\sigma_j^2\right\}.$$

证明　由模型假设 5.1 得

$$\mathrm{E}(C_{i,j}\mid C_{i,j-1})=C_{i,j-1}\,\mathrm{E}(F_{i,j}\mid C_{i,j-1})=C_{i,j-1}\exp\left\{\xi_j+\frac{1}{2}\sigma_j^2\right\}.$$

但是，方差函数与链梯法模型 3.1 的方差函数不同，这里的方差为

$$\begin{aligned}\mathrm{Var}(C_{i,j}\mid C_{i,j-1})&=C_{i,j-1}^2\,\mathrm{Var}(F_{i,j}\mid C_{i,j-1})\\&=C_{i,j-1}^2\exp\{2\xi_j+\sigma_j^2\}(\exp\{\sigma_j^2\}-1).\end{aligned}$$ □

因此，模型假设 5.1 表明链梯法进展因子为 $f_{j-1}=\exp\left\{\xi_j+\frac{1}{2}\sigma_j^2\right\}$ 的联结比率模型，但与模型假设 3.1 相比，方差函数不同. 另外，注意到单个进展因子 $F_{i,j}$ 的分布不依赖于 $C_{i,j-1}$，这在计算 MSEP 时有直接的影响.

下面我们给出参数 ξ_j 和 σ_j^2 的估计如下：

$$\hat{\xi}_j=\frac{1}{I-j+1}\sum_{i=0}^{I-j}\ln\frac{C_{i,j}}{C_{i,j-1}},\tag{5.2}$$

$$\hat{\sigma}_j^2=\frac{1}{I-j}\sum_{i=0}^{I-j}\left(\ln\frac{C_{i,j}}{C_{i,j-1}}-\hat{\xi}_j\right)^2.\tag{5.3}$$

对于这些估计量，我们有如下引理：

引理 5.2　在模型假设 5.1 下，我们有

$$\hat{\xi}_j\sim N\left(\xi_j,\frac{\sigma_j^2}{I-j+1}\right),\tag{5.4}$$

$$\frac{I-j}{\sigma_j^2}\hat{\sigma}_j^2\sim\chi_{I-j}^2,\tag{5.5}$$

其中 χ_{I-j}^2 是自由度为 $I-j$ 的 χ^2 分布. 另外 $\hat{\xi}_j$ 和 $\hat{\sigma}_j^2$ 是独立的.

证明　(5.4)式很容易从模型假设 5.1 得到. (5.5)式是数理统计中著名的 Cochran 定理的特殊情形. □

注　自由度为 n ($n\in\mathbf{N}$)的 χ^2 分布是参数为 $\gamma=n/2, c=1/2$ 的 Gamma 分布 $\Gamma(\gamma,c)$.

下面考虑在对数标度(可加模型)下的随机变量. 定义

$$Z_{i,j}=\ln C_{i,j}.\tag{5.6}$$

注意到

$$Z_{i,J}=Z_{i,I-i}+\sum_{j=I-i+1}^{J}\ln\frac{C_{i,j}}{C_{i,j-1}}=Z_{i,I-i}+\sum_{j=I-i+1}^{J}\eta_{i,j}.\tag{5.7}$$

因此，由(5.1)和(5.4)两式，可得

$$\mathrm{E}\left(Z_{i,J} \mid \mathcal{D}_I\right) = Z_{i,I-i} + \sum_{j=I-i+1}^{J} \xi_j.$$

它的估计量可取为

$$\hat{Z}_{i,J} = \hat{\mathrm{E}}\left(Z_{i,J} \mid \mathcal{D}_I\right) = Z_{i,I-i} + \sum_{j=I-i+1}^{J} \hat{\xi}_j. \tag{5.8}$$

引理 5.3 在模型假设 5.1 下，有如下结论：

(1) 给定 $Z_{i,I-i}$，$\hat{Z}_{i,J}$ 是 $\mathrm{E}\left(Z_{i,J} \mid \mathcal{D}_I\right) = \mathrm{E}\left(Z_{i,J} \mid Z_{i,I-i}\right)$ 的无偏估计；

(2) $\hat{Z}_{i,J}$ 是 $\mathrm{E}\left(Z_{i,J}\right)$ 的(无条件)无偏估计；

(3) 条件 MSEP 为

$$\mathrm{msep}_{Z_{i,J} \mid \mathcal{D}_I}\left(\hat{Z}_{i,J}\right) = \sum_{j=I-i+1}^{J} \sigma_j^2 + \left[\sum_{j=I-i+1}^{J} \left(\hat{\xi}_j - \xi_j\right)\right]^2;$$

(4) 无条件 MSEP 为

$$\mathrm{msep}_{Z_{i,J}}\left(\hat{Z}_{i,J}\right) = \mathrm{msep}_{Z_{i,J} \mid Z_{i,I-i}}\left(\hat{Z}_{i,J}\right) = \sum_{j=I-i+1}^{J} \sigma_j^2 \left(1 + \frac{1}{I-j+1}\right).$$

证明 注意到单个进展因子 $F_{i,j}$ (从而 $\eta_{i,j} = \ln F_{i,j}$)的分布不依赖于 $C_{i,j-1}$. 由此可得到 $\hat{Z}_{i,J} - Z_{i,J}$ 与 $Z_{i,I-i}$ 相互独立.

(1) 由(5.1)和(5.4)两式，可得

$$\mathrm{E}\left(\hat{Z}_{i,J} - Z_{i,J} \mid Z_{i,I-i}\right) = \mathrm{E}\left(\sum_{j=I-i+1}^{J} \hat{\xi}_j\right) - \mathrm{E}\left(\sum_{j=I-i+1}^{J} \eta_{i,j}\right) = 0. \tag{5.9}$$

(2) 由(1)可直接得到.

(3) 由模型假设 5.1，我们得到条件 MSEP：

$$\begin{aligned}
\mathrm{msep}_{Z_{i,J} \mid \mathcal{D}_I}\left(\hat{Z}_{i,J}\right) &= \mathrm{E}\left[\left(\hat{Z}_{i,J} - Z_{i,J}\right)^2 \mid \mathcal{D}_I\right] = \mathrm{E}\left[\left(\sum_{j=I-i+1}^{J} \hat{\xi}_j - \sum_{j=I-i+1}^{J} \eta_{i,j}\right)^2 \middle| \mathcal{D}_I\right] \\
&= \mathrm{Var}\left(\sum_{j=I-i+1}^{J} \eta_{i,j}\right) + \left[\sum_{j=I-i+1}^{J} \left(\hat{\xi}_j - \xi_j\right)\right]^2 \\
&= \sum_{j=I-i+1}^{J} \sigma_j^2 + \left[\sum_{j=I-i+1}^{J} \left(\hat{\xi}_j - \xi_j\right)\right]^2.
\end{aligned}$$

(4) 由引理 5.3，可得

$$\begin{aligned}
\mathrm{msep}_{Z_{i,J}}\left(\hat{Z}_{i,J}\right) &= \mathrm{E}\left[\mathrm{msep}_{Z_{i,J} \mid \mathcal{D}_I}\left(\hat{Z}_{i,J}\right)\right] \\
&= \mathrm{Var}\left(\sum_{j=I-i+1}^{J} \eta_{i,j}\right) + \mathrm{Var}\left(\sum_{j=I-i+1}^{J} \hat{\xi}_j\right) \\
&= \sum_{j=I-i+1}^{J} \sigma_j^2 \left(1 + \frac{1}{I-j+1}\right).
\end{aligned} \tag{5.10}$$

注意到 $\hat{Z}_{i,J} - Z_{i,J}$ 与 $Z_{i,I-i}$ 是独立的，即得 $\mathrm{msep}_{Z_{i,J} \mid Z_{i,I-i}}\left(Z_{i,J}\right) = \mathrm{msep}_{Z_{i,J}}\left(Z_{i,J}\right)$.

注 注意到,在可加模型((5.9)—(5.10)式)中, $Z_{i,I-i}=\ln C_{i,I-i}$ 抵消了.这与乘法模型(如 CL 模型)是不同的.

5.1.1 方差 σ_j^2 已知

在这一小节,我们假设方差 $\sigma_0^2,\sigma_1^2,\cdots,\sigma_J^2$ 是已知的.注意到

$$\begin{aligned}\mathrm{E}(C_{i,J}\mid C_{i,I-i})&=\mathrm{E}(\exp\{Z_{i,J}\}\mid C_{i,I-i})\\&=\exp\{Z_{i,I-i}\}\exp\left\{\sum_{j=I-i+1}^{J}\xi_j+\sum_{j=I-i+1}^{J}\frac{\sigma_j^2}{2}\right\}\\&=C_{i,I-i}\exp\left\{\sum_{j=I-i+1}^{J}\xi_j+\frac{1}{2}\sum_{j=I-i+1}^{J}\sigma_j^2\right\}.\end{aligned}\tag{5.11}$$

另外,

$$\begin{aligned}\mathrm{E}(\exp\{\hat{Z}_{i,J}\}\mid C_{i,I-i})&=\exp\{Z_{i,I-i}\}\mathrm{E}\left(\exp\left\{\sum_{j=I-i+1}^{J}\hat{\xi}_j\right\}\right)\\&=C_{i,I-i}\exp\left\{\sum_{j=I-i+1}^{J}\xi_j+\frac{1}{2}\sum_{j=I-i+1}^{J}\frac{\sigma_j^2}{I-j+1}\right\}.\end{aligned}\tag{5.12}$$

注意到,由于 $Z_{i,J}$ 和 $\hat{Z}_{i,J}$ 条件方差不同,我们得到了关于对数正态分布的不同的条件期望值.因此,由(5.11)和(5.12)两式,可直接得到如下估计量:

估计量 5.1(无偏估计, σ_j^2 已知) 在模型假设 5.1 下,定义如下估计量:

$$\hat{C}_{i,J}^{\mathrm{LN}}=\hat{\mathrm{E}}(C_{i,J}\mid\mathcal{D}_I)=\exp\left\{\hat{Z}_{i,J}+\frac{1}{2}\sum_{j=I-i+1}^{J}\sigma_j^2\left(1-\frac{1}{I-j+1}\right)\right\},\tag{5.13}$$

其中 $i=1,2,\cdots,I$.

关于此估计量,我们有下列结论:

引理 5.4(无偏性, σ_j^2 已知) 在模型假设 5.1 下,有

(1) 给定 $C_{i,I-i}$, $\hat{C}_{i,J}^{\mathrm{LN}}$ 是 $\mathrm{E}(C_{i,J}\mid C_{i,I-i})=\mathrm{E}(C_{i,J}\mid\mathcal{D}_I)$ 的无偏估计;

(2) $\hat{C}_{i,J}^{\mathrm{LN}}$ 是 $\mathrm{E}(C_{i,J})$ 的(无条件)无偏估计;

(3) 无无件 MSEP 为

$$\mathrm{msep}_{C_{i,J}\mid C_{i,I-i}}(\hat{C}_{i,J}^{\mathrm{LN}})=\mathrm{E}[(C_{i,J}\mid C_{i,I-i})]^2\left(\exp\left\{\sum_{j=I-i+1}^{J}\sigma_j^2\right\}+\exp\left\{\sum_{j=I-i+1}^{J}\frac{\sigma_j^2}{I-j+1}\right\}-2\right).$$

注 (1) 条件 MSEP 由下式给出:

$$\begin{aligned}\mathrm{msep}_{C_{i,J}\mid\mathcal{D}_I}(\hat{C}_{i,J}^{\mathrm{LN}})&=\mathrm{E}[(C_{i,J}-\hat{C}_{i,J}^{\mathrm{LN}})^2\mid\mathcal{D}_I]\\&=C_{i,I-i}^2\,\mathrm{Var}\left(\exp\left\{\sum_{j=I-i+1}^{J}\eta_{i,j}\right\}\right)+[\mathrm{E}(C_{i,J}\mid C_{i,I-i})-\hat{C}_{i,J}^{\mathrm{LN}}]^2.\end{aligned}\tag{5.14}$$

(2) 引理 5.4 表明

$$\mathrm{msep}_{C_{i,J}\mid C_{i,I-i}}(\hat{C}_{i,J}^{\mathrm{LN}})=\mathrm{E}(C_{i,J}\mid C_{i,I-i})^2\left(\exp\left\{\sum_{j=I-i+1}^{J}\sigma_j^2\right\}-1+\exp\left\{\sum_{j=I-i+1}^{J}\frac{\sigma_j^2}{I-j+1}\right\}-1\right).$$

过程方差相应于如下项：

$$\exp\left\{\sum_{j=I-i+1}^{J}\sigma_j^2\right\}-1.$$

参数估计误差相应于如下项：

$$\left\{\sum_{j=I-i+1}^{J}\frac{\sigma_j^2}{I-j+1}\right\}-1. \tag{5.15}$$

引理 5.4 的证明 (1) 我们有

$$\begin{aligned}\mathrm{E}(\hat{C}_{i,J}^{\mathrm{LN}}\mid C_{i,I-i})&=\mathrm{E}(\exp\{\hat{Z}_{i,J}\}\mid C_{i,I-i})\exp\left\{\frac{1}{2}\sum_{j=I-i+1}^{J}\left(\sigma_j^2-\frac{\sigma_j^2}{I-j+1}\right)\right\}\\&=\mathrm{E}(C_{i,J}\mid C_{i,I-i})=\mathrm{E}(C_{i,J}\mid\mathcal{D}_I).\end{aligned}$$

(2) 由(1)可直接得到.

(3) 应用不相关性

$$\mathrm{E}\left(C_{i,J}\hat{C}_{i,J}^{\mathrm{LN}}\mid C_{i,I-i}\right)=\mathrm{E}\left(C_{i,J}\mid C_{i,I-i}\right)\mathrm{E}\left(\hat{C}_{i,J}^{\mathrm{LN}}\mid C_{i,I-i}\right)$$

和估计量 $\hat{C}_{i,J}^{\mathrm{LN}}$ 的无偏性，我们得到条件 MSEP

$$\begin{aligned}\mathrm{msep}_{C_{i,J}\mid C_{i,I-i}}\left(\hat{C}_{i,J}^{\mathrm{LN}}\right)&=\mathrm{E}\left[\left(C_{i,J}-\hat{C}_{i,J}^{\mathrm{LN}}\right)^2\mid C_{i,I-i}\right]=\mathrm{Var}\left(C_{i,J}-\hat{C}_{i,J}^{\mathrm{LN}}\mid C_{i,I-i}\right)\\&=\mathrm{Var}\left(C_{i,J}\mid C_{i,I-i}\right)+\mathrm{Var}\left(\hat{C}_{i,J}^{\mathrm{LN}}\mid C_{i,I-i}\right)\\&=C_{i,I-i}^2\,\mathrm{Var}\left(\exp\left\{\sum_{j=I-i+1}^{J}\eta_{i,j}\right\}\right)\\&\quad+C_{i,I-i}^2\exp\left\{\sum_{j=I-i+1}^{J}\sigma_j^2\left(1-\frac{1}{I-j+1}\right)\right\}\mathrm{Var}\left(\exp\left\{\sum_{j=I-i+1}^{J}\hat{\xi}_j\right\}\right).\end{aligned} \tag{5.16}$$

(5.16)式表明 □

$$\begin{aligned}&\mathrm{E}\left[\left(\hat{C}_{i,J}^{\mathrm{LN}}-C_{i,J}\right)^2\mid C_{i,I-i}\right]\\&=C_{i,I-i}^2\exp\left\{\sum_{j=I-i+1}^{J}(2\xi_j+\sigma_j^2)\right\}\left(\exp\left\{\sum_{j=I-i+1}^{J}\sigma_j^2\right\}+\exp\left\{\sum_{j=I-i+1}^{J}\frac{\sigma_j^2}{I-j+1}\right\}-2\right).\end{aligned}$$

上式最后用到(5.11)式.

考虑事故年的聚合. 累计索赔的 MSEP 由下式估计

$$\begin{aligned}\widehat{\mathrm{msep}}_{\sum_i C_{i,J}\mid\cdot}\left(\sum_{i=1}^{I}\hat{C}_{i,J}^{\mathrm{LN}}\right)&=\sum_{i=1}^{I}\mathrm{msep}_{C_{i,J}\mid C_{i,I-i}}\left(\hat{C}_{i,J}^{\mathrm{LN}}\right)+2\sum_{1\leqslant i<k\leqslant I}\mathrm{E}(C_{i,J}\mid C_{i,I-i})\mathrm{E}(C_{k,J}\mid C_{k,I-k})\\&\quad\cdot\left(\exp\left\{\sum_{j=I-i+1}^{J}\frac{\sigma_j^2}{I-j+1}\right\}-1\right).\end{aligned} \tag{5.17}$$

(5.17)式的最后一项基于事实：对不同的事故年我们使用了相同的估计量 $\hat{\xi}_j$. 注意到，在 $\widehat{\mathrm{msep}}_{\sum_i C_{i,J}\mid\cdot}\left(\sum_{i=1}^{I}\hat{C}_{i,J}^{\mathrm{LN}}\right)$ 中，我们使用了符号"·"，它用来说明我们基于最近的对角线 $C_{i,I-i}$ 为条件来计算 MSEP. 但另一方面，在估计 ξ_{I-i} 时，我们把 $C_{i,I-i}$ 视为随机变量.

例 5.1(对数正态模型，σ_j 已知)　我们使用例 3.1 给出的数据，并把结果与表 3.6 进行比较. 计算得到表 5.2 中的参数估计(假设 σ_j^2 是已知的，它由表 5.1 的 $\hat{\sigma}_j$ 给出).

在表 5.2 中，我们得到了典型的结果. 在很多情况下，由链梯法得到的估计，与由关于累计索赔的对数正态模型得到的估计相比，两者是非常接近的.

表 5.1　观测的 $\eta_{i,j}$ 和估计的参数 $\hat{\xi}_j$ 及 $\hat{\sigma}_j$

事故年 i \ 进展年 j	0	1	2	3	4	5	6	7	8	9
0		0.4860	0.0886	0.0195	0.0190	0.0056	0.0059	0.0013	0.0010	0.0014
1		0.4131	0.0727	0.0146	0.0065	0.0035	0.0050	0.0011	0.0011	
2		0.3885	0.0877	0.0257	0.0146	0.0062	0.0051	0.0008		
3		0.3768	0.0812	0.0204	0.0140	0.0092	0.0045			
4		0.3887	0.0739	0.0294	0.0241	0.0108				
5		0.3766	0.0616	0.0252	0.0106					
6		0.4165	0.0642	0.0246						
7		0.3794	0.0661							
8		0.3686								
9										
$\hat{\xi}_j$		0.3993	0.0745	0.0228	0.0148	0.0071	0.0051	0.0011	0.0010	0.0014
$\hat{\sigma}_j$		0.0364	0.0104	0.0049	0.0062	0.0029	0.0006	0.0002	0.0001	0.0001

表 5.2　索赔准备金和预测误差

事故年 i	$C_{i,I-i}$	链梯法索赔准备金	对数正态模型索赔准备金	过程标准差	估计误差平方根	$\widehat{\text{msep}}^{1/2}_{C_{i,J}\mid C_{i,I-i}}(\hat{C}^{\text{LN}}_{i,J})$
0	11 148 124					
1	10 648 192	15 126	15 126	709	709	1 002
2	10 635 751	26 257	26 268	1 002	868	1 326
3	9 724 068	34 538	34 511	2 599	1 613	3 059
4	9 786 916	85 302	85 046	6 606	3 442	7 449
5	9 935 753	156 494	157 374	30 249	13 648	33 185
6	9 282 022	286 121	287 692	65 803	27 423	71 288
7	8 256 211	449 167	451 948	73 574	29 728	79 353
8	7 648 729	1 043 242	1 042 996	116 745	43 703	124 657
9	5 675 568	3 950 815	3 945 346	373 209	126 296	394 000
交互项					117 052	117 052
合计		6 047 061	6 046 308	404 505	182 755	443 874

从 $\hat{Z}_{i,J}$ 到 $\hat{C}_{i,J}$ 的逆向变换，还有其他不同的方法. 以下方法来自 Taylor(2000)[2]：

估计量 5.2(中心预测量, σ_j^2 已知) 在模型假设 5.1 下,定义下面的估计量:

$$\hat{C}_{i,J}^{\mathrm{cp}} = \hat{\mathrm{E}}(C_{i,J} \mid \mathcal{D}_I) = \exp\left\{\hat{Z}_{i,J} + \frac{1}{2}\sum_{j=I-i+1}^{J} \sigma_j^2\left(1 + \frac{1}{I-j+1}\right)\right\}$$

$$= \hat{C}_{i,J}^{\mathrm{LN}} \exp\left\{\sum_{j=I-i+1}^{J} \frac{\sigma_j^2}{I-j+1}\right\} > \hat{C}_{i,J}^{\mathrm{LN}}, \tag{5.18}$$

其中 $i = 1,2,\cdots,I$, 而 $\hat{C}_{i,J}^{\mathrm{LN}}$ 由(5.13)式定义.

引理 5.5(中心预测量, σ_j^2 已知) 在模型假设 5.1 下,有

(1) $\hat{C}_{i,J}^{\mathrm{cp}}$ 满足:

$$E\left(\frac{C_{i,J}}{\hat{C}_{i,J}^{\mathrm{cp}}} \middle| C_{i,I-i}\right) = 1; \tag{5.19}$$

(2) MSEP 由下式给出

$$\mathrm{msep}_{C_{i,J} \mid C_{i,I-i}}(\hat{C}_{i,J}^{\mathrm{cp}}) = \mathrm{E}(C_{i,J} \mid C_{i,I-i})^2 \left(\exp\left\{\sum_{j=I-i+1}^{J} \frac{3\sigma_j^2}{I-j+1}\right\} + \exp\left\{\sum_{j=I-i+1}^{J} \sigma_j^2\right\} - 2\exp\left\{\sum_{j=I-i+1}^{J} \frac{\sigma_j^2}{I-j+1}\right\}\right)$$

$$> \mathrm{msep}_{C_{i,J} \mid C_{i,I-i}}(\hat{C}_{i,J}^{\mathrm{LN}}).$$

证明 (1) 应用(5.6)—(5.8)式以及(5.13)和(5.18)两式,我们得到

$$\mathrm{E}\left(\frac{C_{i,J}}{\hat{C}_{i,J}^{\mathrm{cp}}} \middle| C_{i,I-i}\right) = \mathrm{E}\left[\exp\left\{\sum_{j=I-i+1}^{J} \eta_{i,j} - \sum_{j=I-i+1}^{J} \hat{\xi}_i - \frac{1}{2}\sum_{j=I-i+1}^{J} \sigma_j^2\left(1 + \frac{1}{I-j+1}\right)\right\}\right]$$

$$= \exp\left\{-\frac{1}{2}\sum_{j=I-i+1}^{J} \sigma_j^2\left(1 + \frac{1}{I-j+1}\right)\right\} \prod_{j=I-i+1}^{J} \mathrm{E}(\exp\{\eta_{i,j}\}) \cdot \prod_{j=I-i+1}^{J} \mathrm{E}(\exp\{-\hat{\xi}_{i,j}\}).$$

应用如下两式(见(5.1)和(5.4)两式)即证得结论:

$$\mathrm{E}(\exp\{\eta_{i,j}\}) = \exp\{\xi_j + \sigma_j^2/2\}, \quad \mathrm{E}(\exp\{-\hat{\xi}_{i,j}\}) = \exp\left\{-\xi_j + \frac{1}{2} \cdot \frac{\sigma_j^2}{I-j+1}\right\}.$$

(2) 由于 $\hat{C}_{i,J}^{\mathrm{cp}}$ 不是无偏估计量,所以 MSEP 的估计更复杂一些. 我们有(见(5.16)式)

$$\mathrm{msep}_{C_{i,J} \mid C_{i,I-i}}(\hat{C}_{i,J}^{\mathrm{cp}}) = \mathrm{E}\left[(\hat{C}_{i,J}^{\mathrm{cp}} - C_{i,J})^2 \mid C_{i,I-i}\right]$$

$$= C_{i,I-i}^2 \mathrm{Var}\left(\exp\left\{\sum_{j=I-i+1}^{J} \eta_{i,j}\right\}\right) + \mathrm{E}\{[\mathrm{E}(C_{i,J} \mid C_{i,I-i}) - \hat{C}_{i,J}^{\mathrm{cp}}]^2 \mid C_{i,I-i}\}. \tag{5.20}$$

对于期望值,我们有

$$\mathrm{E}(\hat{C}_{i,J}^{\mathrm{cp}} \mid C_{i,I-i}) = \mathrm{E}(C_{i,J} \mid C_{i,I-i}) \exp\left\{\sum_{j=I-i+1}^{J} \frac{\sigma_j^2}{I-j+1}\right\},$$

从而(5.20)式右边最后一项等于

$$\mathrm{E}\,(C_{i,J}\mid C_{i,I-i})^2\left(1-\exp\left\{\sum_{j=I-i+1}^{J}\frac{\sigma_j^2}{I-j+1}\right\}\right)^2+\mathrm{Var}\,(\hat{C}_{i,J}^{\mathrm{cp}}\mid C_{i,I-i}).$$

由(5.18)和(5.16)两式,可得到

$$\begin{aligned}\mathrm{msep}_{C_{i,J}\mid C_{i,I-i}}(\hat{C}_{i,J}^{\mathrm{cp}})=&\ C_{i,I-i}^2\,\mathrm{Var}\left(\exp\left\{\sum_{j=I-i+1}^{J}\eta_{i,j}\right\}\right)\\&+\mathrm{E}\,(C_{i,J}\mid C_{i,I-i})^2\left(1-\exp\left\{\sum_{j=I-i+1}^{J}\frac{\sigma_j^2}{I-j+1}\right\}\right)^2\\&+\exp\left\{2\sum_{j=I-i+1}^{J}\frac{\sigma_j^2}{I-j+1}\right\}\mathrm{Var}\,(\hat{C}_{i,J}^{\mathrm{LN}}\mid C_{i,I-i})\\>&\ \mathrm{Var}\,(C_{i,J}\mid C_{i,I-i})+\mathrm{Var}(\hat{C}_{i,J}^{\mathrm{LN}}\mid C_{i,I-i})\\=&\ \mathrm{msep}_{C_{i,J}\mid C_{i,I-i}}(\hat{C}_{i,J}^{\mathrm{LN}}).\end{aligned}\tag{5.21}$$

例 5.2 继续考虑例 5.1.如果我们比较对数正态估计量 $\hat{C}_{i,J}^{\mathrm{LN}}$ 和中心预测量 $\hat{C}_{i,J}^{\mathrm{cp}}$,那么可得关于索赔准备金的结果表 5.3.它表明,在许多实际应用中,源于估计量 $\hat{\xi}_j$ 的方差的修正项可忽略不计.

表 5.3 索赔准备金和预测误差

事故年 i	索赔准备金		$\widehat{\mathrm{msep}}^{1/2}_{C_{i,J}\mid C_{i,I-i}}$	
	$\hat{C}_{i,J}^{\mathrm{LN}}$	$\hat{C}_{i,J}^{\mathrm{cp}}$	$\hat{C}_{i,J}^{\mathrm{LN}}$	$\hat{C}_{i,J}^{\mathrm{cp}}$
0				
1	15 126	15 126	1 002	1 002
2	26 268	26 268	1 326	1 326
3	34 511	34 511	3 059	3 059
4	85 046	85 048	7 449	7 449
5	157 374	157 393	33 185	33 185
6	287 692	287 771	71 288	71 289
7	451 948	452 050	79 353	79 354
8	1 042 996	1 043 216	124 657	124 661
9	3 945 346	3 947 004	394 010	394 078
合计	6 046 308	6 048 386		

5.1.2 方差 σ_j^2 未知

一般来说,方差 σ_j^2 也需要从数据(见(5.3)式)中估计.假设 W 服从自由度为 p 的 χ^2 分布,也就是说,W 服从 $\Gamma(p/2,1/2)$ 分布,那么 W 的矩生成函数为

$$\mathrm{E}(\exp\{tW\}) = (1-2t)^{-p/2}, \quad t < 1/2. \tag{5.22}$$

因此，对于满足 $t\sigma_j^2/(I-j) < 1/2$ 的 t，就有(见引理 5.2 中的(2))

$$\mathrm{E}(\exp\{t\hat{\sigma}_j^2\}) = \left(1 - \frac{2t\sigma_j^2}{I-j}\right)^{-(I-j)/2}. \tag{5.23}$$

选择 t，使得上式右边为

$$\left(1 - \frac{2t\sigma_j^2}{I-j}\right)^{-(I-j)/2} = \exp\left\{\frac{1}{2}\sigma_j^2\left(1 - \frac{1}{I-j+1}\right)\right\},$$

那么所选择的 t 就是

$$t = \frac{I-j}{2\sigma_j^2}\left[1 - \exp\left\{\frac{-\sigma_j^2}{I-j}\left(1 - \frac{1}{I-j+1}\right)\right\}\right].$$

定义 $t_j(\sigma_j^2)$ 如下(见(5.13)式，注意到此时没有因子 1/2)：

$$\begin{aligned} t_j(\sigma_j^2) &= \frac{I-j}{\sigma_j^2}\left[1 - \exp\left\{\frac{-\sigma_j^2}{I-j}\left(1 - \frac{1}{I-j+1}\right)\right\}\right] \\ &= \frac{I-j}{\sigma_j^2}\left(1 - \exp\left\{\frac{-\sigma_j^2}{I-j+1}\right\}\right). \end{aligned} \tag{5.24}$$

那么就有

$$\mathrm{E}\left(\exp\left\{\frac{1}{2}t_j(\sigma_j^2)\hat{\sigma}_j^2\right\}\right) = \exp\left\{\frac{1}{2}\sigma_j^2\left(1 - \frac{1}{I-j+1}\right)\right\}.$$

估计量 5.3(σ_j^2 未知) 在模型假设 5.1 下，定义如下估计量：

$$\hat{C}_{i,J}^{\mathrm{LN}\sigma,1} = \hat{\mathrm{E}}(C_{i,J} \mid \mathcal{D}_I) = \exp\left\{\hat{Z}_{i,J} + \frac{1}{2}\sum_{j=I-j+1}^{J} t_j(\sigma_j^2)\hat{\sigma}_j^2\right\}, \tag{5.25}$$

其中 $i = 1,2,\cdots,I$.

对于估计量 5.3，下列结论成立：

引理 5.6(σ_j^2 未知) 在模型假设 5.1，以及对所有的 $0 \leqslant j \leqslant J$，$t_j(\sigma_j^2) < 1$ 下，有

(1) 给定 $C_{i,I-i}$，$\hat{C}_{i,J}^{\mathrm{LN}\sigma,1}$ 是 $\mathrm{E}(C_{i,J} \mid C_{i,I-i}) = \mathrm{E}(C_{i,J} \mid \mathcal{D}_I)$ 的无偏估计；

(2) $\hat{C}_{i,J}^{\mathrm{LN}\sigma,1}$ 是 $\mathrm{E}(C_{i,J})$ 的无条件无偏估计.

证明 (1) 证明需用到 $\hat{\xi}_j$ 和 σ_j^2 的相互独立性(见引理 5.2)以及 $t_j(\sigma_j^2)$ 的定义(见(5.23)—(5.24)式). 我们有

$$\begin{aligned} &\mathrm{E}(\hat{C}_{i,J}^{\mathrm{LN}\sigma,1} \mid C_{i,I-i}) \\ &= \mathrm{E}(\exp\{\hat{Z}_{i,J}\} \mid C_{i,I-i})\mathrm{E}\left(\exp\left\{\frac{1}{2}\sum_{j=I-i+1}^{J} t_j(\sigma_j^2)\hat{\sigma}_j^2\right\} \Big| C_{i,I-i}\right) \\ &= \mathrm{E}(\exp\{\hat{Z}_{i,J}\} \mid C_{i,I-i}) \prod_{j=I-i+1}^{J} \mathrm{E}\left(\exp\left\{\frac{1}{2}\sum_{j=I-i+1}^{J} t_j(\sigma_j^2)\hat{\sigma}_j^2\right\}\right) \\ &= \mathrm{E}(\exp\{\hat{Z}_{i,J}\} \mid C_{i,I-i}) \prod_{j=I-i+1}^{J} \exp\left\{\frac{1}{2}\sigma_j^2\left(1 - \frac{1}{I-j+1}\right)\right\}. \end{aligned} \tag{5.26}$$

由(5.11)—(5.12)式,就得到

$$\mathrm{E}(\hat{C}_{i,J}^{\mathrm{LN}\sigma,1} \mid C_{i,I-i}) = \mathrm{E}(C_{i,J} \mid C_{i,I-i}) .$$

(2) 由(1)可直接得到. □

注 注意到上述估计量并没有从本质上解决问题. 因为估计量 $\hat{C}_{i,J}^{\mathrm{LN}\sigma,1}$ 仍然依赖于未知参数 σ_j^2 (通过 $t_j(\sigma_j^2)$),所以该估计量不能直接从数据中计算得到. 我们可以用 $\hat{\sigma}_j^2$ 代替 σ_j^2 得到另外的估计量,但新的估计量就不再是无偏估计了.

因此,我们经常使用下面的估计量:

估计量 5.4(σ_j^2 未知) 在模型 5.1 的假设下,定义如下估计

$$\hat{C}_{i,J}^{\mathrm{LN}\sigma,2} = \hat{\mathrm{E}}(C_{i,J} \mid \mathcal{D}_I) = \exp\left\{\hat{Z}_{i,J} + \frac{1}{2}\sum_{j=I-i+1}^{J} \hat{\sigma}_j^2\left(1 - \frac{1}{I-j+1}\right)\right\}, \tag{5.27}$$

其中 $i = 1,2,\cdots,I$.

因此,由 $\hat{\xi}_j$ 和 $\hat{\sigma}_j^2$ 的独立性以及(5.11)—(5.12)式,就得到

$$\begin{aligned}(\hat{C}_{i,J}^{\mathrm{LN}\sigma,2} \mid C_{i,I-i}) &= C_{i,I-i}\exp\left\{\sum_{j=I-i+1}^{J} \xi_j + \frac{1}{2}\sum_{j=I-i+1}^{J} \frac{\sigma_j^2}{I-j+1}\right\} \\ &\quad \cdot \mathrm{E}\left[\exp\left\{\frac{1}{2}\sum_{j=I-i+1}^{J} \hat{\sigma}_j^2\left(1 - \frac{1}{I-j+1}\right)\right\} \Big| \ C_{i,I-i}\right] \\ &= \mathrm{E}(C_{i,J} \mid C_{i,I-i}) \\ &\quad \cdot \mathrm{E}\left[\exp\left\{\frac{1}{2}\sum_{j=I-i+1}^{J} (\hat{\sigma}_j^2 - \sigma_j^2)\left(1 - \frac{1}{I-j+1}\right)\right\}\right].\end{aligned}$$

由(5.23)式和 $\lim\limits_{n\to\infty}\left(1+\dfrac{x}{n}\right)^n = \mathrm{e}^x$, 得到

$$\begin{aligned}&\lim_{I\to\infty}\mathrm{E}\left[\exp\left\{\frac{1}{2}\sum_{j=I-i+1}^{J} (\hat{\sigma}_j^2 - \sigma_j^2)\left(1 - \frac{1}{I-j+1}\right)\right\}\right] \\ &\quad = \lim_{I\to\infty}\left[\left(1 - \frac{\sigma_j^2}{I-j+1}\right)^{-(I-j)/2} \exp\left\{-\frac{\sigma_j^2(I-j)}{2(I-j+1)}\right\}\right] \\ &\quad = \exp\{\sigma_j^2/2\} \cdot \exp\{-\sigma_j^2/2\} = 1.\end{aligned}$$

由此即得近似关系

$$\mathrm{E}(\hat{C}_{i,J}^{\mathrm{LN}\sigma,2} \mid C_{i,I-i}) \approx \mathrm{E}(C_{i,J} \mid C_{i,I-i}). \tag{5.28}$$

这表明,当 $I \to \infty$ 时,我们得到最终索赔 $C_{i,J}$ 的一个渐近(条件)无偏预测量.

引理 5.7(无偏估计量, σ_j^2 未知, $t_j(\sigma_j^2)$ 已知) 在模型假设 5.1,以及对于所有 j, $t_j(\sigma_j^2) < 1$ 下,在给定 $C_{i,J}$ 时, $\hat{C}_{i,J}^{\mathrm{LN}\sigma,1}$ 的 MSEP 为

$$\begin{aligned}\mathrm{msep}_{C_{i,J} \mid C_{i,I-i}}(\hat{C}_{i,J}^{\mathrm{LN}\sigma,1}) &= \mathrm{E}(C_{i,J} \mid C_{i,I-i})^2 \left\{\exp\left\{\sum_{j=I-i+1}^{J} \sigma_j^2\left(\frac{2}{I-j+1} - 1\right)\right.\right. \\ &\quad \left.\left. - \frac{I-j}{2}\ln\left[1 - \frac{2t_j(\sigma_j^2)\sigma_j^2}{I-j}\right]\right\} + \exp\left\{\sum_{j=I-i+1}^{J} \sigma_j^2\right\} - 2\right\}.\end{aligned}$$

与引理 5.4 比较,注意到估计误差发生了改变(见(5.15)式),由

$$\exp\left\{\sum_{j=I-j+1}^{J}\frac{\sigma_j^2}{I-j+1}\right\}-1$$

变为

$$\exp\left\{\sum_{j=I-i+1}^{J}\sigma_j^2\left(\frac{2}{I-j+1}-1\right)-\frac{I-j}{2}\ln\left(1-\frac{2t_j(\sigma_j^2)\sigma_j^2}{I-j}\right)\right\}-1 .$$

因此,我们会有一个更大的估计误差,这来自在估计 σ_j^2 时存在一些不确定性.

引理 5.7 的证明 我们有

$$\begin{aligned}\mathrm{msep}_{C_{i,J}|C_{i,I-i}}(\hat{C}_{i,J}^{\mathrm{LN}\sigma,1}) &= \mathrm{E}[(C_{i,J}-\hat{C}_{i,J}^{\mathrm{LN}\sigma,1})^2 | C_{i,I-i}] \\ &= C_{i,I-i}^2\mathrm{Var}\left(\exp\left\{\sum_{j=I-i+1}^{J}\eta_{i,j}\right\}\right) \\ &\quad + \mathrm{E}\{(E[C_{i,J}|C_{i,I-i})-\hat{C}_{i,J}^{\mathrm{LN}\sigma,1}]^2 | C_{i,I-i}\} \\ &= C_{i,I-i}^2\mathrm{Var}\left(\exp\left\{\exp\sum_{j=I-i+1}^{J}\eta_{i,j}\right\}\right)+\mathrm{Var}(\hat{C}_{i,J}^{\mathrm{LN}\sigma,1}|C_{i,I-i}) .\end{aligned}$$

为此需要计算上式右边最后一项:

$$\mathrm{Var}(\hat{C}_{i,J}^{\mathrm{LN}\sigma,1}|C_{i,I-i}) = \mathrm{Var}\left(\exp\left\{\hat{Z}_{i,J}+\frac{1}{2}\sum_{j=I-i+1}^{J}t_j(\sigma_j^2)\hat{\sigma}_j^2\right\}\middle| C_{i,I-i}\right).$$

上式右边等于

$$\mathrm{E}\left(\exp\left\{2\hat{Z}_{i,J}+\sum_{j=I-i+1}^{J}t_j(\sigma_j^2)\hat{\sigma}_j^2\right\}\middle| C_{i,I-i}\right)-\mathrm{E}\left(\exp\left\{\hat{Z}_{i,J}+\frac{1}{2}\sum_{j=I-i+1}^{J}t_j(\sigma_j^2)\hat{\sigma}_j^2\right\}\middle| C_{i,I-i}\right)^2 .$$

□

应用 $\hat{\xi}_j$ 和 $\hat{\sigma}_j^2$ 的独立性及其分布性质,可以计算出所有的各项(见(5.21)和(5.26)两式).

例 5.3 本例继续讨论例 5.1. 如果我们比较对数正态估计量 $\hat{C}_{i,J}^{\mathrm{LN}\sigma,1}$ 和 $\hat{C}_{i,J}^{\mathrm{LN}\sigma,2}$,可得到估计的索赔准备金的结论,见表 5.4(这里设 $t_j(\sigma_j^2)=t_j(\hat{\sigma}_j^2)$).

表 5.4 索赔准备金和预测误差

事故年 i	索赔准备金		$\widehat{\mathrm{msep}}^{1/2}_{C_{i,J}\mid C_{i,I-i}}$	
	$\hat{C}_{i,J}^{\mathrm{LN}\sigma,1}$	$\hat{C}_{i,J}^{\mathrm{LN}\sigma,2}$	$\hat{C}_{i,J}^{\mathrm{LN}\sigma,1}$	$\hat{C}_{i,J}^{\mathrm{LN}}$
0				
1	15 126	15 126	1 002	1 002
2	26 268	26 268	1 326	1 326
3	34 511	34 511	3 059	3 059
4	85 046	85 046	7 449	7 449
5	157 374	157 374	33 185	33 185

（续表）

事故年 i	索赔准备金		$\widehat{\mathrm{msep}}^{1/2}_{C_{i,J}\mid C_{i,I-i}}$	
	$\hat{C}_{i,J}^{\mathrm{LN}\sigma,1}$	$\hat{C}_{i,J}^{\mathrm{LN}\sigma,2}$	$\hat{C}_{i,J}^{\mathrm{LN}\sigma,1}$	$\hat{C}_{i,J}^{\mathrm{LN}}$
6	287 692	287 692	71 288	71 288
7	451 948	451 948	79 353	79 353
8	1 042 996	1 042 996	124 658	124 657
9	3 945 346	3 945 346	394 010	394 000
合计	6 046 308	6 046 307		

我们看到，由 $\hat{C}_{i,J}^{\mathrm{LN}\sigma,1}$ 和 $\hat{C}_{i,J}^{\mathrm{LN}\sigma,2}$ 得到的索赔准备金的估计几乎相同. 也就是说，σ_j^2 项的偏差修正（通过函数 $t_j(\hat{\sigma}_j^2)$）对整体结果仅有轻微的影响.

进一步，注意到估计量 $\hat{C}_{i,J}^{\mathrm{LN}\sigma,1}$ 的 MSEP（σ_j^2 未知）和估计量 $\hat{C}_{i,J}^{\mathrm{LN}}$（$\sigma_j^2$ 已知）的 MSEP 几乎相同. 总的来说，这表明参数 σ_j^2 的估计不确定性几乎可以忽略不计.

§5.2 增量索赔的分布模型

本节我们考虑关于增量索赔 $X_{i,j}$ 的分布模型. England 和 Verrall(2002)[3] 对这些模型都有介绍. 在第六章讨论广义线性模型时还会遇到这些模型.

5.2.1 过度分散 Poisson 模型

在第二章我们已经介绍了关于增量的模型. 假设存在参数 $\mu_0,\mu_1,\cdots,\mu_I$ 和 $\gamma_0,\gamma_1,\cdots,\gamma_I$，使得 $X_{i,j}$ 是独立的 Poisson 分布变量，而且对所有的 $0\leqslant i\leqslant I$ 和 $0\leqslant j\leqslant J$，下式成立：

$$x_{i,j}=\mathrm{E}(X_{i,j})=\mu_i\gamma_j,\qquad \sum_{j=0}^{J}\gamma_j=1. \tag{5.29}$$

此时方差满足：

$$\mathrm{Var}(X_{i,j})=\mu_i\gamma_j=x_{i,j}. \tag{5.30}$$

参数由最大似然估计方法估计得到. 由该模型得到的最终索赔与链梯法索赔准备金相同.

引入一个分散参数 ϕ，可推广 Poisson 模型，得到过度分散 Poisson 模型. 对 $\phi>0$，假设

$$\mathrm{E}(X_{i,j})=x_{i,j},\qquad \mathrm{Var}(X_{i,j})=\phi x_{i,j}.$$

注意到，当 ϕ 是常数时，在应用最大似然估计方法估计参数时，分散参数不会出现. 因此，由 Poisson 模型、过度分散 Poisson 模型以及与分布无关的链梯法模型会得到相同的索赔准备金. 然而，在计算这些模型的（条件）预测均方误差时，由这些模型得到的结论差别会很大.

5.2.2 负二项模型

当 Poisson 分布的参数服从 Gamma 分布时，Poisson 分布的混合就是负二项分布，这是一个熟悉的结论.

假设 $X_{i,j}$ 满足 Poisson 模型假设，因此对 $0 \leqslant j \leqslant J$，就有

$$\mathrm{E}(C_{i,j}) = \mu_i \beta_j, \quad \beta_j = \sum_{k=0}^{j} \gamma_k .$$

定义 $f_{j-1} = \beta_j / \beta_{j-1}$（见(2.11)式及其后的讨论），那么对 $1 \leqslant j \leqslant J$，就有

$$\mathrm{E}(X_{i,j}) = \frac{\mathrm{E}(C_{i,j-1})}{\beta_{j-1}} \gamma_j = \mathrm{E}(C_{i,j-1})(f_{j-1} - 1),$$

$$\mathrm{E}(C_{i,j}) = \mathrm{E}(C_{i,j-1}) \frac{\beta_j}{\beta_{j-1}} = \mathrm{E}(C_{i,j-1}) f_{j-1},$$

其中 f_j 是链梯因子. 注意到链梯法算法适用于(确定性)期望索赔. 因此我们有

$$X_{i,j} \overset{(d)}{\sim} \mathrm{Poisson}\left(\mathrm{E}(C_{i,j-1}) \left(\frac{\beta_j}{\beta_{j-1}} - 1 \right) \right).$$

现在使用 Bayes 方法，用某个随机变量 $\Theta_{i,j-1}$ 替换期望值 $\mathrm{E}(C_{i,j-1})$，而 $\Theta_{i,j-1}$ 服从 Gamma 分布：

$$\Theta_{i,j-1} \sim \Gamma(c_{i,j-1}, 1). \tag{5.31}$$

由此即得 $X_{i,j}$ 服从负二项分布，而且

$$\begin{aligned} x_{i,j} &= \mathrm{E}(X_{i,j}) = \mathrm{E}[\mathrm{E}(X_{i,j} \mid \Theta_{i,j-1})] \\ &= \mathrm{E}(\Theta_{i,j-1})(f_{j-1} - 1) = c_{i,j-1}(f_{j-1} - 1), \\ \mathrm{Var}(X_{i,j}) &= \mathrm{E}[\mathrm{Var}(X_{i,j} \mid \Theta_{i,j-1})] + \mathrm{Var}[\mathrm{E}(X_{i,j} \mid \Theta_{i,j-1})] \\ &= \mathrm{E}(\Theta_{i,j-1})(f_{j-1} - 1) + \mathrm{Var}(\Theta_{i,j-1})(f_{j-1} - 1)^2 \\ &= c_{i,j-1}(f_{j-1} - 1) f_{j-1} = x_{i,j} f_{j-1}. \end{aligned} \tag{5.32}$$

因此，对固定的确定性 $c_{i,j-1}$，上述模型可理解为过度分散 Poisson 模型，分散参数为 f_{j-1}.

模型假设 5.2(负二项模型)

(1) 不同事故年的索赔是独立的；

(2) 存在因子 $f_0, f_1, \cdots, f_{J-1} \geqslant 1$，使得对所有的 $0 \leqslant i \leqslant I$ 和 $1 \leqslant j \leqslant J$，在给定 $C_{i,0}, C_{i,1}, \cdots, C_{i,j-1}$ 的条件下，增量 $X_{i,j}$ 服从负二项分布，而且

$$\mathrm{E}(X_{i,j} \mid C_{i,0}, C_{i,1}, \cdots, C_{i,j-1}) = C_{i,j-1}(f_{j-1} - 1),$$

$$\mathrm{Var}(X_{i,j} \mid C_{i,0}, C_{i,1}, \cdots, C_{i,j-1}) = C_{i,j-1}(f_{j-1} - 1) f_{j-1}.$$

注 (1) 负二项模型满足模型假设 3.1：

$$\mathrm{E}(C_{i,j} \mid C_{i,0}, C_{i,1}, \cdots, C_{i,j-1}) = \mathrm{E}(X_{i,j} + C_{i,j-1} \mid C_{i,0}, C_{i,1}, \cdots, C_{i,j-1}) = C_{i,j-1} f_{j-1},$$

$$\begin{aligned} \mathrm{Var}(C_{i,j} \mid C_{i,0}, C_{i,1}, \cdots, C_{i,j-1}) &= \mathrm{Var}(X_{i,j} + C_{i,j-1} \mid C_{i,0}, C_{i,1}, \cdots, C_{i,j-1}) \\ &= C_{i,j-1}(f_{j-1} - 1) f_{j-1}. \end{aligned}$$

因此,可以把链梯法理论直接应用于负二项分布模型,方差参数为 $\sigma_{j-1}^2 = (f_{j-1} - 1)f_{j-1}$.

(2) 在负二项模型中假设 $f_j > 1$,否则方差函数就没有意义. 注意到在实务中,对已发生索赔数据,如果索赔公估员高估了平均索赔,那么会经常出现 $f_j < 1$. 另外,对累计赔付额,有时候也会出现 $f_i<1$ 的情形,这主要是由于代位追偿和免赔额的原因.

5.2.3 关于增量索赔的对数正态模型

模型假设 5.3(对数正态模型) 设存在参数 $m_{i,j}$ 和 σ^2,使得增量索赔 $X_{i,j}$ 是独立的对数正态分布变量,而且对所有的 $0 \leqslant i \leqslant I$ 和 $0 \leqslant j \leqslant J$,有

$$\ln X_{i,j} \sim N(m_{i,j}, \sigma^2).$$

因此就有

$$x_{i,j} = \mathrm{E}(X_{i,j}) = \exp\left\{m_{i,j} + \frac{1}{2}\sigma^2\right\}, \quad \mathrm{Var}(X_{i,j}) = x_{i,j}^2(\exp\{\sigma^2\} - 1). \tag{5.33}$$

此时出现了二次方差函数. 在第六章广义线性模型框架下,它可理解为 Gamma 模型. 对于 $m_{i,j}$,假设有如下可加结构:

$$m_{i,j} = c + a_i + b_j, \qquad \sum_{j=0}^{J} \exp\{b_j\} = 1.$$

有关参数可通过最大似然估计方法估计得到. 另外,注意到

$$x_{i,j} = \exp\left\{c + \frac{1}{2}\sigma^2\right\} \cdot \exp\{a_i\} \cdot \exp\{b_j\} = \mu_i \gamma_j,$$

其中 $\mu_i = \exp\left\{c + \frac{1}{2}\sigma^2\right\} \cdot \exp(a_i)$, $\gamma_j = \exp\{b_j\}$. 因此,如同在 Poisson 模型 2.4 和负二项分布模型中(见(5.31)—(5.32)式),我们得到关于均值的可乘模型.

5.2.4 Gamma 模型

模型假设 5.4(Gamma 模型) 设存在确定性的次数 $r_{i,j}$ 和独立的 Gamma 分布随机变量 $X_{i,j}^{(k)}$,均值为 $m_{i,j}$,变异系数为 $\nu^{-1/2}$,使得对 $0 \leqslant i \leqslant I$ 和 $0 \leqslant j \leqslant J$,有

$$X_{i,j} = \sum_{k=0}^{r_{i,j}} X_{i,j}^{(k)}.$$

设 $X_{i,j}^{(k)}$ 是 Gamma 分布变量,参数为 $a_{i,j}$ 和 $b_{i,j}$, $X_{i,j}^{(k)} \sim \Gamma(a_{i,j}, b_{i,j})$,那么

$$m_{i,j} = \mathrm{E}(X_{i,j}^{(k)}) = \frac{a_{i,j}}{b_{i,j}}, \qquad \mathrm{Var}(X_{i,j}^{(k)}) = \frac{a_{i,j}}{b_{i,j}^2},$$

因此

$$\nu^{-1/2} = \mathrm{Vco}(X_{i,j}^{(k)}) = a_{i,j}^{-1/2}, \qquad X_{i,j}^{(k)} \sim \Gamma(\nu, \nu/m_{i,j}).$$

模型假设 5.4 表明

$$X_{i,j} \sim \Gamma\left(\nu r_{i,j}, \frac{\nu}{m_{i,j}}\right), \qquad x_{i,j} = \mathrm{E}(X_{i,j}) = r_{i,j} m_{i,j},$$
$$\mathrm{Var}(X_{i,j}) = r_{i,j}\nu^{-1} m_{i,j}^2 = x_{i,j}^2 r_{i,j}^{-1}\nu^{-1}. \tag{5.34}$$

因此,此处出现了二次方差函数.以下我们假设 $\mathrm{E}(X_{i,j})$ 有可乘结构.

模型假设 5.5(Gamma 模型) 在模型假设 5.4 之下,假设存在参数 $\mu_0,\mu_1,\cdots,\mu_I > 0$ 和 $\gamma_0,\gamma_1,\cdots,\gamma_J > 0$,使得 $\sum_{j=0}^{J}\gamma_j = 1$,而且

$$x_{i,j} = \mathrm{E}(X_{i,j}) = r_{i,j} m_{i,j} = \mu_i \gamma_j. \tag{5.35}$$

由模型假设 5.5,可得似然函数为

$$L_{\mathcal{D}_I}(\mu_0,\mu_1,\cdots,\mu_I,\gamma_0,\gamma_1,\cdots,\gamma_J) = \prod_{i+j\leqslant I} \frac{(\nu r_{i,j}/\mu_i\gamma_j)^{\nu r_{i,j}}}{\Gamma(\nu r_{i,j})} X_{i,j}^{\nu r_{i,j}-1} \exp\left\{-\frac{\nu r_{i,j}}{\mu_i\gamma_j} X_{i,j}\right\}. \tag{5.36}$$

为使似然函数取最大值,关于未知参数 μ_i 和 γ_j 求偏导数,并令 $I+J+2$ 个偏导数为零,得到如下估计:对 $i \in \{0,1,\cdots,I\}$ 和 $j \in \{0,1,\cdots,J\}$,有

$$\hat{\mu}_i = \sum_{j=0}^{I-i} r_{i,j} \frac{X_{i,j}}{\hat{\gamma}_j} \Bigg/ \sum_{j=0}^{I-i} r_{i,j}, \tag{5.37}$$

$$\hat{\gamma}_j = \sum_{i=0}^{I-j} r_{i,j} \frac{X_{i,j}}{\hat{\mu}_i} \Bigg/ \sum_{i=0}^{I-j} r_{i,j}. \tag{5.38}$$

另外约束条件为 $\sum_j \hat{\gamma}_j = 1$.这些估计量是观测量的加权平均,其中权重由 $r_{i,j}$ 给出.

估计量 5.5(Gamma 模型最大似然估计估计量) 在模型假设 5.5 中,最大似然估计量如下:对 $i+j > I$,有

$$\hat{X}_{i,j}^{\mathrm{Ga}} = \hat{\mathrm{E}}(X_{i,j}) = \hat{\mu}_i \hat{\gamma}_j,$$
$$\hat{C}_{i,J}^{\mathrm{Ga}} = \hat{\mathrm{E}}(C_{i,J} \mid \mathcal{D}_I) = C_{i,I-i} + \sum_{j=I-i+1}^{J} \hat{X}_{i,j}^{\mathrm{Ga}}.$$

注 (1) 为估计参数 μ_i 和 γ_j,我们需要额外的信息 $r_{i,j}$,即 $i+j \leqslant I$.如果 $X_{i,j}^{(k)}$ 表示个体索赔支付额,那么 $r_{i,j}$ 就对应于个体索赔支付的次数.此时 $r_{i,j}$ 是容量度量.

(2) 在第六章中,我们给出 Gamma 模型的另外一个框架,即

$$\mathrm{E}(X_{i,j}) = x_{i,j}, \qquad \mathrm{Var}(X_{i,j}) = x_{i,j}^2(\phi_{i,j}/w_{i,j}).$$

模型参数可在广义线性模型框架下估计,在那里对容度度量 $w_{i,j}$ 有另外一种解释.

5.2.5 Tweedie 复合 Poisson 模型

前面介绍的 Poisson 模型有线性方差函数,而 Gamma 模型有二次方差函数.针对于方差函数来说,Tweedie 复合 Poisson 模型填补了 Poisson 模型和 Gamma 模型之间的空白.Wüthrich (2003)[4]在索赔准备金评估框架下,研究了 Tweedie 复合 Poisson 模型.有关该分布的数值计算问题,较新的文献有 Dunn,Smyth (2005)[5], Dunn,Smyth (2008)[6].

模型假设 5.6(Tweedie 复合 Poisson 模型)

(1) 设存在随机变量 $R_{i,j}$ 和 $X_{i,j}^{(k)}$，使得相互独立的增量索赔可表示如下：对所有的 $0 \leqslant i \leqslant I$ 和 $0 \leqslant j \leqslant J$，有

$$X_{i,j} = \sum_{k=0}^{R_{i,j}} X_{i,j}^{(k)};$$

(2) $R_{i,j}$ 是独立的 Poisson 分布变量，均值为 $\lambda_{i,j} w_i > 0$，而单个的支付额 $X_{i,j}^{(k)}$ 是相互独立的 Gamma 分布变量，均值为 $m_{i,j}$，变异系数为 $\nu^{-1/2} > 0$；

(3) 对所有的 $0 \leqslant i \leqslant I$ 和 $0 \leqslant j \leqslant J$，$R_{i,j}$ 和 $X_{i,j}^{(1)}$，$X_{i,j}^{(2)}$，… 是相互独立的.

注　(1) w_i 表示事故年 i 的权重函数. 在选择适当的权重 w_i 时，有几种不同的方式，如事故年 i 的保单数，事故年 i 的已发生赔付次数.

(2) $R_{i,j}$ 表示支付次数. 在很多情形下没有这方面的信息，因此有时候可把 $R_{i,j}$ 定义为在事故年 i 发生的在事故年 j 出现的支付次数.

(3) 在给定 $R_{i,j}$ 的条件下，就有 Gamma 模型假设 5.4.

定义规范化的增量索赔为

$$Y_{i,j} = \frac{X_{i,j}}{w_i}.$$

下面给出 $R_{i,j}$ 和 $Y_{i,j}$ 的联合分布. 为方便，暂时略去下标 i 和 j . 对于 $r > 0$ 和 $y > 0$，有

$$\begin{aligned}
f_{R,Y}(r,y;\lambda,m,\nu)\mathrm{d}y &= P(y < Y < y+\mathrm{d}y \mid R=r)P(R=r) \\
&= \frac{(\nu/m)^{\nu r}}{\Gamma(\nu r)}(wy)^{\nu r-1}\exp\left\{-\frac{\nu}{m}yw\right\}\frac{(w\lambda)^r}{r!}\exp\{-w\lambda\}w\mathrm{d}y \\
&= \left[\lambda\left(\frac{\nu}{m}\right)^{\nu} y^{\nu} w^{\nu+1}\right]^r \frac{1}{r!\Gamma(\nu r)y}\exp\left\{\frac{w}{\phi}\left(-\frac{\nu\phi}{m}y-\lambda\phi\right)\right\}\mathrm{d}y.
\end{aligned}$$

引入新参数

$$p = (\nu+2)/(\nu+1) \in (1,2), \quad \mu = \lambda m, \quad \phi = \lambda^{1-p}m^{2-p}/(2-p),$$

从而 $\nu = (2-p)/(p-1)$，而且

$$\begin{aligned}
f_{R,Y}(r,y;\lambda,m,\nu)\mathrm{d}y = &\left(\frac{y^{\nu}(w/\phi)^{\nu+1}}{(p-1)^{\nu}(2-p)}\right)^r \frac{1}{r!\Gamma(\nu r)y} \\
&\cdot \exp\left\{\frac{w}{\phi}\left(y\frac{\mu^{1-p}}{1-p}-\frac{\mu^{2-p}}{2-p}\right)\right\}\mathrm{d}y. \qquad (5.39)
\end{aligned}$$

而当 $y > 0$ 时，Y 在 y 点的密度为

$$\begin{aligned}
f_Y(y;\lambda,m,\nu)\mathrm{d}y &= \sum_{r\geqslant 1} f_{R,Y}(r,y;\lambda,m,\nu) \\
&= c\left(y;\frac{w}{\phi},p\right)\exp\left\{\frac{w}{\phi}\left(y\frac{\mu^{1-p}}{1-p}-\frac{\mu^{2-p}}{2-p}\right)\right\} \\
&= c\left(y;\frac{w}{\phi},p\right)\exp\left\{\frac{w}{\phi}[y\theta-\kappa_p(\theta)]\right\}, \qquad (5.40)
\end{aligned}$$

其中

$$\theta = \theta(\mu) = \frac{\mu^{1-p}}{1-p} < 0, \tag{5.41}$$

$$\kappa_p(\theta) = \frac{1}{2-p}[(1-p)\theta]^{(2-p)/(1-p)}, \tag{5.42}$$

$$c\left(y;\frac{w}{\phi},p\right) = \sum_{r\geqslant 1}\left[\frac{y^{\nu}(w/\phi)^{\nu+1}}{(p-1)^{\nu}(2-p)}\right]^{r}\frac{1}{r!\Gamma(\nu r)y}. \tag{5.43}$$

至此我们证明了如下引理：

引理 5.8 在模型假设 5.6 下，$Y_{i,j}$ 的分布属于指数分散族(EDF)，参数 p，$\theta_{i,j}$，$\phi_{i,j}/w_i$ 及 $\kappa_p(\cdot)$ 由(5.40)式给出，即 $Y_{i,j}$ 的密度形式为

$$f_Y\left(y;\theta_{i,j},\frac{\phi_{i,j}}{w_i},p\right) = c\left(y;\frac{w_i}{\phi_{i,j}},p\right)\exp\left\{\frac{w_i}{\phi_{i,j}}[y\theta_{i,j} - \kappa_p(\theta_{i,j})]\right\} \quad (y>0).$$

注 在第六章的引理 6.1 将证明

$$\mathrm{E}(Y_{i,j}) = \kappa_p'(\theta_{i,j}) = \mu_{i,j}, \tag{5.44}$$

$$\mathrm{Var}(Y_{i,j}) = \frac{\phi_{i,j}}{w_i}\kappa_p''(\theta_{i,j}) = \frac{\phi_{i,j}}{w_i}\mu_{i,j}^{p}. \tag{5.45}$$

因此，如定义方差函数

$$V_p(\mu) = \mu^p,$$

那么显然 Tweedie 复合 Poisson 模型也就满足：

$$x_{i,j} = \mathrm{E}(X_{i,j}) = w_i\,\mu_{i,j},$$

$$\mathrm{Var}(X_{i,j}) = \frac{\phi_{i,j}}{w_i^{p-1}}V_p(x_{i,j}), \quad p \in (1,2). \tag{5.46}$$

则上述模型填补了模型假设 2.4 和模型假设 5.4 的空白.

模型假设 5.7(常数分散参数) 在模型假设 5.6 下，进一步假设分散参数是常数，即对所有的 $0 \leqslant i \leqslant I$ 和 $0 \leqslant j \leqslant J$，$\phi_{i,j} = \phi$，而且均值有可乘结构 $\mu_{i,j} = \mu_i\gamma_j$.

注 从理论上讲，我们也可以对分散参数 $\phi_{i,j}$ 建模. 这表明我们可以假设分散参数不是常数. 一方面，在很多情况下数据显示出分散参数不是常数；但从另一方面来说，分散参数不是常数下的建模并不能导致合适的结果，这是因为此时模型会变得过度参数化.

假设 $p \in (1,2)$ 是已知的. 此时不必知道 $R_{i,j}$. 似然函数为(见(5.40)式)

$$L_{\mathcal{D}_I}(\mu_0,\mu_1,\cdots,\mu_I,\gamma_0,\gamma_1,\cdots,\gamma_J) = \prod_{i+j\leqslant I}c\left(\frac{X_{i,j}}{w_i};\frac{w_i}{\phi},p\right)\exp\left\{\frac{w_i}{\phi}\left[\frac{X_{i,j}}{w_i}\theta_{i,j} - \kappa_p(\theta_{i,j})\right]\right\}, \tag{5.47}$$

其中

$$\theta_{i,j} = \frac{(\mu_i\gamma_j)^{1-p}}{1-p}, \quad \kappa_p(\theta_{i,j}) = \frac{(\mu_i\gamma_j)^{2-p}}{2-p}. \tag{5.48}$$

为使(5.47)式的似然函数取最大值,令似然函数关于 μ_i 和 γ_j 的 $I+J+2$ 个偏导数为 0,约束条件为 $\sum_j \hat{\gamma}_j^{(0)} = 1$. 由此得到 μ_i 和 γ_j 的如下估计量:

$$\hat{\mu}_i^{(0)} = \sum_{j=0}^{I-i} \frac{X_{i,j}}{w_i} (\hat{\gamma}_j^{(0)})^{1-p} \Big/ \sum_{j=0}^{I-i} (\hat{\gamma}_j^{(0)})^{2-p}, \tag{5.49}$$

$$\hat{\gamma}_j^{(0)} = \sum_{i=0}^{I-j} X_{i,j} (\hat{\mu}_i^{(0)})^{1-p} \Big/ \sum_{i=0}^{I-j} w_i (\hat{\mu}_i^{(0)})^{2-p}. \tag{5.50}$$

注意到在估计索赔准备金时,不需要分散参数 ϕ. 但是,当估计预测误差时,需要用到 ϕ(见第六章 §6.1).

例 5.4(Tweedie, p 已知) 回到例 2.1 和例 2.2 的数据. 在例 2.3 中,我们已经计算了期望准备金的 Poisson 估计量(使用 MLE 方法). 对 Tweedie 复合 Poisson 模型,对于不同的 p,相应的索赔准备金见表 5.5.

表 5.5 对于不同的 p, Tweedie 复合 Poisson 模型的索赔准备金

事故年 i	$p=1$	$p=1.2$	$p=1.5$
1	15 126	14 682	13 708
2	26 257	26 205	26 241
3	34 538	34 367	34 379
4	85 302	86 425	90 719
5	156 494	154 805	151 687
6	286 121	285 176	282 882
7	449 167	446 156	439 621
8	1 043 242	1 038 347	1 029 197
9	3 950 815	3 945 268	3 934 434
合计	6 047 061	6 031 431	6 002 866

如果 p 是未知的, $R_{i,j}$ 是已知的,我们就需要额外的信息 $R_{i,j}$ 来估计 p (及 ϕ). 观测数据 $\widetilde{\mathcal{D}}_I = \{X_{i,j}, R_{i,j} \mid i+j \leqslant I\}$ 的似然函数为

$$\begin{aligned} & L_{\widetilde{\mathcal{D}}_I}(\mu_0, \mu_1, \cdots, \mu_I, \gamma_0, \gamma_1, \cdots, \gamma_J, \phi, p) \\ &= \prod_{i+j\leqslant I} \frac{1}{R_{i,j}!\,\Gamma(\nu R_{i,j})(X_{i,j}/w_i)} \left[\frac{(X_{i,j}/w_i)^{\nu}(w_i/\phi)^{\nu+1}}{(p-1)^{\nu}(2-p)}\right]^{R_{i,j}} \\ &\quad \cdot \exp\left\{\frac{w_i}{\phi}\left[\frac{X_{i,j}}{w_i}\theta_{i,j} - \kappa_p(\theta_{i,j})\right]\right\}, \end{aligned} \tag{5.51}$$

其中 $\theta_{i,j}$ 和 $\kappa_p(\theta_{i,j})$ 由(5.48)式给出.

下面给出迭代计算步骤:

(1) 选择合适的初值 $p^{(0)}$.

(2) 对 $k \geqslant 1$, 使用 MLE 方法由 $L_{\widetilde{\mathcal{D}}_I}(\mu_0,\mu_1,\cdots,\mu_I,\gamma_0,\gamma_1,\cdots,\gamma_J,\phi,p^{(k-1)})$ 估计 $\hat{\mu}_i^{(k)}$ 和 $\hat{\gamma}_j^{(k)}$，约束条件为 $\sum_j \hat{\gamma}_j^{(k)} = 1$. MLE 由(5.49)和(5.50)两式给出,差别在于那里的 p 换成 $p^{(k-1)}$. 注意到在 ML 最优化时,并不需要 ϕ 和 $R_{i,j}$.

(3) 为估计 $p^{(k)}$, $k \geqslant 1$, 考虑 $p^{(k)}$ 的侧面似然(profile likelihood). 考虑

$$L_{\widetilde{\mathcal{D}}_I}(\hat{\mu}_0^{(k)},\hat{\mu}_1^{(k)},\cdots,\hat{\mu}_I^{(k)},\hat{\gamma}_0^{(k)},\hat{\gamma}_1^{(k)},\cdots,\hat{\gamma}_J^{(k)},\phi,p^{(k)}). \tag{5.52}$$

因此,在给定 $p^{(k)}$ 下, ϕ 的 MLE 为(见(5.51)式)

$$\phi^{(k)} = \frac{-\sum_{i+j\leqslant I} w_i\left[(X_{i,j}/w_i)\theta_{i,j}^{(k)} - \kappa_{p^{(k)}}(\theta_{i,j}^{(k)})\right]}{(1+\nu^{(k)})\sum_{i+j\leqslant I} R_{i,j}},$$

其中

$$\theta_{i,j}^{(k)} = \frac{(\hat{\mu}_i^{(k)}\hat{\gamma}_j^{(k)})^{1-p^{(k)}}}{1-p^{(k)}}, \quad \kappa_{p^{(k)}}(\theta_{i,j}^{(k)}) = \frac{(\hat{\mu}_i^{(k)}\hat{\gamma}_j^{(k)})^{2-p^{(k)}}}{2-p^{(k)}}, \quad \nu^{(k)} = \frac{2-p^{(k)}}{p^{(k)}-1}.$$

如把 $\phi^{(k)}$ 代入似然函数(5.52),就得到 $p^{(k)}$ 的侧面似然函数 $L_{\widetilde{\mathcal{D}}_I}(p^{(k)})$,从而 $p^{(k)}$ 的侧面对数似然函数就是

$$\begin{aligned}
\ln L_{\widetilde{\mathcal{D}}_I}(p^{(k)}) &= \ln L_{\widetilde{\mathcal{D}}_I}(\hat{\mu}_0^{(k)},\hat{\mu}_1^{(k)},\cdots,\hat{\mu}_I^{(k)},\hat{\gamma}_0^{(k)},\hat{\gamma}_1^{(k)},\cdots,\hat{\gamma}_J^{(k)},\phi^{(k)},p^{(k)}) \\
&= c^* + (1+\nu^{(k)})\sum_{i+j\leqslant I} R_{i,j}\left[\ln\left(\frac{w_i}{\phi^{(k)}}\right) - 1\right] \\
&\quad + \sum_{i+j\leqslant I} R_{i,j}\ln\left[\frac{1}{2-p^{(k)}}\left(\frac{X_{i,j}/w_i}{p^{(k)}-1}\right)^{\nu^{(k)}} - 1\right] \\
&\quad - \sum_{i+j\leqslant I}\ln\Gamma(\nu^{(k)}R_{i,j}).
\end{aligned} \tag{5.53}$$

注意到 $\phi^{(k)}$ 替换 ϕ, 而 $\phi^{(k)}$ 是 $p^{(k)}$ 的函数. 因此,对给定的 $\widetilde{\mathcal{D}}_I$, $\hat{\mu}_0^{(k)},\hat{\mu}_1^{(k)},\cdots,\hat{\mu}_I^{(k)}$, $\hat{\gamma}_0^{(k)},\hat{\gamma}_1^{(k)},\cdots$, $\hat{\gamma}_J^{(k)}$, 求侧面似然函数的最大值得到 $p^{(k)}$ 的估计.

(4) 迭代(2)和(3)的计算,直到参数的估计值收敛.

注 (1)对未知的 p, 我们用到额外信息 $R_{i,j}$.

(2) 由于 p 的选择,我们给定了明确的模型选择. 因此,在 Tweedie 复合 Poisson 模型中,我们不仅能够研究估计误差,而且还能研究模型误差.

例 5.5(Tweedie 复合 Poisson 模型) 为了应用模型假设 5.5 和 Tweedie 复合 Poisson 模型,我们需要支付次数信息 $r_{i,j}$. 这里我们选用新数据集,它包含这些额外信息. 在该数据中,容量数据 w_i 是已报告索赔数,并假设针对所考虑的这类业务,延迟期超过两年的已发生未报告索赔数几乎为 0,见表 5.6 和表 5.7.

表 5.6　增量支付额 $X_{i,j}$ 的观测值和容量 w_i

事故年 i \ 进展年 j	0	1	2	3	4	5	6	7	8	9	10	w_i
0	17 841 110	7 442 433	895 413	407 744	207 130	61 569	15 978	24 924	1 236	15 643	321	112 953
1	19 519 117	6 656 520	941 458	155 395	69 458	37 769	53 832	111 391	42 263	25 833		110 364
2	19 991 172	6 327 483	1 100 177	279 649	162 654	70 000	56 878	9 881	19 656			105 400
3	19 305 646	5 889 791	793 020	309 042	145 921	97 465	27 523	61 920				102 067
4	18 291 478	5 793 282	689 444	288 626	342 524	110 585	115 843					99 124
5	18 832 520	5 741 214	581 798	248 563	106 875	94 212						101 460
6	17 152 710	5 908 286	524 806	230 456	346 904							94 753
7	16 615 059	5 111 177	553 277	252 877								92 326
8	16 835 453	5 001 897	489 356									89 545

表 5.7　支付次数 $r_{i,j}$ 的观测值

事故年 i \ 进展年 j	0	1	2	3	4	5	6	7	8	9	10
0	6 229	3 500	425	134	51	24	13	12	6	4	1
1	6 395	3 342	402	108	31	14	12	5	6	5	
2	6 406	2 940	401	98	42	18	5	3	3		
3	6 148	2 898	301	92	41	23	12	10			
4	5 952	2 699	304	94	49	22	7				
5	5 924	2 692	300	91	32	23					
6	5 545	2 754	292	77	35						
7	5 520	2 459	267	81							
8	5 390	2 224	223								

若 p 已知，则分别计算 Poisson 模型下的 MLE(见(2.16)和(2.17)两式)，Tweedie 复合 Poisson 模型下的 MLE（$p=1.5$，见(5.49)和(5.50)两式)以及 Gamma 模型下的 MLE (见(5.49)和(5.50)两式)，得到表 5.8 的结论. 关于索赔准备金的结论见表 5.9.

表 5.8　Poisson 模型，Tweedie 复合 Poisson 模型($p=1.5$)和 Gamma 模型下的参数估计

	Poisson 模型	Tweedie 复合 Poisson 模型	Gamma 模型
$\hat{\mu}_0 w_0$	26 913 503	27 092 616	22 254 754
$\hat{\mu}_1 w_1$	27 613 365	27 521 254	30 965 819
$\hat{\mu}_2 w_2$	28 039 212	27 775 062	25 884 677

(续表)

	Poisson 模型	Tweedie 复合 Poisson 模型	Gamma 模型
$\hat{\mu}_3 w_3$	26 671 337	26 483 260	26 661 090
$\hat{\mu}_4 w_4$	25 720 329	27 640 803	36 555 906
$\hat{\mu}_5 w_5$	25 745 331	24 792 613	23 843 768
$\hat{\mu}_6 w_6$	24 367 319	24 928 728	27 807 940
$\hat{\mu}_7 w_7$	22 895 114	22 548 844	22 119 028
$\hat{\mu}_8 w_8$	22 929 489	22 201 300	20 697 726
$\hat{\gamma}_0$	71.19%	71.20%	71.12%
$\hat{\gamma}_1$	23.33%	23.35%	23.46%
$\hat{\gamma}_2$	2.84%	2.84%	2.86%
$\hat{\gamma}_3$	1.04%	1.04%	1.05%
$\hat{\gamma}_4$	0.75%	0.74%	0.70%
$\hat{\gamma}_5$	0.29%	0.29%	0.29%
$\hat{\gamma}_6$	0.20%	0.20%	0.17%
$\hat{\gamma}_7$	0.19%	0.19%	0.19%
$\hat{\gamma}_8$	0.08%	0.08%	0.07%
$\hat{\gamma}_9$	0.08%	0.08%	0.08%
$\hat{\gamma}_{10}$	0.00%	0.00%	0.00%

表 5.9 Poisson 模型,Tweedie 复合 Poisson 模型($p=1.5$)和 Gamma 模型下的索赔准备金

i	Poisson 模型	Tweedie 复合 Poisson 模型	Gamma 模型
0			
1	330	326	319
2	21 663	21 374	22 026
3	41 007	40 572	43 541
4	88 546	95 291	81 303
5	140 150	133 848	127 058
6	204 157	207 179	200 050
7	362 724	353 407	367 652
8	602 784	579 269	608 010
合计	1 461 359	1 431 266	1 449 959

若 p 未知,则应用同样的分析,通过侧面对数似然函数(5.53)来估计 p. 表 5.10 和表 5.11给出了迭代过程和最终索赔准备金估计.

表 5.10　Tweedie 复合 Poisson 模型的迭代

$p^{(k)}$	$k=0$	$k=1$	$k=2$	$k=3$
	1.5	1.174 264 4	1.171 136	
$\hat{\mu}_0^{(k)}$		239.86	240.63	240.63
$\hat{\mu}_1^{(k)}$		249.37	249.78	249.78
$\hat{\mu}_2^{(k)}$		263.52	266.12	266.12
$\hat{\mu}_3^{(k)}$		259.47	260.68	260.68
$\hat{\mu}_4^{(k)}$		278.85	262.24	262.23
$\hat{\mu}_5^{(k)}$		244.36	251.35	251.35
$\hat{\mu}_6^{(k)}$		263.09	258.09	258.09
$\hat{\mu}_7^{(k)}$		244.23	246.87	246.87
$\hat{\mu}_8^{(k)}$		247.93	253.94	253.95
$\hat{\gamma}_0^{(k)}$		71.20%	71.19%	71.19%
$\hat{\gamma}_1^{(k)}$		23.35%	23.34%	23.34%
$\hat{\gamma}_2^{(k)}$		2.84%	2.84%	2.84%
$\hat{\gamma}_3^{(k)}$		1.04%	1.04%	1.04%
$\hat{\gamma}_4^{(k)}$		0.74%	0.74%	0.74%
$\hat{\gamma}_5^{(k)}$		0.29%	0.29%	0.29%
$\hat{\gamma}_6^{(k)}$		0.20%	0.20%	0.20%
$\hat{\gamma}_7^{(k)}$		0.19%	0.19%	0.19%
$\hat{\gamma}_8^{(k)}$		0.08%	0.08%	0.08%
$\hat{\gamma}_9^{(k)}$		0.08%	0.08%	0.08%
$\hat{\gamma}_{10}^{(k)}$		0.00%	0.00%	0.00%

表 5.11　Tweedie 复合 Poisson 模型的索赔准备金

p	Poisson 模型	Tweedie 复合 Poisson 模型		
	1	1.5	1.174 264 4	1.174 113 6
0				
1	330	326	326	326
2	21 663	21 374	21 565	21 565
3	41 007	40 572	40 716	40 716
4	88 546	95 291	89 279	89 278

（续表）

p	Poisson 模型	Tweedie 复合 Poisson 模型		
	1	1.5	1.174 264 4	1.174 113 6
5	140 150	133 848	138 336	138 338
6	204 157	207 179	204 270	204 269
7	362 724	353 407	360 114	360 117
8	602 784	579 269	596 683	596 690
合计	1 461 359	1 431 266	1 451 290	1 451 299

5.2.6 Wright 模型

Wright 模型由 Wright (1990)[7]引入，这里仅作简要介绍.

模型假设 5.8 (1) 存在随机变量 $R_{i,j}$ 和 $X_{i,j}^{(k)}$，使得对独立的增量索赔表示如下：对所有的 $0 \leqslant i \leqslant I$ 和 $0 \leqslant j \leqslant J$，有

$$X_{i,j} = \sum_{k=0}^{R_{i,j}} X_{i,j}^{(k)} ;$$

(2) $R_{i,j}$ 是相互独立的 Poisson 分布变量，均值为 $e_i a_j \kappa_i j^{A_i} \exp\{-b_i j\} > 0$，而单个的支付额 $X_{i,j}^{(k)}$ 是相互独立的变量，均值为 $m_{i,j} = \exp\{\delta(i+j)\} k j^{\lambda}$，变异系数为 $\nu^{1/2}$.

注 (1) 对 $R_{i,j}$ 来说，e_i 是已知的风险暴露度量，a_j 是已知的调整系数，需要估计参数 κ_i，A_i，b_i；

(2) 对 $X_{i,j}^{(k)}$ 来说，需要估计 k 和 λ，而 $\exp\{\delta(i+j)\}$ 表示索赔通胀.

参 考 文 献

[1] Hertig J. A statistical approach to the IBNR-reserves in marine insurance. Astin Bulletin, 1985, 15(2): 171-183.

[2] Taylor G. Loss reserving: an actuarial perspective. Boston: Kluwer Academic Publishers, 2000.

[3] England P D, Verrall R J. Stochastic claims reserving in general insurance. British Actuarial Journal, 2002, 8(3): 443-518.

[4] Wüthrich M V. Claims reserving using Tweedie's compound Poisson model. Astin Bulletin, 2003, 33(2): 331-346.

[5] Dunn P K, Smyth G K. Series evaluation of Tweedie exponential dispersion model densities. Statistics and Computing, 2005, 15(4): 267-280.

[6] Dunn P K, Smyth G K. Evaluation of Tweedie exponential dispersion model densities by Fourier inversion. Statistics and Computing, 2008, 18(1): 73-86.

[7] Wright T S. A stochastic method for claims reserving in general insurance. Journal of Institute of Actuaries, 1990, 117: 677-731.

第六章　广义线性模型

在第二章、第四章和第五章中，我们已经遇到过关于增量索赔额的几个模型，它们都以广义线性模型为基础(如 Poisson 模型、过度分散 Poisson 模型、Gamma 模型、Tweedie 复合 Poisson 模型). 这些模型属于指数散布族模型，而对参数进行估计时，采用最大似然估计方法或贝叶斯方法. 在本章中，我们对指数散布族模型给出系统的广义线性模型(GLM)方法，并对参数的最大似然估计给出数值方法. 实际上，也可以把本章放在此书的前面，来强调本章的重要性. 也就是说，广义线性模型在索赔准备金评估中起着重要的作用，这是因为广义线性模型提供了寻找有关估计量的基础，如应用最大似然估计得到预测均方误差 MSEP.

Renshaw(1995)[1]和 Renshaw，Verrall(1998)[2]最先把标准的广义线性模型方法应用于索赔准备金评估中，得到增量数据的估计. 关于广义线性模型方法在索赔准备金评估中的应用的较好的综述，见 England，Verrall(2002)[3]及 England，Verrall (2007)[4].

§6.1　最大似然估计

在考虑索赔准备金评估问题之前，我们先简要介绍由最大似然估计得到的点估计.

假设 $X_1, X_2, \cdots, X_n$ 独立同分布，密度函数为 $f_\theta(\cdot)$，这里 θ 为待估计的未知参数. 如果用 θ_0 来表示 θ 的真实值，那么在适当的假设下，对任意固定的 $\theta \neq \theta_0$，当 $n \to \infty$ 时，下式成立：

$$P_{\theta_0}\left[\prod_{k=1}^{n} f_{\theta_0}(X_k) > \prod_{k=1}^{n} f_\theta(X_k)\right] \to 1. \tag{6.1}$$

也就是说，当样本数 n 较大时，$X_1, X_2, \cdots, X_n$ 在真实值 θ_0 的密度大于在其他任意值 θ 时的密度. 因此，对给定的观测值 $X_1, X_2, \cdots, X_n$，我们通过最大化密度来估计 θ_0 的值，即

$$\hat{\theta}_n^{\mathrm{MLE}} = \arg\max_\theta \prod_{k=1}^{n} f_\theta(X_k). \tag{6.2}$$

如果这样的值 $\hat{\theta}_n^{\mathrm{MLE}}$ 存在并唯一，那么就称它为关于 θ 的最大似然估计(MLE).

例 6.1　假设 $X_1, X_2, \cdots, X_n$ 独立同分布，都服从方差为 1，均值为未知的 θ 的正态分布，那么就有

$$\begin{aligned}\hat{\theta}_n^{\mathrm{MLE}} &= \arg\max_\theta \prod_{k=1}^{n} \frac{1}{\sqrt{2\pi}}\exp\left\{-\frac{1}{2}(X_k-\theta)^2\right\}\\ &= \arg\max_\theta \ln\left(\prod_{k=1}^{n} \frac{1}{\sqrt{2\pi}}\exp\left\{-\frac{1}{2}(X_k-\theta)^2\right\}\right)\end{aligned}$$

$$= \arg\max_{\theta} \sum_{k=1}^{n} -\frac{1}{2}(X_k - \theta)^2.$$

由此即得到

$$\hat{\theta}_n^{\mathrm{MLE}} = \frac{1}{n}\sum_{k=1}^{n} X_k.$$

下面的定理给出了最大似然估计的性质.详细的假设和证明可以参考数理统计的书.

定理 6.1 假设 $X_1, X_2, \cdots, X_n$ 独立同分布,有密度函数 $f_\theta(\cdot)$. 在较宽的条件下,有如下分布收敛的结论:当 $n \to \infty$ 时,有

$$n^{\frac{1}{2}}(\hat{\theta}_n^{\mathrm{MLE}} - \theta) \xrightarrow{(d)} N\left(0, \frac{1}{H(\theta)}\right),$$

其中

$$H(\theta) = -\mathrm{E}_\theta\left[\frac{\partial^2}{\partial\theta^2}\ln f_\theta(X)\right] = \mathrm{E}_\theta\left[\left(\frac{\partial}{\partial\theta}\ln f_\theta(X)\right)^2\right].$$

注 (1) $H(\theta)$ 称为 X 包含的与参数 θ 有关的信息或 Fisher 信息.

(2) 定理 6.1 的渐近性结论表明了我们在后面将要构造的估计值和估计误差的合理性.本质上它说明,最大似然估计是渐近无偏的,而渐近方差(估计误差)由 Fisher 信息的倒数给出.因此我们用 Fisher 信息来近似估计误差.

在存在多个参数的情形下,即 $X_1, X_2, \cdots, X_n$ 独立同分布,密度函数 $f_{\boldsymbol{\theta}}(\cdot)$ 的参数向量 $\boldsymbol{\theta} = (\theta_1, \theta_2, \cdots, \theta_p)$,我们定义 Fisher 信息阵为 $\boldsymbol{H}(\boldsymbol{\theta}) = (\boldsymbol{H}(\boldsymbol{\theta})_{r,s})_{r,s=1,\cdots,p}$,其中

$$(\boldsymbol{H}(\boldsymbol{\theta}))_{r,s} = -\mathrm{E}_{\boldsymbol{\theta}}\left(\frac{\partial^2}{\partial\theta_r\partial\theta_s}\ln f_{\boldsymbol{\theta}}(X)\right) = \mathrm{E}_{\boldsymbol{\theta}}\left(\frac{\partial}{\partial\theta_r}\ln f_{\boldsymbol{\theta}}(X)\frac{\partial}{\partial\theta_s}\ln f_{\boldsymbol{\theta}}(X)\right). \tag{6.3}$$

那么 $n^{\frac{1}{2}}(\hat{\boldsymbol{\theta}}_n^{\mathrm{MLE}} - \boldsymbol{\theta})$ 具有渐近多元正态分布,均值为零向量,协方差矩阵为 $\boldsymbol{H}(\boldsymbol{\theta})^{-1}$.

§6.2 广义线性模型框架

在这一节里,我们简要介绍把广义线性模型理论应用于索赔准备金评估的框架.第五章中的增量模型有如下结构:

(1) 随机部分.随机部分 $X_{i,j}$($0 \leqslant i \leqslant I$, $0 \leqslant j \leqslant J$),满足如下条件:

$$\mathrm{E}(X_{i,j}) = x_{i,j}, \tag{6.4}$$

$$\mathrm{Var}(X_{i,j}) = \frac{\phi_{i,j}}{w_{i,j}}V(x_{i,j}), \tag{6.5}$$

其中 $\phi_{i,j} > 0$ 是散度参数,$V(\cdot)$ 是适当的方差函数,$w_{i,j} > 0$ 是已知的权重或容量.

在这种情况下,模型有 $(I+1)(J+1)$ 个未知的参数 $x_{i,j}$,$x_{i,j}$ 是 $X_{i,j}$ 的期望值.我们用上三角的观测值 $\mathcal{D}_I$ 来估计 $x_{i,j}$ 的值,其中 $i+j \leqslant I$,并希望预测下三角 $\mathcal{D}_I^c$.这意味着,我们需要另外的结构,从而把上三角的信息转化到下三角.换句话说,我们需要减少未知参数的

维数. 这正是下一步要解决的.

(2) 系统部分. 假设参数 $x_{i,j}(0 \leqslant i \leqslant I, 0 \leqslant j \leqslant J)$ 可以由较少个数的未知参数 $\boldsymbol{b} = (b_1, b_2, \cdots, b_p)'$ 确定,而由 $\boldsymbol{b}$ 产生一个线性预估量 $\boldsymbol{\eta} = (\eta_{i,j})_{0\leqslant i\leqslant I, 0\leqslant j\leqslant J}$ ：

$$\eta_{i,j} = \boldsymbol{\Gamma}_{i,j}\boldsymbol{b}, \tag{6.6}$$

其中 $\boldsymbol{\Gamma}_{i,j}$ 是适当的 $1 \times p$ 设计矩阵(模型矩阵).

(3) 响应函数和联结函数. 随机部分和系统部分之间可通过一个响应函数 $h(\cdot)$ 联在一起：

$$x_{i,j} = h(\eta_{i,j}). \tag{6.7}$$

如果响应函数 h 的逆函数 $g = h^{-1}$ 存在,那么

$$g(x_{i,j}) = \eta_{i,j} = \boldsymbol{\Gamma}_{i,j}\boldsymbol{b}, \tag{6.8}$$

称 g 为联结函数.

现在,我们再给定关于 $X_{i,j}$ 的均值的另外结构. 假设我们有乘积结构

$$x_{i,j} = \mu_i \gamma_j , \tag{6.9}$$

其中 μ_i 表示事故年 i 的风险暴露数(如预期索赔额、预期索赔次数、保单数等), γ_j 表示在不同的进展年 j 的预期索赔 / 报告 / 现金流的模式. 乘积结构(6.9)准确定义了信息是如何从上三角转移到下三角的. 它减少了未知参数的个数,即从 $(I+1)(J+1)$ 个减少到 $I+J+2$ 个.

对于乘积结构,很直接地可选择对数联结函数：

$$g(\cdot) = h^{-1}(\cdot) = \ln(\cdot) . \tag{6.10}$$

那么我们就有

$$\eta_{i,j} = \ln x_{i,j} = \ln\mu_i + \ln\gamma_j . \tag{6.11}$$

很显然,(6.9)式表明 μ_i 和 γ_j 在相差一个常数因子下是唯一确定的. 也就是说,对任意的 $c > 0$, $\tilde{\mu}_i = c\mu_i$ 和 $\tilde{\gamma}_j = \dfrac{\gamma_j}{c}$ 也会给出关于 $x_{i,j}$ 的相同估计值. 因此,在第二章中,我们假设 $\gamma_{j(0\leqslant j\leqslant J)}$ 是索赔进展模式,即所有的 γ_j 之和为 1. 在本章中,选择一个不同的约束(尺度),更易于后面的推导. 我们设 $\mu_0 = 1$, 因此 $\ln\mu_0 = 0$, 而且

$$\eta_{0,j} = \ln\gamma_j . \tag{6.12}$$

这就推出

$$\boldsymbol{b} = (\ln\mu_1, \cdots, \ln\mu_I, \ln\gamma_0, \cdots, \ln\gamma_J)'. \tag{6.13}$$

对于 $1 \leqslant i \leqslant I$ 和 $0 \leqslant j \leqslant J$, 就有

$$\boldsymbol{\Gamma}_{0,j} = (0, \cdots, 0, 0, 0, \cdots, 0, e_{I+j+1}, 0, \cdots, 0), \tag{6.14}$$

$$\boldsymbol{\Gamma}_{i,j} = (0, \cdots, 0, e_i, 0, \cdots, 0, e_{I+j+1}, 0, \cdots, 0), \tag{6.15}$$

其中在第 i 个和第 $I+j+1$ 个分量位置, $e_i = 1$, $e_{I+j+1} = 1$. 最后,由以上定义可得

$$\eta_{i,j} = \boldsymbol{\Gamma}_{i,j}\, \boldsymbol{b}.$$

因此,我们把 $(I+1)(J+1)$ 个未知参数 $x_{i,j}$ 减少到 $p = I+J+1$ 个未知参数 μ_i 和 γ_j .

对参数 $\boldsymbol{b}$ 的估计，采用最大似然估计方法. 在下一节，我们首先介绍关于增量索赔 $X_{i,j}$ 的分布模型，然后进一步讨论参数 $\boldsymbol{b}$ 的估计.

§6.3　指数散布族

模型假设 6.1　(1) 对不同事故年 i 和不同进展年 j，增量索赔 $X_{i,j}$ 是相互独立的；

(2) 增量索赔额 $X_{i,j}$ 的密度函数为

$$f(x;\theta_{i,j},\phi_{i,j},w_{i,j}) = a\left(x,\frac{\phi_{i,j}}{w_{i,j}}\right)\exp\left\{\frac{x\,\theta_{i,j}-b(\theta_{i,j})}{\dfrac{\phi_{i,j}}{w_{i,j}}}\right\}, \tag{6.16}$$

这里 $b(\cdot)$ 是实值二次可微函数，使得 $b'^{-1}(\cdot)$ 存在，$\theta_{i,j}$ 称为自然参数，$\phi_{i,j}>0$ 是散度参数，$w_{i,j}>0$ 是某个已知常数(风险暴露权数)，$a(\cdot,\cdot)$ 是适当的实值函数，使得上述密度函数积分为 1.

注　(1) 称符合(6.16)式的分布为指数散布族. 指数散布族的每一个分布由实值函数 $a(\cdot,\cdot)$ 和 $b(\cdot)$ 的特定形式唯一确定. 指数散布族包含以下例子：Poisson 分布，过度分散 Poisson 分布，二项分布，负二项分布，Gamma 分布，Tweedie 复合 Poisson 分布，Gauss 分布，Inverse Gauss 分布.

(2) 一个特定的广义线性模型由下面三个部分完全描述：

① 随机部分 $X_{i,j}$ 的指数散布族的类型；

② 联结随机部分 $X_{i,j}$ 和系统部分 $\eta_{i,j}$ 的响应函数 h 或联结函数 g；

③ 设计矩阵 $\boldsymbol{\Gamma}_{i,j}$.

在这种框架下，作为特例经典线性模型由 Gauss 分布、恒等函数 $g(x)$ ($g(x)=x$)定义，即

$$\mathrm{E}(X_{i,j}) = \boldsymbol{\Gamma}_{i,j}\,\boldsymbol{b},\quad X_{i,j} = \boldsymbol{\Gamma}_{i,j}\,\boldsymbol{b}+\varepsilon_{i,j},$$

其中

$$\varepsilon_{i,j} \overset{(d)}{\sim} N(0,\sigma^2)\,.$$

(3) 与经典线性模型相比，广义线性模型有以下两方面的拓展：

① 随机部分 $X_{i,j}$ 的分布来自指数散布族，不必是 Gauss 分布；

② 联结函数 g 可以是任意严格单调可微函数，不必是恒等函数.

我们为这些拓展所付出的代价是：一般来说，在计算参数估计时没有直接的方法，而只能使用迭代的方法(见 6.4.2 小节). 进一步的影响就是关于估计量的性质的大多数结论，只在渐近意义下成立.

(4) 一个合适的响应函数 h 或联结函数 g 的选择取决于特定的分布. 例如，对乘积模型(6.9)式，就可以很自然地选择对数联结函数 $g(x_{i,j})=\ln x_{i,j}$ (见(6.11)式). 乘积模型在保

险实务中是标准的，通常在保险费率厘定和索赔准备金评估中是合理的选择. 例如，基于在交叉分类数据中的独立性假设的索赔次数模型，大部分可采用乘积模型.

(5) 有时候，响应变量的真实密度属于指数散布族这一假设过于理想化. 在这种情况下，拟似然模型是原来的广义线性模型的适当的扩展. 在拟似然模型中，我们放弃了指数散布族的假设，完整的分布假设不再必要. 在拟似然模型中，只有均值和方差函数是给定的.

引理 6.1 在模型假设 6.1 下，有下面的等式：

$$\mathrm{E}(X_{i,j}) = x_{i,j} = b'(\theta_{i,j}), \tag{6.17}$$

$$\mathrm{Var}(X_{i,j}) = \frac{\phi_{i,j}}{w_{i,j}} b''(\theta_{i,j}). \tag{6.18}$$

注 由(6.17)—(6.18)式，可通过均值 $x_{i,j}$ 引入方差函数 V：

$$V(x_{i,j}) = b''[(b')^{-1}(x_{i,j})]. \tag{6.19}$$

在指数散布族内，我们有如下的方差函数：

Poisson 模型：$V(x_{i,j}) = x_{i,j}$；

Gamma 模型：$V(x_{i,j}) = x_{i,j}^2$；

Tweedie 复合 Poisson 模型：$V(x_{i,j}) = x_{i,j}^p,\ p \in (1,2)$. (6.20)

还有其他例子：

Gauss 模型：$V(x_{i,j}) = 1$；

inverse Gauss 模型：$V(x_{i,j}) = x_{i,j}^3$.

为证明引理 6.1，我们定义 $f(x;\theta_{i,j},\phi_{i,j},w_{i,j})$ 的对数似然函数如下：

$$l(x;\theta_{i,j},\phi_{i,j},w_{i,j}) = \ln f(x;\theta_{i,j},\phi_{i,j},w_{i,j}). \tag{6.21}$$

引理 6.1 的证明 不失一般性，我们假设 $f(x;\theta_{i,j},\phi_{i,j},w_{i,j})$ 是关于 Lebesgue 测度的密度函数. 注意到

$$\begin{aligned} 0 &= \frac{\partial}{\partial \theta_{i,j}} 1 \\ &= \frac{\partial}{\partial \theta_{i,j}} \int_x f(x;\theta_{i,j},\phi_{i,j},w_{i,j})\,\mathrm{d}x \\ &= \int_x \frac{\partial l(x;\theta_{i,j},\phi_{i,j},w_{i,j})}{\partial \theta_{i,j}} f(x;\theta_{i,j},\phi_{i,j},w_{i,j})\,\mathrm{d}x \\ &= \mathrm{E}\left[\frac{\partial l(X_{i,j};\theta_{i,j},\phi_{i,j},w_{i,j})}{\partial \theta_{i,j}}\right] \\ &= \frac{w_{i,j}}{\phi_{i,j}}[\mathrm{E}(X_{i,j}) - b'(\theta_{i,j})]. \end{aligned}$$

这就证明了(6.17)式. 类似地，由(6.17)式，可得

$$0 = \frac{\partial^2}{\partial \theta_{i,j}^2} 1$$

$$
\begin{aligned}
&= \frac{\partial^2}{\partial \theta_{i,j}^2}\int_x f(x;\theta_{i,j},\phi_{i,j},w_{i,j})\,\mathrm{d}x \\
&= \mathrm{E}\left[\frac{\partial^2 l(X_{i,j};\theta_{i,j},\phi_{i,j},w_{i,j})}{\partial \theta_{i,j}^2}\right] + \mathrm{E}\left[\left(\frac{\partial l(X_{i,j};\theta_{i,j},\phi_{i,j},w_{i,j})}{\partial \theta_{i,j}}\right)^2\right] \\
&= \frac{w_{i,j}}{\phi_{i,j}}\left\{-b''(\theta_{i,j}) + \frac{w_{i,j}}{\phi_{i,j}}\mathrm{E}[(X_{i,j}-b'(\theta_{i,j}))^2]\right\} \\
&= \frac{w_{i,j}}{\phi_{i,j}}\left[-b''(\theta_{i,j}) + \frac{w_{i,j}}{\phi_{i,j}}\mathrm{Var}(X_{i,j})\right] \qquad (6.22)
\end{aligned}
$$

这就证明了引理 6.1. □

注　在引理 6.1 的证明中,我们用到了这样一个结论:对于指数散布族,可以交换求导和积分顺序.

注意到由(6.22)式,对指数散布族,可以直接计算 $\theta_{i,j}$ 的(一维)Fisher 信息.在后面将会看到,相应于选定的对数联结函数,我们将有多元参数信息阵(见 § 6.4).

§ 6.4　指数散布族的参数估计

在这一节中,我们只限于考虑乘积模型(6.9),即

$$x_{i,j} = \mu_i \gamma_j.$$

因此,在合适的规范化条件下,我们把 $(I+1)(J+1)$ 个未知参数 $x_{i,j}$ 减少到 $I+J+1$ 个未知参数 μ_i 和 γ_j .这意味着,我们进行参数估计时需要至少 $I+J+1$ 个观测值 $X_{i,j}$.那么,对于响应函数 $x_{i,j} = h(\eta_{i,j}) = \exp\{\eta_{i,j}\}$ (即对数联结函数为 $g(x_{i,j}) = \ln x_{i,j}$),参数向量 $\boldsymbol{b}$ (见(6.13)式),设计矩阵 $\boldsymbol{\Gamma}_{i,j}$ (见(6.14)—(6.15)式),均值 $x_{i,j} = \mathrm{E}(X_{i,j})$ 由下式给出:

$$
\begin{aligned}
x_{i,j} &= \exp\{\eta_{i,j}\} = \exp\{\boldsymbol{\Gamma}_{i,j}\boldsymbol{b}\} = \exp\{\ln\mu_i + \ln\gamma_j\} \\
&= \mu_i\gamma_j, \quad i = 0,1,\cdots,I,\ j = 0,1,\cdots,J.
\end{aligned}
$$

在很多情况下,对数似然函数(6.21)可通过均值来表示,即用 $x_{i,j} = b'(\theta_{i,j})$ 来替换参数 $\theta_{i,j}$ (见(6.17)式).在后面的论证中,等价使用以下两种表示形式:

$$l(x;x_{i,j},\phi_{i,j},w_{i,j}) \Longleftrightarrow l(x;\theta_{i,j},\phi_{i,j},w_{i,j}).$$

从上下文可以很清楚地判断出采用了何种形式的对数似然函数.

6.4.1　指数散布族的最大似然估计

如 § 6.2 最后提到的,现在我们对一组观测值 $D_I = \{X_{i,j} \mid i+j \leqslant I\}$,应用最大似然估计来估计未知参数向量 $\boldsymbol{b}$.也就是说,最大化如下函数:

$$
\begin{aligned}
l_{D_I}(\boldsymbol{b}) &= \ln\prod_{i+j\leqslant I} f(X_{i,j};(b')^{-1}(x_{i,j}),\phi_{i,j},w_{i,j}) \\
&= \sum_{i+j\leqslant I} l(X_{i,j};x_{i,j},\phi_{i,j},w_{i,j})
\end{aligned}
$$

$$= \sum_{i+j \leqslant I} l(X_{i,j}; \mu_i \gamma_j, \phi_{i,j}, w_{i,j}). \tag{6.23}$$

我们令关于未知参数 μ_i 和 γ_j 的 $I+J+1$ 个偏导数等于 0,使对数似然函数 $l_{D_I}(\boldsymbol{b})$ 最大化. 这样,我们就得到估计值 $\hat{\mu}_i$ 和 $\hat{\gamma}_j$,从而

$$\hat{\boldsymbol{b}} = (\widehat{\ln\mu_1}, \cdots, \widehat{\ln\mu_I}, \widehat{\ln\gamma_0}, \cdots, \widehat{\ln\gamma_J})', \tag{6.24}$$

这里 $\widehat{\ln\mu_i} = \ln \hat{\mu}_i$, $\widehat{\ln\gamma_j} = \ln \hat{\gamma}_j$. 由此我们得到均值 $x_{i,j}$ 的估计如下:

$$\hat{x}_{i,j} = \exp\{\hat{\eta}_{i,j}\} = \exp\{\boldsymbol{\Gamma}_{i,j}\boldsymbol{b}\} = \exp\{\widehat{\ln\mu_i} + \widehat{\ln\gamma_j}\} = \hat{\mu}_i \hat{\gamma}_j. \tag{6.25}$$

估计量 6.1(指数散布族的最大似然估计) 对于 $i+j > I$, 指数散布族模型假设 6.1 的最大似然估计如下:

$$\hat{X}_{i,j}^{\text{EDF}} = \hat{x}_{i,j} = \hat{\text{E}}(X_{i,j} \mid \mathcal{D}_I) = \hat{\mu}_i \hat{\gamma}_j,$$

$$\hat{C}_{i,J}^{\text{EDF}} = \hat{\text{E}}(C_{i,J} \mid \mathcal{D}_I) = C_{i,I-i} + \sum_{j=I-i+1}^{J} \hat{X}_{i,j}^{\text{EDF}},$$

注 (1) 为估计 $\hat{x}_{i,j}$,我们不需要 $\phi_{i,j}$ 和 $w_{i,j}$ 的明确值,只要 $\phi_{i,j}/w_{i,j}$ 对任意的 i 和 j 是常数值即可(见(6.30)式).

(2) 注意到我们需要求解方程组才能得到 $\hat{\mu}_i$ 和 $\hat{\gamma}_j$ (如 Poisson 模型(2.16)—(2.17)式, Gamma 模型(5.37)—(5.38)式,Tweedie 复合 Poisson 模型(5.49)—(5.50)式). 标准的广义线性模型软件经常使用 Newton-Raphson 算法的一个变形(也称为 Fisher 计分法或迭代加权最小二乘法(IWLS))来求解这些方程. 我们在下面将描述这种方法,它也用来计算预测均方误差的估计.

(3) 我们可以通过偏差和残差进行拟合优度分析. 在本章中,我们略去这部分内容.

(4) 对于 Gamma 模型,设 $w_{i,j} = w_i$, $\phi_{i,j} = \phi$, 那么我们有如下估计:

$$\hat{\mu}_i = \frac{1}{I-i+1} \sum_{j=0}^{I-i} X_{i,j} \hat{\gamma}_j^{-1}, \tag{6.26}$$

$$\hat{\gamma}_j = \frac{\sum_{i=0}^{I-j} w_i X_{i,j} \hat{\mu}_i^{-1}}{\sum_{i=0}^{I-j} w_i}, \tag{6.27}$$

其中 $\sum_j \hat{\gamma}_j = 1$. 把上述两式与 Gamma 模型(5.37)—(5.38)式加以比较,可见支付次数 $r_{i,j}$ 被容度度量 w_i 替换.

6.4.2 Fisher 计分法

在这一小节中,我们将给出一种迭代算法——Fisher 计分法,用来计算参数向量 $\boldsymbol{b} = (b_1, b_2, \cdots, b_{I+J+1})$ 的最大似然估计,即找到最大化问题的解.

回顾一下,已知 $\eta_{i,j}=\boldsymbol{\Gamma}_{i,j}\boldsymbol{b}$, $x_{i,j}=h(\eta_{i,j})$, $\theta_{i,j}=(b')^{-1}(x_{i,j})$,我们有以下引理:

引理 6.2　在模型假设 6.1 下,对数似然函数为

$$l(x;\theta_{i,j},\phi_{i,j},w_{i,j})=\ln a\left(x,\frac{\phi_{i,j}}{w_{i,j}}\right)+\frac{x\theta_{i,j}-b(\theta_{i,j})}{\frac{\phi_{i,j}}{w_{i,j}}}. \tag{6.28}$$

对 $k=1,2,\cdots,I+J+1$,下面的等式成立:

$$\frac{\partial}{\partial b_k}l(x;\theta_{i,j},\phi_{i,j},w_{i,j})=W(x_{i,j})(x-x_{i,j})\frac{\partial\eta_{i,j}}{\partial x_{i,j}}\Gamma_{i,j}^{(k)},$$

其中 $\Gamma_{i,j}^{(k)}$ 是设计矩阵 $\boldsymbol{\Gamma}_{i,j}$ 的第 k 个元素(见(6.14)—(6.15)式),另外,

$$W(x_{i,j})=\frac{w_{i,j}}{\phi_{i,j}}\cdot\frac{1}{V(x_{i,j})}\left(\frac{\partial\eta_{i,j}}{\partial x_{i,j}}\right)^{-2}, \tag{6.29}$$

这里 $V(x_{i,j})$ 是由(6.19)式给出的方差函数.

证明　根据链式法则,我们有

$$\frac{\partial}{\partial b_k}l(x;\theta_{i,j},\phi_{i,j},w_{i,j})=\frac{\partial l(x;\theta_{i,j},\phi_{i,j},w_{i,j})}{\partial\theta_{i,j}}\cdot\frac{\partial\theta_{i,j}}{\partial x_{i,j}}\cdot\frac{\partial x_{i,j}}{\partial\eta_{i,j}}\cdot\frac{\partial\eta_{i,j}}{\partial b_k}.$$

下面我们计算上述方程的每一项.由引理 6.1,我们有

$$\frac{\partial l(x;\theta_{i,j},\phi_{i,j},w_{i,j})}{\partial\theta_{i,j}}=\frac{w_{i,j}}{\phi_{i,j}}[x-b'(\theta_{i,j})]=\frac{w_{i,j}}{\phi_{i,j}}(x-x_{i,j}),$$

$$\frac{\partial x_{i,j}}{\partial\theta_{i,j}}=b''(\theta_{i,j})=V(x_{i,j}),$$

$$\frac{\partial\eta_{i,j}}{\partial b_k}=\Gamma_{i,j}^{(k)}.$$

因此,我们得到

$$\begin{aligned}\frac{\partial}{\partial b_k}l(x;\theta_{i,j},\phi_{i,j},w_{i,j})&=\frac{w_{i,j}}{\phi_{i,j}}(x-x_{i,j})\frac{1}{V(x_{i,j})}\cdot\frac{\partial x_{i,j}}{\partial\eta_{i,j}}\Gamma_{i,j}^{(k)}\\&=W(x_{i,j})(x-x_{i,j})\frac{\partial\eta_{i,j}}{\partial x_{i,j}}\Gamma_{i,j}^{(k)}.\end{aligned}$$

由此即证引理. □

由于最大似然估计 $\hat{\boldsymbol{b}}$ 使得对数似然函数 $l_{\mathcal{D}_I}(\boldsymbol{b})$(由(6.23)式给出)达到最大,因此对每个 $k=1,2,\cdots,I+J+1$, $l_{\mathcal{D}_I}(\boldsymbol{b})$ 关于 b_k 的偏导数为0.引理 6.2 表明最大似然估计 $\hat{\boldsymbol{b}}$ 满足:

$$\frac{\partial}{\partial b_k}\sum_{i+j\leqslant I}l(X_{i,j};\theta_{i,j},\phi_{i,j},w_{i,j})\bigg|_{\hat{\boldsymbol{b}}}=\sum_{i+j\leqslant I}W(x_{i,j})(X_{i,j}-x_{i,j})\frac{\partial\eta_{i,j}}{\partial x_{i,j}}\Gamma_{i,j}^{(k)}\bigg|_{\hat{\boldsymbol{b}}}=0. \tag{6.30}$$

因此,在基于观测值 $\mathcal{D}_I$ 求解最大似然估计值 $\hat{\boldsymbol{b}}$ 时,要求计分函数

$$\boldsymbol{u}=\boldsymbol{u}(\boldsymbol{b})=\left(\frac{\partial}{\partial b_k}\sum_{i+j\leqslant I}l(X_{i,j};\theta_{i,j},\phi_{i,j},w_{i,j})\right)_{k=1,2,\cdots,I+J+1}$$

$$= \left(\sum_{i+j\leqslant I} W(x_{i,j})(X_{i,j} - x_{i,j}) \frac{\partial \eta_{i,j}}{\partial x_{i,j}} \Gamma_{i,j}^{(k)} \right)_{k=1,2,\cdots,I+J+1} \tag{6.31}$$

等于零向量,而且如下定义的基于 $\mathcal{D}_I$ 的 $l(\cdot;\theta_{i,j},\phi_{i,j},w_{i,j})$ 的 Hessian 矩阵 $\boldsymbol{W}$ 是负定的:

$$\boldsymbol{W} = \boldsymbol{W}(\boldsymbol{b}) = \left(\sum_{i+j\leqslant I} \frac{\partial^2}{\partial b_k \partial b_l} l(X_{i,j};\theta_{i,j},\phi_{i,j},w_{i,j}) \right)_{k,l=1,2,\cdots,I+J+1}. \tag{6.32}$$

定义 $N = |\mathcal{D}_I|$ 为观测值的个数. 在以下讨论中,我们把 Hessian 矩阵 $\boldsymbol{W}$ 作为随机变量 $X_{i,j}$ 的函数,并定义 Fisher 信息阵为

$$\begin{aligned} \boldsymbol{H} = \boldsymbol{H}^{(N)}(\boldsymbol{b}) &= -\mathrm{E}(\boldsymbol{W}(\boldsymbol{b})) \\ &= \left(-\mathrm{E}\left[\sum_{i+j\leqslant I} \frac{\partial^2}{\partial b_k \partial b_l} l(X_{i,j};\theta_{i,j},\phi_{i,j},w_{i,j}) \right] \right)_{k,l=1,2,\cdots,I+J+1}. \end{aligned} \tag{6.33}$$

注 (1) 注意到由于对 $i+j\leqslant I$ 求和,观测值个数 N 在 $\boldsymbol{H}^{(N)}$ 中已经体现;

(2) 通常称矩阵 $-\boldsymbol{W}$ 和 $\boldsymbol{H} = -\mathrm{E}(\boldsymbol{W})$ 为观测的 Fisher 信息阵和预期的 Fisher 信息阵.

引理 6.3 在模型假设 6.1 下,Fisher 信息阵 $\boldsymbol{H} = \boldsymbol{H}^{(N)} = (H_{k,l})_{k,l=1,2,\cdots,I+J+1}$ 满足:

$$H_{k,l} = H_{k,l}(\boldsymbol{b}) = \sum_{i+j\leqslant I} W(x_{i,j}) \Gamma_{i,j}^{(k)} \Gamma_{i,j}^{(l)}$$

证明 注意到

$$H_{k,l}(\boldsymbol{b}) = -\mathrm{E}\left(\frac{\partial}{\partial b_l} u_k(\boldsymbol{b}) \right),$$

其中 u_k 为 $\boldsymbol{u}$ 的分量. 另外,由 $x_{i,j} = h(\boldsymbol{\Gamma}_{i,j}\boldsymbol{b})$, $\eta_{i,j} = \boldsymbol{\Gamma}_{i,j}\boldsymbol{b}$ 及引理 6.2,可得

$$\begin{aligned} \frac{\partial}{\partial b_l} u_k(\boldsymbol{b}) &= \frac{\partial}{\partial b_l} \sum_{i+j\leqslant I} W(x_{i,j})(X_{i,j} - x_{i,j}) \frac{\partial \eta_{i,j}}{\partial x_{i,j}} \Gamma_{i,j}^{(k)} \\ &= \sum_{i+j\leqslant I} \left[\frac{\partial}{\partial b_l}(X_{i,j} - x_{i,j}) \right] W(x_{i,j}) \frac{\partial \eta_{i,j}}{\partial x_{i,j}} \Gamma_{i,j}^{(k)} \\ &\quad + \sum_{i+j\leqslant I} (X_{i,j} - x_{i,j}) \frac{\partial}{\partial b_l} \left[W(x_{i,j}) \frac{\partial \eta_{i,j}}{\partial x_{i,j}} \Gamma_{i,j}^{(k)} \right]. \end{aligned} \tag{6.34}$$

对于(6.34)式右边第一项,我们有

$$\begin{aligned} &\sum_{i+j\leqslant I} \left[\frac{\partial}{\partial b_l}(X_{i,j} - x_{i,j}) \right] W(x_{i,j}) \frac{\partial \eta_{i,j}}{\partial x_{i,j}} \Gamma_{i,j}^{(k)} \\ &= -\sum_{i+j\leqslant I} \left(\frac{\partial}{\partial b_l} x_{i,j} \right) W(x_{i,j}) \frac{\partial \eta_{i,j}}{\partial x_{i,j}} \Gamma_{i,j}^{(k)} = -\sum_{i+j\leqslant I} W(x_{i,j}) \Gamma_{i,j}^{(k)} \Gamma_{i,j}^{(l)}. \end{aligned}$$

由于 $X_{i,j}$ 的期望值为 $x_{i,j}$,对(6.34)式右边第二项求期望后为零. 综合起来,即证引理 6.11.

□

现考虑向量 $\boldsymbol{b}^* = (b_1^*, b_2^*, \cdots, b_{I+J+1}^*)' \in \mathbb{R}^{I+J+1}$,假设 Fisher 信息阵 $\boldsymbol{H} = \boldsymbol{H}(\boldsymbol{b}^*)$ 的逆存在. 那么,记 $\eta_{i,j} = \eta_{i,j}(\boldsymbol{b}^*) = \boldsymbol{\Gamma}_{i,j}\boldsymbol{b}^*$, $x_{i,j} = x_{i,j}(\boldsymbol{b}^*)$ (见(6.6)—(6.7)式),由引理 6.3,对 $k = 1,2,\cdots,I+J+1$,可得

$$(\boldsymbol{H}\boldsymbol{b}^*)_k = \sum_{l=1}^{I+J+1} H_{k,l} b_l^* = \sum_{l=1}^{I+J+1}\sum_{i+j\leqslant I} W(x_{i,j})\Gamma_{i,j}^{(k)}\Gamma_{i,j}^{(l)} b_l^*$$
$$= \sum_{i+j\leqslant I} W(x_{i,j})\Gamma_{i,j}^{(k)}\eta_{i,j}(\boldsymbol{b}^*).$$

下面考虑关于 $\boldsymbol{b}^*$ 的调整，即定义

$$\delta\boldsymbol{b}^* = \boldsymbol{H}^{-1}\boldsymbol{u}(\boldsymbol{b}^*), \tag{6.35}$$

其中 $\boldsymbol{u}$ 即为前面的计分函数(见(6.31)式).

对 $k=1,2,\cdots,I+J+1$，新的估计 $b^*+\delta\boldsymbol{b}^*$ 满足

$$(\boldsymbol{H}(\boldsymbol{b}^*+\delta\boldsymbol{b}^*))_k = (\boldsymbol{H}\boldsymbol{b}^*)_k + (\boldsymbol{H}\delta\boldsymbol{b}^*)_k = (\boldsymbol{H}\boldsymbol{b}^*)_k + u_k(\boldsymbol{b}^*)$$
$$= \sum_{i+j\leqslant I} W(x_{i,j})\Gamma_{i,j}^{(k)}\left[\eta_{i,j} + (X_{i,j}-x_{i,j})\frac{\partial\eta_{i,j}}{\partial x_{i,j}}\right]$$
$$= \sum_{i+j\leqslant I} W(x_{i,j})\Gamma_{i,j}^{(k)}\left[g(x_{i,j}) + g'(x_{i,j})(X_{i,j}-x_{i,j})\right]. \tag{6.36}$$

最后一个表达式正是联结函数的加权线性化形式，即

$$g(X_{i,j}) \approx g(x_{i,j}) + g'(x_{i,j})(X_{i,j}-x_{i,j}).$$

注意到，如果 $\boldsymbol{b}^*$ 等于通过观测值 $\mathcal{D}_I$ 得到的 $\boldsymbol{b}$ 的最大似然估计 $\hat{\boldsymbol{b}}$，那么(6.36)式右边的最后一项 $u_k(\boldsymbol{b}^*)$ 就为 0. 这表明，在给定数据 $\mathcal{D}_I$ 下，我们要求 $u_k(\boldsymbol{b}^*)$ 为 0 的解，使得满足方程

$$\boldsymbol{H}(\boldsymbol{b}^*+\delta\boldsymbol{b}^*) = \boldsymbol{H}(\boldsymbol{b}^*).$$

一方面，应用 Newton-Raphson 算法，第 $m+1$ 个估计 $\hat{\boldsymbol{b}}^{(m+1)}$ 可通过 $\boldsymbol{u}(\hat{\boldsymbol{b}}^{(m+1)})$ 在 $\hat{\boldsymbol{b}}^{(m)}$ 点的一阶泰勒展开式得到，即

$$\boldsymbol{u}(\hat{\boldsymbol{b}}^{(m)}) + \boldsymbol{W}(\hat{\boldsymbol{b}}^{(m)})(\hat{\boldsymbol{b}}^{(m+1)} - \hat{\boldsymbol{b}}^{(m)}) = \boldsymbol{0}. \tag{6.37}$$

另一方面，Fisher 计分法是 Newton-Raphson 算法的变形，用 Fisher 信息阵 $\boldsymbol{H}(\boldsymbol{b})$ 代替 Hessian 矩阵 $\boldsymbol{W}(\boldsymbol{b})$，即

$$\boldsymbol{u}(\hat{\boldsymbol{b}}^{(m)}) - \boldsymbol{H}(\hat{\boldsymbol{b}}^{(m)})(\hat{\boldsymbol{b}}^{(m+1)} - \hat{\boldsymbol{b}}^{(m)}) = \boldsymbol{0}. \tag{6.38}$$

使用 Fisher 信息阵 $\boldsymbol{H}(\boldsymbol{b})$ 的优势在于易于计算，而且 $\boldsymbol{H}(\boldsymbol{b})$ 总是正定的.

对 $m=0,1,2,\cdots$，给定初值 $\hat{\boldsymbol{b}}^{(0)}$，计算矩阵 $\boldsymbol{H}(\hat{\boldsymbol{b}}^{(m)})^{-1}$，由(6.38)式可得如下迭代公式：

$$\hat{\boldsymbol{b}}^{(m+1)} = \hat{\boldsymbol{b}}^{(m)} + \boldsymbol{H}(\hat{\boldsymbol{b}}^{(m)})^{-1}\boldsymbol{u}(\hat{\boldsymbol{b}}^{(m)}) = \hat{\boldsymbol{b}}^{(m)} + \delta\hat{\boldsymbol{b}}^{(m)}. \tag{6.39}$$

相邻两次估计的改变足够小时，就停止迭代. 例如，对预先给定的一个较小的正数 $\varepsilon>0$，如果

$$\frac{\|\hat{\boldsymbol{b}}^{(m+1)} - \hat{\boldsymbol{b}}^{(m)}\|}{\|\hat{\boldsymbol{b}}^{(m)}\|} \leqslant \varepsilon$$

成立，就停止迭代. 如把(6.39)式代入(6.36)式，再在两边同乘以 $\boldsymbol{H}(\hat{\boldsymbol{b}}^{(m)})^{-1}$，可得：对 $m=0,1,2,\cdots$，有

$$\hat{\boldsymbol{b}}^{(m+1)} = \boldsymbol{H}(\hat{\boldsymbol{b}}^{(m)})^{-1}\Big(\sum_{i+j\leqslant I} W(x_{i,j}^{(m)})\Gamma_{i,j}^{(k)} z^{(m)}\Big)_{k=1,2,\cdots,I+J+1}, \tag{6.40}$$

其中

$$z^{(m)} = z^{(m)}(X_{i,j}) = g(x_{i,j}^{(m)}) + g'(x_{i,j}^{(m)})(X_{i,j} - x_{i,j}^{(m)}), \qquad x_{i,j}^{(m)} = h(\hat{\eta}_{i,j}^{(m)}) = h(\boldsymbol{\Gamma}_{i,j}\hat{\boldsymbol{b}}^{(m)}).$$

因此，$z^{(m)}$ 是应用于数据后的联结函数的线性化形式：

$$g(X_{i,j}) \approx Z_{i,j} = g(x_{i,j}) + g'(x_{i,j})(X_{i,j} - x_{i,j}). \tag{6.41}$$

另外，(6.40)式给出了更新算法的第二种形式，称为 Fisher 计分更新. 用(6.40)式迭代直到 $\hat{\boldsymbol{b}}^{(m)}$ 的变化足够小.

观察前面的推导过程可知，由数据 D_I 计算得到的最大似然估计量 $\hat{\boldsymbol{b}}$ 满足：

$$\hat{\boldsymbol{b}} = \boldsymbol{H}(\hat{\boldsymbol{b}})^{-1}\Big(\sum_{i+j\leqslant I} W(\hat{x}_{i,j})\Gamma_{i,j}^{(k)}\hat{\eta}_{i,j}\Big)_{k=1,2,\cdots,I+J+1}. \tag{6.42}$$

注 (1) 与经典线性模型不同，在广义线性模型框架下，在求解最大似然估计 $\hat{\boldsymbol{b}}$ 时，我们需求解非线性方程组. 在大多数情形下，非线性方程组只能通过如 Fisher 计分法(迭代加权最小二乘法)的迭代程序来求解，它是 Newton-Raphson 算法的变形.

(2) 如果 $\dfrac{\phi_{i,j}}{w_{i,j}}$ 关于 i 和 j 是常数，那么它们就不出现在(6.39)式和(6.40)式中.

6.4.3 预测均方误差

在这一小节里，我们给出如下(条件)预测均方误差(MSEP)的估计：

$$\begin{aligned}\operatorname{msep}_{\sum_i C_{i,J}|\mathcal{D}_I}\Big(\sum_{i=1}^{I}\hat{C}_{i,J}^{\text{EDF}}\Big) &= \mathrm{E}\Big[\Big(\sum_{i=1}^{I}\hat{C}_{i,J}^{\text{EDF}} - \sum_{i=1}^{I}C_{i,J}\Big)^2\Big|\mathcal{D}_I\Big]\\ &= \mathrm{E}\Big[\Big(\sum_{i+j>I}\hat{X}_{i,j}^{\text{EDF}} - \sum_{i+j>I}X_{i,j}\Big)^2\Big|\mathcal{D}_I\Big].\end{aligned} \tag{6.43}$$

为解决上述问题，可应用定理 6.1 中给出的多元参数的渐近结果.

对于 $\mathcal{D}_I$ 可测的估计量 $\sum_{i+j>I}\hat{X}_{i,j}^{\text{EDF}}$，(6.43)式最后一项可分解成条件过程方差和条件估计误差两部分，即

$$\begin{aligned}\operatorname{msep}_{\sum_i C_{i,J}|\mathcal{D}_I}\Big(\sum_{i=1}^{I}\hat{C}_{i,J}^{\text{EDF}}\Big) &= \operatorname{Var}\Big(\sum_{i+j>I}X_{i,j}\,|\,\mathcal{D}_I\Big) + \Big\{\sum_{i+j>I}\big[\hat{X}_{i,j}^{\text{EDF}} - \mathrm{E}(X_{i,j}\,|\,\mathcal{D}_I)\big]\Big\}^2\\ &= \operatorname{Var}\Big(\sum_{i+j>I}X_{i,j}\Big) + \Big\{\sum_{i+j>I}\big[\hat{X}_{i,j}^{\text{EDF}} - \mathrm{E}(X_{i,j})\big]\Big\}^2,\end{aligned}$$

最后一式用到当 $i+j>I$ 时 $X_{i,j}$ 与 $\mathcal{D}_I$ 的独立性. 由于 $X_{i,j}$ 之间相互独立，由引理 6.1 可得

$$\begin{aligned}\operatorname{msep}_{\sum_i C_{i,J}|\mathcal{D}_I}\Big(\sum_{i=1}^{I}\hat{C}_{i,J}^{\text{EDF}}\Big) &= \sum_{i+j>I}\operatorname{Var}(X_{i,j}) + \Big\{\sum_{i+j>I}\big[\hat{X}_{i,j}^{\text{EDF}} - \mathrm{E}(X_{i,j})\big]\Big\}^2\\ &= \sum_{i+j>I}\frac{\phi_{i,j}}{w_{i,j}}V(x_{i,j}) + \Big\{\sum_{i+j>I}\big[\hat{X}_{i,j}^{\text{EDF}} - \mathrm{E}(X_{i,j})\big]\Big\}^2.\end{aligned} \tag{6.44}$$

给定了方差函数 $V(x_{i,j})$ 和参数 $\phi_{i,j}$，$w_{i,j}$ 后，容易得到上式第一项. 困难在于计算(条件)估计误差，即第二项. 无条件预测均方误差为

$$\mathrm{msep}_{\sum_i C_{i,J}}\left(\sum_{i=1}^{I}\hat{C}_{i,J}^{\mathrm{EDF}}\right)=\mathrm{E}\left(\mathrm{msep}_{\sum_i C_{i,J}|\mathcal{D}_I}\left(\sum_{i=1}^{I}\hat{C}_{i,J}^{\mathrm{EDF}}\right)\right)$$
$$=\sum_{i+j>I}\frac{\phi_{i,j}}{w_{i,j}}V(x_{i,j})+\mathrm{E}\left\{\left\{\sum_{i+j>I}\left[\hat{X}_{i,j}^{\mathrm{EDF}}-\mathrm{E}(X_{i,j})\right]\right\}^2\right\}. \tag{6.45}$$

困难在于最后一项的估计(估计误差)：

$$\mathrm{E}\left\{\left\{\sum_{i+j>I}\left[\hat{X}_{i,j}^{\mathrm{EDF}}-\mathrm{E}(X_{i,j})\right]\right\}^2\right\}$$
$$=\sum_{i+j>I,m+n>I}\mathrm{E}\{[\hat{X}_{i,j}^{\mathrm{EDF}}-\mathrm{E}(X_{i,j})][\hat{X}_{m,n}^{\mathrm{EDF}}-\mathrm{E}(X_{m,n})]\}. \tag{6.46}$$

注意到 $\hat{X}_{i,j}^{\mathrm{EDF}}$ 一般来说不是 $\mathrm{E}(X_{i,j})$ 的无偏估计，因此(6.46)式中各项可能会有偏差. 但是该偏差经常是可以忽略不计的，因此(6.46)式中各项可用以下协方差来近似. 以下为平方项的近似：

$$\begin{aligned}\mathrm{Var}(\hat{X}_{i,j}^{\mathrm{EDF}})&=\mathrm{Var}(\exp\{\hat{\eta}_{i,j}\})\\&=\exp\{2\eta_{i,j}\}\ \mathrm{Var}(\exp\{\hat{\eta}_{i,j}-\eta_{i,j}\})\\&\approx\exp\{2\eta_{i,j}\}\ \mathrm{Var}(\hat{\eta}_{i,j})\\&=x_{i,j}^2\,\boldsymbol{\Gamma}_{i,j}\,\mathrm{Cov}(\hat{\boldsymbol{b}},\hat{\boldsymbol{b}})\boldsymbol{\Gamma}'_{i,j},\end{aligned} \tag{6.47}$$

其中用到 $\hat{X}_{i,j}=\exp\{\hat{\eta}_{i,j}\}$，$\hat{\eta}_{i,j}=\boldsymbol{\Gamma}_{i,j}\hat{\boldsymbol{b}}$ 以及线性近似 $\exp\{z\}\approx 1+z$（当 $z\approx 0$ 时). 类似地，(6.46)式中交叉项的近似如下：

$$\begin{aligned}\mathrm{Cov}(\hat{X}_{i,j}^{\mathrm{EDF}},\hat{X}_{m,n}^{\mathrm{EDF}})&\approx\exp\{\eta_{i,j}+\eta_{m,n}\}\mathrm{Cov}(\hat{\eta}_{i,j},\hat{\eta}_{i,j})\\&=x_{i,j}\,x_{m,n}\boldsymbol{\Gamma}_{i,j}\,\mathrm{Cov}(\hat{\boldsymbol{b}},\hat{\boldsymbol{b}})\boldsymbol{\Gamma}'_{m,n}.\end{aligned} \tag{6.48}$$

因此我们需要计算 $\hat{\boldsymbol{b}}$ 的协方差矩阵.

假设 $X_{i,j}$ 属于指数分布族，方差函数为 $V(x_{i,j})$，参数向量为 $\boldsymbol{b}$，定义随机变量

$$\boldsymbol{B}=\boldsymbol{H}(\boldsymbol{b})^{-1}\left(\sum_{i+j\leqslant I}W(x_{i,j})\Gamma_{i,j}^{(k)}Z_{i,j}\right)_{k=1,2,\cdots,I+J+1}, \tag{6.49}$$

其中

$$Z_{i,j}=Z_{i,j}(\boldsymbol{b})=g(x_{i,j})+g'(x_{i,j})(X_{i,j}-x_{i,j}),\quad x_{i,j}=x_{i,j}(\boldsymbol{b})=h(\boldsymbol{\Gamma}_{i,j}\boldsymbol{b}). \tag{6.50}$$

引理 6.4　在模型假设 6.1 下，$\boldsymbol{B}$ 的协方差矩阵为

$$\mathrm{Cov}(\boldsymbol{B},\boldsymbol{B})=\boldsymbol{H}(\boldsymbol{b})^{-1}.$$

证明　由于对不同单元，$X_{i,j}$ 之间相互独立，因此不同单元的 $Z_{i,j}$ 和 $Z_{m,n}$ 的协方差为零，因此只需考虑

$$\mathrm{Var}(Z_{i,j})=\left(\frac{\partial\eta_{i,j}}{\partial x_{i,j}}\right)^2\mathrm{Var}(X_{i,j})=W(x_{i,j})^{-1},$$

此处用到了 $g'(x_{i,j})=\dfrac{\partial\eta_{i,j}}{\partial x_{i,j}}$，(6.29)式和引理 6.1. 由此与引理 6.3，可得

$$
\begin{aligned}
&\operatorname{Cov}\Big(\Big(\sum_{i+j\leqslant I}W(x_{i,j})\Gamma_{i,j}^{(k)}Z_{i,j}\Big)_k,\Big(\sum_{i+j\leqslant I}W(x_{i,j})\Gamma_{i,j}^{(l)}Z_{i,j}\Big)_l\Big)\\
&=\Big(\sum_{i+j\leqslant I}W(x_{i,j})\Gamma_{i,j}^{(k)}\operatorname{Var}(Z_{i,j})\Gamma_{i,j}^{(l)}W(x_{i,j})\Big)_{k,l}\\
&=\Big(\sum_{i+j\leqslant I}W(x_{i,j})\Gamma_{i,j}^{(k)}\Gamma_{i,j}^{(l)}\Big)_{k,l}\\
&=(H_{k,l})=\boldsymbol{H}(\boldsymbol{b}),
\end{aligned}
$$

从而得到

$$
\operatorname{Cov}(\boldsymbol{B},\boldsymbol{B})=\boldsymbol{H}(\boldsymbol{b})^{-1}\boldsymbol{H}(\boldsymbol{b})\boldsymbol{H}(\boldsymbol{b})^{-1}=\boldsymbol{H}(\boldsymbol{b})^{-1}.
$$

引理 6.4 由此即得证. □

注意到,由数据 $\mathcal{D}_I$ 计算得到的最大似然估计 $\hat{\boldsymbol{b}}$ 满足(见(6.42)式):

$$
\begin{aligned}
\hat{\boldsymbol{b}}&=\boldsymbol{H}(\hat{\boldsymbol{b}})^{-1}\Big(\sum_{i+j\leqslant I}W(\hat{x}_{i,j})\Gamma_{i,j}^{(k)}\hat{\eta}_{i,j}\Big)_{k=1,\cdots,I+J+1}\\
&=\boldsymbol{H}(\hat{\boldsymbol{b}})^{-1}\Big(\sum_{i+j\leqslant I}W(\hat{x}_{i,j})\Gamma_{i,j}^{(k)}Z_{i,j}(\hat{\boldsymbol{b}})\Big)_{k=1,\cdots,I+J+1},
\end{aligned}
\tag{6.51}
$$

其中在第二步中用到了 $g(x_{i,j})=\eta_{i,j}$,以及当 $\boldsymbol{b}^*$ 等于最大似然估计 $\hat{\boldsymbol{b}}$ 时,来自(6.50)式的 $g'(x_{i,j}(\boldsymbol{b}^*))(X_{i,j}-x_{i,j}(\boldsymbol{b}^*))$ 各项求和后抵消(见(6.30)式).如果在(6.51)式右边用真实值 $\boldsymbol{b}$ 代替 $\hat{\boldsymbol{b}}$,即得到随机变量 $\boldsymbol{B}$.由此说明了最大似然估计 $\hat{\boldsymbol{b}}$ 的协方差阵的估计可取为

$$
\widehat{\operatorname{Cov}}(\hat{\boldsymbol{b}},\hat{\boldsymbol{b}})=\boldsymbol{H}(\hat{\boldsymbol{b}})^{-1}=\Big[\Big(\sum_{i+j\leqslant I}W(\hat{x}_{i,j})\Gamma_{i,j}^{(k)}\Gamma_{i,j}^{(l)}\Big)_{k,l=1,2,\cdots,I+J+1}\Big]^{-1}.
\tag{6.52}
$$

也就是说,(6.46)式可通过 Fisher 信息阵 $\boldsymbol{H}(\hat{\boldsymbol{b}})$ 来估计,$\boldsymbol{H}(\hat{\boldsymbol{b}})$ 是广义线性模型软件包的标准输出.

估计量 6.2(GLM 的 MSEP 估计) 对指数散布族模型假设 6.1,最终索赔预测量的 MSEP 估计为

$$
\widehat{\operatorname{msep}}_{\sum_i C_{i,J}}\Big(\sum_{i=1}^{I}\hat{C}_{i,J}^{\mathrm{EDF}}\Big)=\sum_{i+j>I}\frac{\phi_{i,j}}{w_{i,j}}V(\hat{x}_{i,j})+\sum_{i+j>I,m+n>I}\hat{x}_{i,j}\hat{x}_{m,n}\boldsymbol{\Gamma}_{i,j}\boldsymbol{H}(\hat{\boldsymbol{b}})^{-1}\boldsymbol{\Gamma}'_{m,n},
\tag{6.53}
$$

其中 $\boldsymbol{H}(\hat{\boldsymbol{b}})^{-1}$ 由(6.52)式给出.

注 (1) 引理 6.4 给出了随机向量 $\boldsymbol{B}$ 的协方差的精确计算,该协方差为 Fisher 信息阵的逆矩阵,它用来估计 $\hat{\boldsymbol{b}}$ 的协方差矩阵.另一方面,由定理 6.1 的渐近结论,当观测个数 N 趋于无穷大时,就有

$$
\frac{\hat{\boldsymbol{b}}-\boldsymbol{b}}{\boldsymbol{H}^{(N)}(\boldsymbol{b})^{-\frac{1}{2}}}\xrightarrow{(d)}N(\boldsymbol{0},\boldsymbol{E}),
\tag{6.54}
$$

其中 $\boldsymbol{E}$ 为单位阵.

(2) 最大似然估计可能是有偏的.不过在实际应用中,相对于估计误差来讲,该偏差通常是可忽略不计的.

(3) 如果选定联结函数为对数函数 $\eta_{i,j}=\ln x_{i,j}$,那么在乘积结构中,就有

$$
\frac{\partial\eta_{i,j}}{\partial x_{i,j}}=x_{i,j}^{-1}.
$$

由此可得(见(6.29)式)

$$W(x_{i,j})=\frac{w_{i,j}}{\phi_{i,j}}\cdot\frac{x_{i,j}^2}{V(x_{i,j})}. \tag{6.55}$$

(4) 在估计 $\frac{\phi_{i,j}}{w_{i,j}}$ 时,我们假设它为常数. 它可由 Pearson 残差估计得到. 如同 England, Verrall (1999)[5],我们选择 Pearson 残差为

$$R_{i,j}^{(\mathrm{P})}(x_{i,j})=\frac{X_{i,j}-x_{i,j}}{V(x_{i,j})^{1/2}}. \tag{6.56}$$

由引理 6.1 可知

$$\mathrm{E}\{[R_{i,j}^{(\mathrm{P})}(x_{i,j})]^2\}=\frac{\phi_{i,j}}{w_{i,j}}.$$

假设对于所有的 i 和 j, $\frac{\phi_{i,j}}{w_{i,j}}=\phi$, 并设

$$\hat{R}_{i,j}^{(\mathrm{P})}=\frac{X_{i,j}-\hat{x}_{i,j}}{V(\hat{x}_{i,j})^{\frac{1}{2}}}, \tag{6.57}$$

那么 ϕ 的估计为

$$\hat{\phi}_{\mathrm{P}}=\frac{\sum\limits_{i+j\leqslant I}(\hat{R}_{i,j}^{(\mathrm{P})})^2}{N-p}, \tag{6.58}$$

其中 N 为 $\mathcal{D}_I$ 中 $X_{i,j}$ 的观测值个数, p 为待估参数的个数: $p=I+J+1$.

例 6.2(广义线性模型,过度分散 Poisson 情形) 再次考虑例 2.1 和例 2.2 中的数据. 在例 2.3 中,我们使用最大似然估计方法,计算得到预期索赔准备金的 Poisson 估计量. 这里我们假设分散参数 $\phi=\frac{\phi_{i,j}}{w_{i,j}}$ 是常数(这意味着 Poisson 模型的最大似然估计和过度分散 Poisson 模型的最大似然估计是相同的). 对于方差函数 $V(x_{i,j})=x_{i,j}$ (见(6.20)式),使用 Fisher 计分算法(见(6.39)式)得到表 6.1 的结果.

表 6.1　过度分散 Poisson 模型参数估计、增量索赔和索赔准备金

事故年 i \ 进展年 j	0	1	2	3	4	5	6	7	8	9	μ_i	索赔准备金
0											1.0000	
1										15 126	0.9565	15 126
2									11 133	15 124	0.9564	26 257
3								10 506	10 190	13 842	0.8754	34 538
4							50 361	10 628	10 308	14 004	0.8855	85 302

（续表）

进展年 j / 事故年 i	0	1	2	3	4	5	6	7	8	9	μ_i	索赔准备金
5						69 291	51 484	10 865	10 538	14 316	0.9053	156 494
6					137 754	65 693	48 810	10 301	9 991	13 572	0.8583	286 121
7				188 846	125 332	59 769	44 409	9 372	9 090	12 348	0.7809	449 167
8			594 767	188 555	125 139	59 677	44 341	9 358	9 076	12 329	0.7797	1 043 242
9		2 795 421	658 706	208 825	138 592	66 093	49 107	10 364	10 052	13 655	0.8635	3 950 815
γ_j	6 572 763	3 237 322	762 835	241 836	160 501	76 541	56 870	12 002	11 641	15 813		6 047 061

当然，当方差函数为 $V(x_{i,j}) = x_{i,j}$ 时，对应的索赔准备金与例 2.1 和例 2.2 的结果一样. 但是，在这里关于参数 μ_i 和 γ_i，我们有不同的标度，这里设定 $\mu_0 = 1$，见(6.12)式，而在例 2.3 中 $\sum_j \gamma_j = 1$.

下面，我们估计过度分散 Poisson 广义线性模型索赔准备金评估方法的预测均方误差. 因此，我们需要估计分散参数 ϕ 和 Fisher 信息阵 $\boldsymbol{H}(\hat{\boldsymbol{b}})$. 在估计预期索赔准备金时，已经计算 $\boldsymbol{H}(\hat{\boldsymbol{b}})$ 并用于估计. 这里只需估计分散参数 ϕ. 如使用 Pearson 残差，可得(见(6.58)式)

$$\hat{\phi}_{\mathrm{P}} = 14\,714\,. \tag{6.59}$$

因此，由(6.53)式，我们得到表 6.2 的结果. 可以看到，在两种方法下预测均方误差比较接近. 然而，预测均方误差分摊到过程方差和估计误差时，两种方法下有很大的差异.

表 6.2 过度分散 Poisson 模型与链梯法的比较

	索赔准备金	过程标准差	估计误差平方根	$\mathrm{msep}^{1/2}$
GLM(Poisson)估计	6 047 061	298 290	309 563	429 891
CL 估计	6 047 061	424 379	185 026	462 960

注 (1) 原始的链梯法仅是计算索赔准备金的一种算法，验证链梯法索赔准备金的概率模型后来才出现. 第三章的与分布无关的链梯法是一个模型，本章的过度分散 Poisson 模型是另外一个，这两个模型都可以得到与链梯法索赔准备金相等的最佳估计. 通过研究高阶矩如 msep，我们发现这是两个不同的模型，见表 6.2.

(2) 在例 6.2 中，我们选择了常数分散参数 ϕ，该假设看上去约束太强. 从理论上讲，我们也可以对不同的单元 (i,j)，选择不同的分散参数 $\phi_{i,j}$. 很多情况下，数据显示这样的假设也许更合理. 但是，另一方面，我们也必须要求模型不能有过多的参数. 我们必须在拟合优度与预测之间加以平衡.

例 6.3(广义线性模型,Gamma 情形) 使用例 6.2 中的数据,但此时使用二次方差函数 $V(x_{i,j}) = x_{i,j}^2$,得到的结果如表 6.3 所示.

使用 Pearson 残差(见(6.58)式),我们得到分散参数 ϕ 的估计 $\hat{\phi}_{\mathrm{P}} = 0.045$.

因此,由(6.53)式,我们得到表 6.4 的结果.

表 6.3　Gamma 模型参数估计、增量索赔和索赔准备金

事故年 i \ 进展年 j	0	1	2	3	4	5	6	7	8	9	μ_i	索赔准备金
0											1.0000	
1										12 020	0.7601	12 020
2									11 909	14 239	0.9004	26 148
3								11 181	11 237	13 437	0.8497	35 855
4							64 598	13 841	13 910	16 632	1.0518	108 981
5						62 601	49 679	10 644	10 697	12 791	0.8089	146 413
6					131 132	62 729	49 780	10 666	10 719	12 817	0.8105	277 844
7				178 718	114 700	54 869	43 543	9 329	9 376	11 211	0.7090	421 745
8			578 289	182 007	116 811	55 879	44 344	9 501	9 549	11 417	0.7220	1 007 796
9		2 778 441	649 449	204 403	131 185	62 755	49 801	10 670	10 724	12 822	0.8108	3 910 250
γ_j	6 999 546	3 426 587	800 951	252 086	161 787	77 394	61 418	13 159	13 225	15 813		5 947 052

表 6.4　Gamma 模型与链梯法的比较

	索赔准备金	过程标准差	估计误差平方根	$\mathrm{msep}^{1/2}$
GLM(Gamma)估计	5 947 052	624 808	926 367	1 117 381
GLM, $V(x_{i,j}) = x_{i,j}^{1.5}$	6 002 866	374 027	449 212	584 541
GLM, $V(x_{i,j}) = x_{i,j}^{1.2}$	6 031 431	309 932	331 732	453 987
GLM(Poisson)估计	6 047 061	298 290	309 563	429 891
CL 估计	6 047 061	424 379	185 026	462 960

我们看到 Gamma 模型给出非常大的预测均方误差. 这表明 Gamma 广义线性模型假设 $V(x_{i,j}) = x_{i,j}^2$ 不适合拟合这些数据. 原则上,我们可以通过选取 $x_{i,j}$ 的任意次幂作为方差函数进行计算,然后找到最优的幂 p. Tweedie 复合 Poisson 模型可用于处理此问题.

例 6.4 (Tweedie 复合 Poisson 模型) 使用例 5.4 中的数据,计算 Tweedie 复合 Poisson 模型的 MSEP,得到的结果如表 6.5 所示.

表 6.5 Tweedie 复合 Poisson 模型与链梯法的比较

	索赔准备金	过程标准差	估计误差平方根	$\text{msep}^{1/2}$	分散参数 $\hat{\phi}_P$
$p=2$	1 386 034	177 004	231 032	291 044	21 914
$p=1.5$	1 431 266	180 700	159 628	241 109	23 472
$p=1.17426$	1 451 290	204 840	181 269	273 528	29 711
$p=1.17411$	1 451 299	204 860	181 293	273 559	29 716
$p=1$	1 461 359	234 960	220 300	322 085	37 777
CL 估计	1 461 359	222 224	165 251	276 932	

注 (1) $p=1$ 对应于过度分散 Poisson 模型,索赔准备金估计必然会与 CL 估计相等(见引理 2.4). $p=2$ 对应于 Gamma 模型,注意到这里的模型与 5.2.4 小节的 Gamma 模型有所区别. 在 5.2.4 小节中,我们需要额外的信息 $r_{i,j}$ 来估计参数. 在这里,我们假设 $X_{i,j}$ 属于指数散布族,方差函数为平方函数,那么所有的参数用来估计 ϕ 常数,而不需要 $r_{i,j}$,但用到不同的权重 w_i .

(2) $p=1.17411$ 对应于 Tweedie 复合 Poisson 模型中的侧面似然估计.

§6.5 其他广义线性模型

在 §6.4 中,我们假设了乘积模型 $x_{i,j}=\mu_i\gamma_j$,这会使得参数个数从 $(I+1)\times(J+1)$ 个减少到 $I+J+1$ 个. 选用对数联结函数后,线性预测量就是 $\eta_{i,j}=\ln x_{i,j}=\ln\mu_i+\ln\gamma_j$.

在对 $x_{i,j}$ 建模时,有多种不同的方法. 为了进一步减少参数个数,可以拟合仅依赖于很少个参数的某条曲线. 另一种可行性就是选择 Hoerl 曲线,即

$$\eta_{i,j}=\ln x_{i,j}=d+a_i+b_i\ln j+c_i j.$$

对于较近的事故年,没有足够多的数据来估计参数. Wright(1990)[6] 推广了 Hoerl 曲线,使其考虑到了索赔通胀. 对于考虑到三个方向的参数的一般模型,即

$$\eta_{i,j}=a_i+\sum_{k=0}^{j}b_k+\sum_{k=0}^{i+j-1}c_k\ ,$$

可参考 Barnett,Zehnwirth (1998)[7].

§6.6 BF 法的进一步讨论

在本节我们得到在实务中通常用到的 BF 法的预测均方误差的估计. 回顾一下,我们在模型假设 2.2 中定义了关于 BF 法的模型,即

$$E(C_{i,j+k}\mid C_{i,0},C_{i,1},\cdots,C_{i,j})=C_{i,j}+(\beta_{j+k}-\beta_j)\mu_i.$$

由此推出最终索赔 $C_{i,J}$ 的 BF 估计,即估计量 2.2:

$$\hat{C}_{i,J}^{\mathrm{BF}} = \hat{\mathrm{E}}(C_{i,J} \mid D_I) = C_{i,I-i} + (1-\hat{\beta}_{I-i})\hat{\mu}_i,$$

其中 $\hat{\beta}_{I-i}$ 是索赔进展模式 β_{I-i} 的适当的估计,$\hat{\mu}_i$ 是预期最终索赔 $\mathrm{E}(C_{i,J})$ 的先验估. 索赔进展模式 β_j 通过使用链梯法的联结比率估计来得到(见(2.14)式):

$$\hat{\beta}_j^{\mathrm{CL}} = \hat{\beta}_j = \prod_{k=j}^{J-1} \frac{1}{\hat{f}_k}, \tag{6.60}$$

其中 $\hat{f}_k$ 是由(2.4)式定义的链梯法进展因子估计. 这是在实务中通常使用的方法. 至此,因为 $\hat{\beta}_j^{\mathrm{CL}}$ 没有由一致的随机模型所支持,$\hat{\beta}_j^{\mathrm{CL}}$ 称为 β_j 的"插入值"或"特定值"估计.

本节内容来自 Alai 等人 (2009)[8]. 我们应用(过度分散)Poisson 模型中关于 $\hat{f}_k$ 的表示(见推论 2.1). 也就是说,我们定义一个随机模型,它恰好表明了应用于 BF 法中的(6.60)式,即(6.60)式不再是一个特定的选择,而是来自一个随机模型. 下面加以详细阐述.

模型假设 6.2　增量索赔 $X_{i,j}$ 是相互独立的,属于指数分布族且服从过度分散 Poisson 分布,存在正参数 $\gamma_0,\gamma_1,\cdots,\gamma_J$, $\mu_0,\mu_1,\cdots,\mu_I$ 及 $\phi>0$, 使得

$$\mathrm{E}(X_{i,j}) = x_{i,j} = \gamma_j\mu_i, \quad \mathrm{Var}(X_{i,j}) = \phi x_{i,j}, \quad \sum_{j=0}^{J}\gamma_j = 1,$$

并且: (1) $\hat{\mu}_i$ 相互独立且是 $\mu_i = \mathrm{E}(C_{i,J})$ 的先验无偏估计;(2) 对于所有的 i,j,k, $X_{i,j}$ 和 $\hat{\mu}_k$ 是相互独立的.

注　(1) 在模型假设 6.2 下,BF 模型假设 2.2 是成立的,而且 $\beta_j = \sum_{k=0}^{j}\gamma_k$. 因此,上述过度分散 Poisson 模型可用来解释 BF 法(见引理 2.3).

(2) γ_j 和 μ_i 的最大似然估计分别记为 $\hat{\gamma}_j^{\mathrm{MLE}}$ 与 $\hat{\mu}_i^{\mathrm{MLE}}$, 在满足正则化条件 $\sum_j \hat{\gamma}_j^{\mathrm{MLE}} = 1$ 下,由(2.16)—(2.17)式的解给出.

(3) $\hat{\mu}_k$ 是预期最终索赔 μ_k 的先验估计. 先验估计是仅基于外部数据和专家意见的估计. 我们假设它与 $X_{i,j}$ 独立. 另外,为了得到一个有意义的模型,我们假设它是预期最终索赔的无偏估计.

如果应用来自(2.16)—(2.17)式的 $\hat{\gamma}_j^{\mathrm{MLE}}$ 作为索赔进展模式 γ_j 的估计值,就得到下述 BF 估计量:

$$\hat{\hat{C}}_{i,J}^{\mathrm{BF}} = C_{i,I-i} + \Big(1 - \sum_{j=0}^{I-i}\hat{\gamma}_j^{\mathrm{MLE}}\Big)\hat{\mu}_i. \tag{6.61}$$

另外,由推论 2.1,可得

$$\sum_{k=0}^{j}\hat{\gamma}_k^{\mathrm{MLE}} = \hat{\beta}_j^{\mathrm{CL}} = \prod_{k=j}^{J-1}\frac{1}{\hat{f}_k},$$

从而

$$\hat{\hat{C}}_{i,J}^{\mathrm{BF}} = C_{i,I-i} + (1-\hat{\beta}_j^{\mathrm{CL}})\hat{\mu}_i \tag{6.62}$$

是由模型假设 6.2 支持的,其中用到 γ_j 的最大似然估计. 按这种方式,我们不再把 $\hat{\beta}_j^{\mathrm{CL}}$ 视为由联结比率得到,而是由过度分散 Poisson 模型的最大似然估计来得到.

注 (1) 注意到如果我们用 $\hat{\mu}_i^{\mathrm{MLE}}$ 代替先验估计 $\hat{\mu}_i$,可得到估计量

$$\hat{C}_{i,J}^{\mathrm{EDF}} = C_{i,I-i} + \Big(1-\sum_{j=0}^{I-i}\hat{\gamma}_j^{\mathrm{MLE}}\Big)\hat{\mu}_i^{\mathrm{MLE}}\ ; \tag{6.63}$$

(2) 把(6.61)式与(2.16)—(2.17)式比较,可得

$$\hat{\hat{C}}_{i,J}^{\mathrm{BF}} = C_{i,I-i} + \sum_{j=I-i+1}^{J}\frac{\sum_{k=0}^{I-j}X_{k,j}}{\sum_{k=0}^{I-j}\hat{\mu}_k^{\mathrm{MLE}}}\hat{\mu}_i\ . \tag{6.64}$$

6.6.1 单个事故年下 BF 法的 MSEP

我们的目标是估计条件 MSEP,即

$$\begin{aligned}\mathrm{msep}_{C_{i,J}\mid\mathcal{D}_I}(\hat{\hat{C}}_{i,J}^{\mathrm{BF}}) &= \mathrm{E}[(C_{i,J}-\hat{\hat{C}}_{i,J}^{\mathrm{BF}})^2\mid\mathcal{D}_I]\\ &= \mathrm{E}\Big\{\Big[\sum_{j=I-i+1}^{J}X_{i,j}-(1-\hat{\beta}_{I-i}^{\mathrm{CL}})\hat{\mu}_i\Big]^2\ \Big|\ \mathcal{D}_I\Big\}\ .\end{aligned}$$

我们需要把最后一项拆分. 注意到 $X_{i,j}$ 是相互独立的(从而未来的增量索赔与 $\mathcal{D}_I$ 独立),于是有

$$\begin{aligned}&\mathrm{E}\Big\{\Big[\sum_{j=I-i+1}^{J}X_{i,j}-(1-\hat{\beta}_{I-i}^{\mathrm{CL}})\hat{\mu}_i\Big]^2\ \Big|\ \mathcal{D}_I\Big\}\\ &\quad= \sum_{j=I-i+1}^{J}\mathrm{Var}(X_{i,j})+\mathrm{E}\Big\{\Big[\sum_{j=I-i+1}^{J}\mathrm{E}(X_{i,j})-(1-\hat{\beta}_{I-i}^{\mathrm{CL}})\hat{\mu}_i\Big]^2\ \Big|\ \mathcal{D}_I\Big\}\\ &\qquad+2\mathrm{E}\Big\{\Big\{\sum_{j=I-i+1}^{J}[X_{i,j}-\mathrm{E}(X_{i,j})]\Big\}\Big[\sum_{j=I-i+1}^{J}\mathrm{E}(X_{i,j})-(1-\hat{\beta}_{I-i}^{\mathrm{CL}})\hat{\mu}_i\Big]\Big|\ \mathcal{D}_I\Big\}.\end{aligned}$$

注意到,对于所有的 j, k, $\hat{\mu}_i$ 与 $X_{j,k}$ 是独立的,$\hat{\beta}_{I-i}^{\mathrm{CL}}$ 是 $\mathcal{D}_I$ 可测的,而且 $\mathrm{E}(\hat{\mu}_i)=\mu_i$,因此上式最后一项为 0,从而我们得到

$$\begin{aligned}\mathrm{msep}_{C_{i,J}\mid\mathcal{D}_I}(\hat{\hat{C}}_{i,J}^{\mathrm{BF}}) &= \sum_{j=I-i+1}^{J}\mathrm{Var}(X_{i,j})+(1-\hat{\beta}_{I-i}^{\mathrm{CL}})^2\mathrm{Var}(\hat{\mu}_i)\\ &\quad+\mu_i^2\Big(\sum_{j=I-i+1}^{J}\gamma_j-\sum_{j=I-i+1}^{J}\hat{\gamma}_j^{\mathrm{MLE}}\Big)^2.\end{aligned} \tag{6.65}$$

由此可见,为得到 BF 法下的条件 MSEP 的估计,需要对上式右边的三项分别估计.

应用(6.58)式和过度分散 Poisson 假设,可以很容易估计过程方差:

$$\widehat{\mathrm{Var}}(X_{i,j}) = \hat{\phi}_{\mathrm{P}}\hat{\gamma}_j^{\mathrm{MLE}}\hat{\mu}_i\ . \tag{6.66}$$

(6.65)式右边第二项包含了先验估计量 $\hat{\mu}_i$ 的不确定性. 一般来说,它仅取决于外部数据、市场经验和专家意见. 例如,监管者提供了 $\hat{\mu}_i$ 的变异系数的一个估计值,记为 $\widehat{\mathrm{Vco}}(\hat{\mu}_i)$,它量化了外部估计的优劣. 很多情形下,变异系数的合理范围为 5%～10%. 于是,对第二项的估计为

$$(1-\hat{\beta}_{I-i}^{\mathrm{CL}})^2\widehat{\mathrm{Var}}(\hat{\mu}_i) = (1-\hat{\beta}_{I-i}^{\mathrm{CL}})^2\hat{\mu}_i^2\ \widehat{\mathrm{Vco}}(\hat{\mu}_i)^2 . \tag{6.67}$$

对(6.65)式中的最后一项需要较多的计算. 如前面各节,我们要研究最大似然估计围绕真实参数值的波动.

为采用 GLM 方法及渐近正态近似(用到 Fisher 信息阵 $\boldsymbol{H}(\boldsymbol{b})$),我们需要调整 $\hat{\gamma}_j^{\mathrm{MLE}}$. 注意到我们假设了如下规范化条件:

$$\sum_{j=0}^{J}\hat{\gamma}_j^{\mathrm{MLE}} = 1 .$$

对于 Fisher 计分方法,我们曾采用过不同的规范化方式,即 $\mu_0 = 1$ (见(6.12)式之前). 相应的最大似然估计为

$$\hat{\boldsymbol{b}} = (\widehat{\ln\mu_1}^{\mathrm{GLM}},\cdots,\widehat{\ln\mu_I}^{\mathrm{GLM}},\widehat{\ln\gamma_0}^{\mathrm{GLM}},\cdots,\widehat{\ln\gamma_J}^{\mathrm{GLM}})'.$$

注意我们采用上标 GLM. 这表明我们得到第二种索赔进展模式:

$$\hat{\gamma}_0^{\mathrm{GLM}},\ \hat{\gamma}_1^{\mathrm{GLM}},\cdots,\ \hat{\gamma}_J^{\mathrm{GLM}},$$

其中,对于所有的 $j = 0,1,\cdots,J$, 有

$$\widehat{\ln\gamma_j}^{\mathrm{GLM}} = \ln\hat{\gamma}_j^{\mathrm{GLM}} .$$

另外,我们有

$$(\ln\hat{\gamma}_0^{\mathrm{GLM}},\ln\hat{\gamma}_1^{\mathrm{GLM}},\cdots,\ln\hat{\gamma}_J^{\mathrm{GLM}})'$$

渐近服从正态分布,协方差近似为 Fisher 信息阵的逆 $\boldsymbol{H}^{-1}(\boldsymbol{b})$ 的某部分. 注意到

$$\hat{\gamma}_j^{\mathrm{MLE}} = \frac{\hat{\gamma}_j^{\mathrm{GLM}}}{\sum_{l=0}^{J}\hat{\gamma}_l^{\mathrm{GLM}}} . \tag{6.68}$$

不考虑最大似然估计可能的偏差项,我们估计(6.65)式右边最后一项中的

$$\Big(\sum_{j=I-i+1}^{J}\gamma_j - \sum_{j=I-i+1}^{J}\hat{\gamma}_j^{\mathrm{MLE}}\Big)^2$$

得近似估计为

$$\begin{aligned}\mathrm{Var}\Big(\sum_{j=I-i+1}^{J}\hat{\gamma}_j^{\mathrm{MLE}}\Big) &= \sum_{j,k=I-i+1}^{J}\mathrm{Cov}(\hat{\gamma}_j^{\mathrm{MLE}},\hat{\gamma}_k^{\mathrm{MLE}})\\ &= \sum_{j,k=I-i+1}^{J}\mathrm{Cov}\left(\frac{\hat{\gamma}_j^{\mathrm{GLM}}}{\sum_{l=0}^{J}\hat{\gamma}_l^{\mathrm{GLM}}},\frac{\hat{\gamma}_k^{\mathrm{GLM}}}{\sum_{l=0}^{J}\hat{\gamma}_l^{\mathrm{GLM}}}\right)\end{aligned}$$

$$= \sum_{j,k=I-i+1}^{J} \mathrm{Cov}\left(\frac{1}{1+\sum_{l\neq j}\frac{\hat{\gamma}_l^{\mathrm{GLM}}}{\hat{\gamma}_j^{\mathrm{GLM}}}}, \frac{1}{1+\sum_{l\neq k}\frac{\hat{\gamma}_l^{\mathrm{GLM}}}{\hat{\gamma}_k^{\mathrm{GLM}}}}\right). \tag{6.69}$$

定义

$$\Delta_j = \sum_{l\neq j}\frac{\hat{\gamma}_l^{\mathrm{GLM}}}{\hat{\gamma}_j^{\mathrm{GLM}}}, \qquad \delta_j = \mathrm{E}(\Delta_j). \tag{6.70}$$

因此,我们需要计算

$$\mathrm{Cov}\left(\frac{1}{1+\Delta_j}, \frac{1}{1+\Delta_k}\right). \tag{6.71}$$

接下来,我们应用 Taylor 公式,在 δ_j 处展开.定义函数 $f(x) = \frac{1}{1+x}$,从而 $f'(x) = -\frac{1}{(1+x)^2}$,因此

$$f(x) \approx f(\delta_j) + f'(\delta_j)(x-\delta_j) = \frac{1}{1+\delta_j} - \frac{1}{(1+\delta_j)^2}(x-\delta_j).$$

考虑到所有的随机项,就有

$$\mathrm{Cov}\left(\frac{1}{1+\Delta_j}, \frac{1}{1+\Delta_k}\right) \approx \frac{1}{(1+\delta_j)^2}\frac{1}{(1+\delta_k)^2}\mathrm{Cov}(\Delta_j, \Delta_k)$$

$$= \frac{1}{(1+\delta_j)^2}\frac{1}{(1+\delta_k)^2}\sum_{l\neq j}\sum_{m\neq k}\mathrm{Cov}\left(\frac{\hat{\gamma}_l^{\mathrm{GLM}}}{\hat{\gamma}_j^{\mathrm{GLM}}}, \frac{\hat{\gamma}_m^{\mathrm{GLM}}}{\hat{\gamma}_k^{\mathrm{GLM}}}\right). \tag{6.72}$$

至此需要计算最后的协方差项.沿用(6.48)式的思路,应用 $\exp\{x\} \approx 1+x$(当 $x \approx 0$ 时),并忽略可能的偏差,在期望值处展开,可得

$$\mathrm{Cov}\left(\frac{\hat{\gamma}_l^{\mathrm{GLM}}}{\hat{\gamma}_j^{\mathrm{GLM}}}, \frac{\hat{\gamma}_m^{\mathrm{GLM}}}{\hat{\gamma}_k^{\mathrm{GLM}}}\right) \approx \frac{\gamma_l}{\gamma_j}\frac{\gamma_m}{\gamma_k}\mathrm{Cov}\left(\ln\frac{\hat{\gamma}_l^{\mathrm{GLM}}}{\hat{\gamma}_j^{\mathrm{GLM}}}, \ln\frac{\hat{\gamma}_m^{\mathrm{GLM}}}{\hat{\gamma}_k^{\mathrm{GLM}}}\right). \tag{6.73}$$

现在,定义设计阵(见(6.14)式),对 $j = 0,1,\cdots,J$,有

$$\widetilde{\boldsymbol{\Gamma}}_j = \boldsymbol{\Gamma}_{0,j} = (0,\cdots,0,e_{I+j+1},0,\cdots,0). \tag{6.74}$$

因此,对 $j = 0,1,\cdots,J$,就有 $\ln\hat{\gamma}_j^{\mathrm{GLM}} = \widetilde{\boldsymbol{\Gamma}}_j\hat{\boldsymbol{b}}$.则

$$\mathrm{Cov}\left(\ln\frac{\hat{\gamma}_l^{\mathrm{GLM}}}{\hat{\gamma}_j^{\mathrm{GLM}}}, \ln\frac{\hat{\gamma}_m^{\mathrm{GLM}}}{\hat{\gamma}_k^{\mathrm{GLM}}}\right) = (\widetilde{\boldsymbol{\Gamma}}_l - \widetilde{\boldsymbol{\Gamma}}_j)\mathrm{Cov}(\hat{\boldsymbol{b}},\hat{\boldsymbol{b}})(\widetilde{\boldsymbol{\Gamma}}_m - \widetilde{\boldsymbol{\Gamma}}_k)'. \tag{6.75}$$

应用(6.52)式计算协方差项的估计,得到

$$\mathrm{Var}\Big(\sum_{j=I-i+1}^{J}\hat{\gamma}_j^{\mathrm{MLE}}\Big) = \sum_{j,k=I-k+1}^{J}\frac{1}{(1+\delta_j)^2}\frac{1}{(1+\delta_k)^2}$$

$$\cdot \sum_{l}\sum_{m}\frac{\gamma_l}{\gamma_j}\frac{\gamma_m}{\gamma_k}(\widetilde{\boldsymbol{\Gamma}}_i - \widetilde{\boldsymbol{\Gamma}}_j)\boldsymbol{H}(\hat{\boldsymbol{b}})^{-1}(\widetilde{\boldsymbol{\Gamma}}_m - \widetilde{\boldsymbol{\Gamma}}_k)'. \tag{6.76}$$

因此我们定义如下估计量:

$$\widehat{\mathrm{Var}}\Big(\sum_{j=I-i+1}^{J}\hat{\gamma}_j^{\mathrm{MLE}}\Big)=\sum_{j,k=I-k+1}^{J}\frac{1}{(1+\hat{\delta}_j)^2}\frac{1}{(1+\hat{\delta}_k)^2}$$
$$\cdot\sum_l\sum_m\frac{\gamma_l}{\gamma_j}\frac{\gamma_m}{\gamma_k}(\widetilde{\boldsymbol{\Gamma}}_i-\widetilde{\boldsymbol{\Gamma}}_j)\boldsymbol{H}(\hat{\boldsymbol{b}})^{-1}(\widetilde{\boldsymbol{\Gamma}}_m-\widetilde{\boldsymbol{\Gamma}}_k)', \tag{6.77}$$

其中 $\hat{\delta}_j=\sum_{l\neq j}\frac{\hat{\gamma}_l^{\mathrm{GLM}}}{\hat{\gamma}_j^{\mathrm{GLM}}}$.

估计量 6.3(单个事故年下 BF 法的 MSEP) 在模型假设 6.2 情形下,对于单个事故年 $i\in\{1,2,\cdots,I\}$ 的 MSEP 的估计为

$$\widehat{\mathrm{msep}}_{C_{i,J}|\mathcal{D}_I}(\hat{\hat{C}}_{i,J}^{\mathrm{BF}})=\hat{\phi}_{\mathrm{P}}(1-\hat{\beta}_{I-i}^{\mathrm{CL}})\hat{\mu}_i+(1-\hat{\beta}_{I-i}^{\mathrm{CL}})^2\hat{\mu}_i^2[\widehat{\mathrm{Vco}}(\hat{\mu}_i)]^2+\hat{\mu}_i^2\widehat{\mathrm{Var}}\Big(\sum_{j=I-i+1}^{J}\hat{\gamma}_j^{\mathrm{MLE}}\Big).$$

6.6.2 聚合事故年下 BF 法的 MSEP

对于聚合事故年,我们首先考虑两个不同的事故年 $i<k$,有

$$\mathrm{msep}_{C_{i,J}+C_{k,J}|\mathcal{D}_I}(\hat{\hat{C}}_{i,J}^{\mathrm{BF}}+\hat{\hat{C}}_{k,J}^{\mathrm{BF}})=\mathrm{E}[(C_{i,J}+C_{k,J}-\hat{\hat{C}}_{i,J}^{\mathrm{BF}}-\hat{\hat{C}}_{k,J}^{\mathrm{BF}})^2\,|\,\mathcal{D}_I].$$

采用通常的分解,我们得到

$$\mathrm{msep}_{C_{i,J}+C_{k,J}|\mathcal{D}_I}(\hat{\hat{C}}_{i,J}^{\mathrm{BF}}+\hat{\hat{C}}_{k,J}^{\mathrm{BF}})$$
$$=\sum_{l=i,k}\mathrm{msep}_{C_{l,J}|\mathcal{D}_I}(\hat{\hat{C}}_{l,J}^{\mathrm{BF}})+2\mu_i\mu_k\Big(\sum_{j=I-i+1}^{J}\gamma_j-\sum_{j=I-i+1}^{J}\hat{\gamma}_j^{\mathrm{MLE}}\Big)\Big(\sum_{l=I-k+1}^{J}\gamma_l-\sum_{l=I-k+1}^{J}\hat{\gamma}_l^{\mathrm{MLE}}\Big).$$

我们需要估计上面的协方差项.忽略最大似然估计的可能偏差,我们用下式来估计:

$$\mathrm{Cov}\Big(\sum_{j=I-i+1}^{J}\hat{\gamma}_j^{\mathrm{MLE}},\sum_{l=I-k+1}^{J}\hat{\gamma}_l^{\mathrm{MLE}}\Big)=\sum_{j=I-i+1}^{J}\sum_{l=I-k+1}^{J}\mathrm{Cov}(\hat{\gamma}_j^{\mathrm{MLE}},\hat{\gamma}_l^{\mathrm{MLE}})$$
$$\approx\sum_{j=I-i+1}^{J}\sum_{l=I-k+1}^{J}\frac{1}{(1+\delta_j)^2}\frac{1}{(1+\delta_l)^2}$$
$$\cdot\sum_n\sum_m\frac{\gamma_n}{\gamma_j}\frac{\gamma_m}{\gamma_l}(\hat{\boldsymbol{\Gamma}}_n-\hat{\boldsymbol{\Gamma}}_j)\boldsymbol{H}(\hat{\boldsymbol{b}})^{-1}(\hat{\boldsymbol{\Gamma}}_m-\hat{\boldsymbol{\Gamma}}_l)'. \tag{6.78}$$

由此定义协方差的如下估计量为

$$\hat{\Pi}_{i,k}=\widehat{\mathrm{Cov}}\Big(\sum_{j=I-i+1}^{J}\hat{\gamma}_j^{\mathrm{MLE}},\sum_{l=I-k+1}^{J}\hat{\gamma}_l^{\mathrm{MLE}}\Big)$$
$$=\sum_{j=I-i+1}^{J}\sum_{l=I-k+1}^{J}\frac{1}{(1+\hat{\sigma}_j)^2}\frac{1}{(1+\hat{\sigma}_l)^2}$$
$$\cdot\sum_n\sum_m\frac{\hat{\gamma}_n^{\mathrm{GLM}}}{\hat{\gamma}_j^{\mathrm{GLM}}}\frac{\hat{\gamma}_m^{\mathrm{GLM}}}{\hat{\gamma}_l^{\mathrm{GLM}}}(\hat{\boldsymbol{\Gamma}}_n-\hat{\boldsymbol{\Gamma}}_j)\boldsymbol{H}(\hat{\boldsymbol{b}})^{-1}(\hat{\boldsymbol{\Gamma}}_m-\hat{\boldsymbol{\Gamma}}_l)'. \tag{6.79}$$

估计量 6.4(聚合事故年下 BF 法的 MSEP) 在模型假设 6.2 下,聚合事故年的条件 MSEP 的估计量为

$$\widehat{\mathrm{msep}}_{\sum_{i=1}^{I} C_{i,J}\mid\mathcal{D}_I}\left(\sum_{i=1}^{I}\hat{\hat{C}}_{i,J}^{\mathrm{BF}}\right)=\sum_{i=1}^{I}\widehat{\mathrm{msep}}_{C_{i,J}\mid\mathcal{D}_I}\left(\hat{\hat{C}}_{i,J}^{\mathrm{BF}}\right)+2\sum_{1\leqslant i<k\leqslant I}\hat{\mu}_i\hat{\mu}_k\hat{\gamma}_{i,k}.$$

例 6.5(BF 法的 MSEP) 再次使用例 2.2 的数据(累计数据 $C_{i,j}$ 在表 2.2 中给出).我们的目标是计算估计量 6.4,以得到表 2.4 中的 BF 法索赔准备金的波动性度量.注意到索赔进展模式 β_j 既可以通过链梯法因子 $\hat{f}_k$ 得到,也可以通过最大似然估计 γ_k^{MLE} 得到(见推论 2.1),但在这里我们一直使用最大似然估计的框架,因为它会导致关于 BF 法的一个一致的数学模型.

另外,我们需要估计分散参数 ϕ:

$$\hat{\phi}_{\mathrm{P}}=14\,714\,. \tag{6.80}$$

这已经在(6.59)式给出.进一步,我们需要设定先验值 $\hat{\mu}_i$ 的估计不确定性.假设对于所有的 $i=0,1,\cdots,I$, 有

$$\widehat{\mathrm{Vco}}(\hat{\mu}_i)=5\%. \tag{6.81}$$

最后我们可以得到表 6.6 的结果.

表 6.6 BF 准备金,过程误差(6.66),先验估计不确定性(6.67),

β 的参数估计不确定性,先验估计与参数估计不确定性之和,MSEP

事故年 i	BF 法索赔准备金	过程标准差	先验标准差	参数 β 的标准差	先验估计和参数估计不确定性之和	$\mathrm{msep}^{1/2}$	Vco/%
0							
1	16 124	15 403	806	15 543	15 564	21 897	135.8
2	26 998	19 931	1 350	17 573	17 624	26 606	98.5
3	37 575	23 514	1 879	18 545	18 640	30 005	79.9
4	95 434	37 473	4 772	24 168	24 635	44 845	47.0
5	178 024	51 181	8 901	29 600	30 910	59 790	33.6
6	341 305	70 866	17 065	35 750	39 614	81 187	23.8
7	574 089	91 909	28 704	41 221	50 231	104 739	18.2
8	1 318 646	139 294	65 932	53 175	84 703	163 025	12.4
9	4 768 384	264 882	238 419	75 853	250 195	364 362	7.6
合计	7 356 579	329 007	249 828	228 252	338 397	471 973	6.4

注意到,在 BF 法中,预测不确定性 $\mathrm{msep}^{1/2}$ 为 471 973,它与链梯法的结果是相近的(462 960,见表 3.6).也许(6.81)式的选择太低,如选择有所变动,则会导致 BF 法预测不确

定性的增加.

如果把上述结果与 Poisson 广义线性模型方法比较,注意到 BF 法的过程误差比 Poisson 广义线性模型下的要大. 这是因为 BF 法的先验估计 $\hat{\mu}_i$ 是非常保守的. 另一方面, $\hat{\mu}_i$ 和 $\hat{\beta}_j^{CL}$ 的参数估计不确定性合计为 338 397,它仅比 Poisson 广义线性模型下的估计误差 309 563 稍大(见表 6.6 和表 6.2).

例 6.6 (BF 法下的 MSEP,泰勒近似) 在推导 BF 法的参数估计误差的估计时,我们用到了一些近似(见(6.69)式之后的推导). 使用随机模拟方法,我们可研究这些近似的优劣. 假设增量索赔 $X_{i,j}$ 服从过度分散 Poisson 分布,参数来自表 2.6 给出的 γ_j 和 μ_i,而分散参数 ϕ 由(6.80)式给出. 根据这些假设,我们可以生成过度分散 Poisson 三角形 $\mathcal{D}_I$,对每次模拟三角形,计算估计的赔付模式 $\hat{\beta}_j^{CL}$. 我们生成 5000 个三角形,从而得到 5000 个关于赔付模式 $\hat{\beta}_j^{CL}$ 的向量,最后得到赔付模式的经验分布.

根据这个经验分布,我们可计算经验分布的标准差,并与由(6.77)式给出的近似值进行比较. 表 6.7 给出了有关结果.

表 6.7 近似的估计误差(6.77)与 5000 次模拟的经验估计误差

事故年 i	β_j 准确值/%	近似的估计误差/%	$\hat{\beta}_j^{CL}$ 平均经验值/%	模拟的估计误差/%
0				
1	99.86	0.137	99.86	0.139
2	99.75	0.160	99.75	0.164
3	99.65	0.175	99.64	0.179
4	99.14	0.219	99.13	0.221
5	98.45	0.258	98.14	0.260
6	97.01	0.313	97.00	0.315
7	94.84	0.370	94.82	0.372
8	88.00	0.484	87.96	0.485
9	58.96	0.653	58.88	0.645

我们观察到关于 $\hat{\beta}_j^{CL}$ 的估计误差的近似值与经验值非常接近,这说明了(6.77)式给出的近似是很好的.

参考文献

[1] Renshaw A E. Claims reserving by joint modeling. Belgium: Astin Colloquium,1995.
[2] Renshaw A E, Verrall R J. A stochastic model underlying the chain-ladder technique. British Actuarial Journal,1998,4(4):903-923.

[3] England P D, Verrall R J. Stochastic claims reserving in general insurance. British Actuarial Journal, 2002, 8(3): 443-518.

[4] England P D, Verrall R J. Predictive distributions of outstanding liabilities in general insurance. Annals of Actuarial Science, 2007, 1(2): 221-270.

[5] England P D, Verrall R J. Analytic and bootstrap estimates of prediction errors in claims reserving. Insurance: Mathematics and Economics, 1999, 25(3): 281-293.

[6] Wright T S. A stochastic method for claims reserving in general insurance. Journal of Institute of Actuaries, 1990, 117: 677-731.

[7] Barnett G, Zehnwirth B. Best estimates for reserves. CAS Forum, 1998: 1-54.

[8] Alai D H, Merz M, Wüthrich M V. Mean square error of prediction in the Bornhuetter-Ferguson claims reserving method. Annals of Actuarial Science, 2009, 4(1): 7-31.

第七章　拔靴法

§7.1　引　　言

迄今为止,我们集中于(预期)最终索赔额 $C_{i,J}$ ($i\in\{0,1,\cdots,I\}$) 及其 MSEP 的估计和预测. 我们估计了未决负债的一阶矩和二阶矩及其预测量. 然而,在很多情况下计算一阶矩和二阶矩时,我们无法给出一个解析形式;在广义线性模型的例子中,对偏差项的计算并不直接. 另外,很多情况下,我们感兴趣的是完整的概率分布及其应用(如应用于 VaR 或偿付能力). 在之前所考虑的大多数情形(模型)中,对于索赔准备金的分布及其预测量,我们无法给出一个解析表达式. 走出这一困境的一种方式就是估计一阶矩和二阶矩,并对索赔准备金合计及其预测量给出分布假设. 也就是说,避免来自边际分布、相依结构、聚合(卷积)的困难,而仅对最终分布给出整体的选择.

拔靴法是一种从给定数据样本获得关于聚合分布的信息的非常有效的方法. 它由 Efron (1979)[1] 提出. Efron 提出的拔靴法至今被认为是统计学的一大突破. 本质上,拔靴法可被描述为"从估计的模型中模拟",它在实践中非常有用. 也就是说,在应用拔靴法时,我们只需引入尽可能少的模型结构,而仅对数据样本重复抽样产生观测值.

拔靴法的一般思路　拔靴法的一般思路是对样本数据重复抽样. 重复抽样来自于数据本身,即在模型中寻找一个合适的结构,并在该结构下,由已观察到的样本再抽样,产生新的样本数据.

7.1.1　Efron 的非参数拔靴法

我们从一个例子开始. 假设有 n 个独立同分布的随机变量实现值

$$Z_1,Z_2,\cdots,Z_n \text{ i.i.d.} \overset{(d)}{\sim} F, \tag{7.1}$$

其中 F 表示未知分布. 随机变量 Z_i 可取实数值,也可取向量值. 假设我们要估计分布 F 的某个参数 $h(F)$. 参数 $h(F)$ 可能是均值、方差或 VaR.

假设有关于数据 $Z_1,Z_2,\cdots,Z_n$ 的函数 g , 用来估计 $h(F)$, 即

$$\hat{\theta}_n = g(Z_1,Z_2,\cdots,Z_n),$$

这里 $\hat{\theta}_n$ 是 $h(F)$ 的估计量. 我们的目标是更多地了解 $\hat{\theta}_n$ 的概率分布.

拔靴法的思路　如果知道分布 F, 我们就可以通过从该分布抽样,产生新的独立同分布的样本. 这会给出估计量 $\hat{\theta}_n$ 的一个新值. 多次重复抽样,就可得到 $\hat{\theta}_n$ 的经验分布. 然而,我们

并不知道产生数据的分布 F. 因此,我们用经验分布 $\hat{F}_n$ 来产生观察值. 经验分布 $\hat{F}_n$ 对每一观察值 Z_i 赋予 $1/n$ 的权重,由此产生新的数据

$$Z_1^*, Z_2^*, \cdots, Z_n^* \ \text{i. i. d.} \overset{(d)}{\sim} \hat{F}_n. \tag{7.2}$$

模拟产生的新数据向量 $(Z_1^*, Z_2^*, \cdots, Z_n^*)$ 就称为拔靴样本. 然后,由拔靴样本,可计算估计量 $\hat{\theta}_n$ 的一个新值

$$\hat{\theta}_n^* = g(Z_1^*, Z_2^*, \cdots, Z_n^*).$$

多次重复这个步骤,就得到关于 $\hat{\theta}_n^*$ 的经验分布 F_n^*(称为拔靴分布).

例 7.1 假设 $Z_1, Z_2, \cdots, Z_n$ i. i. d. $\overset{(d)}{\sim} N(\theta, 1)$. 目标是估计分布均值 θ,即此时我们要估计的 $h(F)$ 是 $h(N(\theta,1)) = \mathrm{E}(Z_i) = \theta$. 选择估计量 $\hat{\theta}_n = g(Z_1, Z_2, \cdots, Z_n) = \sum_{i=1}^{n} Z_i \big/ n$. 根据观测值 $Z_1, Z_2, \cdots, Z_n$, 定义经验分布

$$\hat{F}_n(x) = \frac{1}{n}\sum_{i=1}^{n} I_{\{Z_i \leqslant x\}},$$

其中 I 为示性函数. 从该经验分布产生新的观察值

$$Z_1^*, Z_2^*, \cdots, Z_n^* \ \text{i. i. d.} \overset{(d)}{\sim} \hat{F}_n,$$

然后计算如下值

$$\hat{\theta}_n^* = g(Z_1^*, Z_2^*, \cdots, Z_n^*) = \frac{1}{n}\sum_{i=1}^{n} Z_i^*.$$

对 $\hat{F}_n$ 多次重复抽样,就得到 $\hat{\theta}_n^*$ 的经验分布.

拔靴分布 关于 $\hat{\theta}_n^*$ 的拔靴分布记为 F_n^*, 它是一个条件分布,对给定的初始数据 $Z_1, Z_2, \cdots, Z_n$, 得到经验分布 $\hat{F}_n$, 再从 $\hat{F}_n$ 中重复抽样产生样本

$$Z_1^*, Z_2^*, \cdots, Z_n^* \ \text{i. i. d.} \overset{(d)}{\sim} \hat{F}_n.$$

因此,给定初始数据 $Z_1, Z_2, \cdots, Z_n$, F_n^* 是一个条件分布.

注 (1) 如果经验分布 $\hat{F}_n$ 接近于真实分布 F, 那么关于 $\hat{\theta}_n^*$ 的拔靴分布 F_n^* 也会接近于估计量 $\hat{\theta}_n$ 的真实分布. 注意到,到目前为止,我们并没有关于"接近"的准确描述.

(2) 注意到,按以上步骤我们只能得到已经包含在观察值 $Z_1, Z_2, \cdots, Z_n$ 中的信息,而不会产生新信息. 也就是说,全部拔靴信息以 $Z_1, Z_2, \cdots, Z_n$ 为条件. 或者换句话说,我们希望观察值 $Z_1, Z_2, \cdots, Z_n$ 足够多,以体现模型的主要性质.

定义 7.1 对序列 $\{a_n\}_{n\in\mathbf{N}}$, 称拔靴估计 $\hat{\theta}_n^*$ 关于 $\hat{\theta}_n$ 是**一致**的,如果对所有的 x, 下式成立:

$$\lim_{n\to\infty}\left\{P\left[a_n(\hat{\theta}_n - h(F)) \leqslant x\right] - P_{F_n^*}\left[a_n(\hat{\theta}_n^* - \hat{\theta}_n) \leqslant x\right]\right\} \xrightarrow{(P)} 0. \tag{7.3}$$

一般来说,证明一致性是困难的. 当随机变量 $Z_1, Z_2, \cdots, Z_n$ 是 i. i. d. 的,并且 $\hat{\theta}_n$ 的极限

分布是正态分布时，一致性通常是成立的.

7.1.2 参数拔靴法

Efron 的非参数拔靴法可视为对经验分布 $\hat{F}_n$ 的模拟. 假设我们有关于 Z_i 的分布的额外信息，即

$$Z_1, Z_2, \cdots, Z_n \text{ i.i.d.} \overset{(d)}{\sim} F_\theta, \tag{7.4}$$

其中 F_θ 表示包含未知参数 θ 的已知的分布类型.

为了对拔靴样本进行再抽样，我们首先估计未知参数 θ，得到 $\hat{\theta}$（如最小二乘估计或最大似然估计）. 参数拔靴法使用如下拔靴分布：

$$Z_1^*, Z_2^*, \cdots, Z_n^* \text{ i.i.d.} \overset{(d)}{\sim} \hat{F}_{\hat{\theta}} = F_{\hat{\theta}}, \tag{7.5}$$

而不使用经验分布(7.2). 拔靴法的其他所有的步骤与 Efron 的非参数拔靴法的一样.

本质上，Efron 的拔靴法能够适用于到目前为止我们所考虑的每一种索赔准备金评估随机性模型. 另外，如果我们有关于分布模型的假设，就能够使用参数拔靴法.

§ 7.2 关于累计索赔的对数正态模型

回顾一下模型假设 5.1 给出的模型：假设单个进展因子是独立同分布的，而且服从对数正态分布，即

$$\eta_{i,j} = \ln \frac{C_{i,j}}{C_{i,j-1}} \sim N(\xi_j, \sigma_j^2).$$

我们的目标是应用参数拔靴法. 这里 $\theta_j = (\xi_j, \sigma_j^2)$ 是 $\eta_{i,j}$ 的分布未知参数. 在给定 $\mathcal{D}_I$ 的条件下，我们感兴趣的是如下预测量的概率分布：

$$h(F) = \sum_{i+j>I} \mathrm{E}(X_{i,j} \mid \mathcal{D}_I). \tag{7.6}$$

上式表示在时刻 I 的预期损失负债 / 未决赔款准备金.

由(5.11)式，有

$$h(F) = \sum_{i=1}^{I} C_{i,I-i} \left(\exp\left\{ \sum_{j=I-i+1}^{J} \xi_j + \frac{1}{2} \sum_{j=I-i+1}^{J} \sigma_j^2 \right\} - 1 \right).$$

在给定 $\mathcal{D}_I$ 的条件下，对已知参数，上式是一个常数. 也就是说，对已知的参数，关于条件预期损失负债的估计是确定的（没有参数估计误差）. 一般来说，参数是未知的，需要加以估计. (5.2)和(5.3)两式给出了适当的估计量：

$$\hat{\xi}_j = \frac{1}{I-j+1} \sum_{i=0}^{I-j} \ln \frac{C_{i,j}}{C_{i,j-1}} = \frac{1}{I-j+1} \sum_{i=0}^{I-j} \eta_{i,j}, \tag{7.7}$$

$$\hat{\sigma}_j^2 = \frac{1}{I-j} \sum_{i=0}^{I-j} \left(\ln \frac{C_{i,j}}{C_{i,j-1}} - \hat{\xi}_j \right)^2 = \frac{1}{I-j} \sum_{i=0}^{I-j} (\eta_{i,j} - \hat{\xi}_j)^2. \tag{7.8}$$

由此得到在给定 $\mathcal{D}_I$ 条件下关于 $h(F)$ 的估计量(见(5.27)式)：

$$g(\mathcal{D}_I) = \sum_{i=1}^{I} \hat{C}_{i,J}^{\mathrm{LN}\sigma,2} - C_{i,I-i},$$

$$= \sum_{i=1}^{I} C_{i,I-i}\left[\exp\left\{\sum_{j=I-i+1}^{J} \hat{\xi}_j + \frac{1}{2}\sum_{j=I-i+1}^{J} \hat{\sigma}_j^2\left(1-\frac{1}{I-j+1}\right)\right\}-1\right]. \tag{7.9}$$

我们的目标是研究估计量 $g(\mathcal{D}_I)$ 的分布.注意到,我们并没有证明 $g(\mathcal{D}_I)$ 是 $h(F)$ 的无偏估计,只是给出了渐近的结论(见(5.28)式).下面我们进行进一步的分析.

由于已有明确的分布假设,我们可应用参数拔靴法.也就是说,我们要根据 $\mathcal{D}_I$ 来估计未知参数 ξ_j 和 σ_j^2 (见(7.7)—(7.8)式).应用参数拔靴法,产生新的独立观察值

$$\eta_{i,j}^* \sim N(\hat{\xi}_j, \hat{\sigma}_j^2). \tag{7.10}$$

根据上述新的拔靴观察值,得到如下关于 ξ_j 和 σ_j^2 的拔靴估计：

$$\hat{\xi}_j^* = \frac{1}{I-j+1}\sum_{i=0}^{I-j} \eta_{i,j}^*, \tag{7.11}$$

$$\hat{\sigma}_j^{2\,*} = \frac{1}{I-j}\sum_{i=0}^{I-j} (\eta_{i,j}^* - \hat{\xi}_j^*)^2. \tag{7.12}$$

由此得到拔靴法索赔准备金

$$g^*(\mathcal{D}_I) = \sum_{i=1}^{I} C_{i,I-i}\left[\exp\left\{\sum_{j=I-i+1}^{J} \hat{\xi}_j^* + \frac{1}{2}\sum_{j=I-i+1}^{J} \hat{\sigma}_j^{2\,*}\left(1-\frac{1}{I-j+1}\right)\right\}-1\right]. \tag{7.13}$$

给定观察值 $\mathcal{D}_I$,多次重复以上步骤,可得到 $g^*(\mathcal{D}_I)$ 的条件经验分布.由此就可研究偏差 $g^*(\mathcal{D}_I)-g(\mathcal{D}_I)$ 及 $g^*(\mathcal{D}_I)$ 的方差.注意到我们有如下分解(由于 $g(\mathcal{D}_I)$ 是 $\mathcal{D}_I$ 可测的)：

$$\mathrm{E}_{\hat{\theta}(\mathcal{D}_I)}^*[g^*(\mathcal{D}_I)-g(\mathcal{D}_I)^2] = \mathrm{Var}_{\hat{\theta}(\mathcal{D}_I)}^*[g^*(\mathcal{D}_I)] + \{\mathrm{E}_{\hat{\theta}(\mathcal{D}_I)}^*[g^*(\mathcal{D}_I)-g(\mathcal{D}_I]\}^2,$$

其中 $P_{\hat{\theta}(\mathcal{D}_I)}^*$ 表示在给定 $\mathcal{D}_I$ 下,由(7.10)式得到的条件概率分布.

总的来说,这意味着我们假设真实的参数由 $\hat{\xi}_j$ 和 $\hat{\sigma}_j^2$ 给出.在这些假设下,我们分析其他拔靴(抽样)观察值 $\eta_{i,j}^*$ 的可能的波动性.

例 7.2(参数拔靴法) 再次讨论例 5.1.注意到取决于方差参数 σ_j 是已知还是未知,我们已得到不同的估计.在这里的拔靴法中,我们把结果与表 5.4 中的估计值 $\hat{C}_{i,J}^{\mathrm{LN}\sigma,2}$ 进行比较,并与表 5.2 中的估计误差进行比较.

由表 5.4 中的数值,可得均值为 60 463 08.参数拔靴法的结果如表 7.1 所示.

可见,所得到的偏差修正非常小,仅为

$$\mathrm{E}_{\hat{\theta}(\mathcal{D}_I)}^*[g^*(\mathcal{D}_I)] - g(\mathcal{D}_I) = 6\,047\,253 - 6\,046\,308 = 944. \tag{7.14}$$

相对于标准差

$$\{\mathrm{Var}_{\hat{\theta}(\mathcal{D}_I)}^*[g^*(\mathcal{D}_I)]\}^{1/2} = 183\,775$$

表 7.1　参数拔靴法的结果

拔靴经验均值	6 047 253
拔靴标准差	183 775
99% VaR(拔靴法)	423 645
99% VaR(正态分布)	427 524
99% VaR(对数正态分布)	439 898

来说,上述偏差可以忽略不计.

这说明,对于这一组参数来说,$\hat{C}_{i,J}^{\mathrm{LN}\sigma,2}$ 中的偏差修正是非常好的. 事实上,在估计预期最终索赔时,参数 $\hat{\sigma}_j$ 的波动性可以忽略不计.

这里的估计误差比表 5.2 给出的要稍大一些,主要原因是在得到表 5.2 给出的估计误差时,没有考虑估计 $\hat{\sigma}_j$ 的不确定性.

另外,利用一阶矩和二阶矩,给出 $g(\mathcal{D}_I)$ 的正态分布近似和对数正态分布近似,我们比较了预期索赔准备金的拔靴分布与解析分布近似. 注意到,在相同的期望和方差下,拔靴法下 99%的 VaR 仅略小于正态分布下的 99%的 VaR.

注意到,在第五章我们假设个体进展因子 $F_{i,j}$ 有对数正态分布. 对残差应用 Q-Q 图,可检验该假设是否成立. 对上述观测值数据,残差 Q-Q 图表明 $F_{i,j}$ 并不服从对数正态分布. 因此可考虑应用非参数拔靴法.

为应用非参数拔靴法,我们需要有独立同分布的观察值,从而构造经验分布 $\hat{F}_n$ (见(7.2)式). 通常这通过寻找合适的残差来实现.

非参数拔靴法如下: 定义残差

$$D_{i,j}=\frac{\eta_{i,j}-\hat{\xi}_j}{\hat{\sigma}_j}.$$

于是观察值集 $\{D_{i,j}\mid i+j\leqslant I,j\geqslant 1\}$ 定义了拔靴分布 $\hat{F}_{\mathcal{D}_I}$. 对独立同分布的残差重新抽样,得到

$$D_{i,j}^{*}\overset{(d)}{\sim}\hat{F}_{\mathcal{D}_I},$$

然后定义 $\eta_{i,j}$ 的拔靴观察值

$$\eta_{i,j}^{*}=\hat{\sigma}_j D_{i,j}^{*}+\hat{\xi}_j. \tag{7.15}$$

现在,我们期望在给定 $\mathcal{D}_I$ 的条件下,拔靴分布与初始(真实)分布足够接近,即

$$\{\eta_{i,j}^{*}\mid i+j\leqslant I,j\geqslant 1\}\overset{(d)}{\approx}\{\eta_{i,j}\mid i+j\leqslant I,j\geqslant 1\}. \tag{7.16}$$

再由(7.11)—(7.13)式,就得到 $g(\mathcal{D}_I)$ 的拔靴观察值 $g^{*}(\mathcal{D}_I)$,预期两者有近似相同的性质.

例 7.3(非参数拔靴法)　继续讨论例 5.1,对于非参数拔靴,我们有

$$\mathrm{E}^*_{\hat{\theta}(\mathcal{D}_I)}[g^*(\mathcal{D}_I)] - g(\mathcal{D}_I) = 6\,035\,953 - 6\,046\,308 = -10\,355\,. \tag{7.17}$$

当然，相对于标准差而言，它依然是较小的. 标准差为

$$\{\mathrm{Var}^*_{\hat{\theta}(\mathcal{D}_I)}[g^*(\mathcal{D}_I)]\}^{1/2} = 154\,286.$$

仍由表 5.4 中的数值，得均值为 6 046 308. 非参数拔靴法的结果如表 7.2 所示：

表 7.2 非参数拔靴法的结果

经验均值	6 035 953
标准差	154 286
99% VaR(拔靴法)	378 037
99% VaR(正态分布)	358 922
99% VaR(对数正态分布)	367 655

注意到此时我们得到的偏差较大(负值). 与对数正态分布而言，此时经验分布的尾部更轻，因此我们得到了较小的经验期望值，见(7.17)式.

相对于参数拔靴法而言，非参数拔靴法的尾部较轻. 另外，注意到由参数拔靴法和非参数拔靴法得到的方差估计相差较大. 对于参数拔靴法，我们选择 $\eta^*_{i,j}$，其方差为 $\hat{\sigma}^2_j$. 另一方面，注意到非参数拔靴法下拔靴分布 $\hat{F}_{\mathcal{D}_I}$ 的方差等于 0.915^2 . 这表明此时拔靴分布的方差过小(理论上应要求方差等于 1，对残差经过适当标准化后，期望为 0，方差为 1). 因此，拔靴样本 $\eta^*_{i,j}$ (非参数拔靴)的方差过小. 如果我们不调整经验分布，那么参数估计误差将被低估，见(7.23)式.

另外，数据分析表明 $F_{0,1}$ 是离群点. 在非参数拔靴法中也可以剔除此离群点，再按通常的步骤计算索赔准备金的拔靴分布.

注 如果拔靴法运用恰当(而且 $\mathcal{D}_I$ 的数据足够多)，那么它是求解分布问题的很有效的方法. 这意味着拔靴法不仅给出一阶矩和二阶矩的估计，而且能给出完整分布. 拔靴分布可用来回答诸如 VaR 估计、预期贴现索赔准备金等问题.

§7.3 广义线性模型

在第六章，针对增量索赔，我们研究了如下类型的指数散布族(EDF)模型(见模型假设 6.1)：

$$\mathrm{E}(X_{i,j}) = x_{i,j}, \quad \mathrm{Var}(X_{i,j}) = \frac{\phi_{i,j}}{w_{i,j}} V(x_{i,j}),$$

其中 $\phi_{i,j}$ 是分散参数，$V(\cdot)$ 是一个适当的方差函数，$w_{i,j}$ 是权重. 另外，对预期索赔，我们假设了一个乘积结构

$$x_{i,j} = \mu_i \gamma_j.$$

在估计参数 μ_i 和 γ_j 时，应用最大似然估计法(见 § 6.4). 关于 MSEP 的估计是一个非常冗长的近似过程，其中用到了 Fisher 信息阵和渐近性结论，主要困难在于寻找估计误差(6.46)式的估计. 在这里应用拔靴法，我们得到另外一个估计.

为了应用非参数拔靴法，我们再次寻找同分布的残差，从而构造经验分布 $\hat{F}_n$ (见(7.2)式). 假设 $\phi = \phi_{i,j}/w_{i,j}$ 是一个常数.

在下面的简要说明中，我们采用 England，Verrall(2002)[2] 及 Pinheiro 等人 (2003)[3] 的框架. 对 GLM，关于残差有几种不同的定义(Pearson，deviance，Anscombe). 我们选择如下 Pearson 残差(见(6.56)式)：

$$R_{i,j}^{(\mathrm{P})}(x_{i,j}) = \frac{X_{i,j} - x_{i,j}}{[V(x_{i,j})]^{1/2}}. \tag{7.18}$$

注意到这些残差的期望为 0，方差为 ϕ. 因此 $R_{i,j}^{(P)}(x_{i,j})$ 是一个自然的目标，用来定义拔靴分布. 因此，对 $i+j \leqslant I$，记(见(6.25)式)

$$Z_{i,j} = \frac{X_{i,j} - \hat{x}_{i,j}}{[V(\hat{x}_{i,j})]^{1/2}}.$$

这些 $\{Z_{i,j} \mid i+j \leqslant I\}$ 定义了拔靴分布 $\hat{F}_{\mathcal{D}_I}$. 然后，对独立同分布的残差再抽样，得到

$$Z_{i,j}^* \overset{(d)}{\sim} \hat{F}_{\mathcal{D}_I}.$$

由此定义 $X_{i,j}$ 的拔靴观察值

$$X_{i,j}^* = \hat{x}_{i,j} + [V(\hat{x}_{i,j})]^{1/2} Z_{i,j}^*. \tag{7.19}$$

这些拔靴观察值 $X_{i,j}^*$ 就可组成拔靴索赔准备金评估三角形 $\mathcal{D}_I^* = \{X_{i,j}^* \mid i+j \leqslant I\}$. 应用 GLM 法，由拔靴观察值 $X_{i,j}^*$，计算拔靴估计值 μ_i^*，γ_j^*，由此得到拔靴索赔准备金 $\hat{X}_{i,j}^{*\,\mathrm{EDF}}(i+j > J)$ (见估计量 6.1). 重复上述拔靴抽样，我们就得到在给定 $\mathcal{D}_I$ 下，索赔准备金的拔靴分布.

例 7.4(非参数拔靴法) 再次讨论例 6.2 中的过度分散 Poisson 模型例子，也就是说，方差函数为 $V(x_{i,j}) = x_{i,j}$. 对于该例，我们用拔靴法求预期索赔准备金的合计. 另外，我们用拔靴法估计分散参数 ϕ (见(6.58)式)：

$$\hat{\phi}_{\mathrm{P}} = \frac{\sum\limits_{i+j\leqslant I} Z_{i,j}^2}{N - p}, \tag{7.20}$$

其中 N 为 $\mathcal{D}_I$ 包含的观察值 $X_{i,j}$ 的个数，即 $N = |\mathcal{D}_I|$；p 为待估计参数 b_k 的个数，即 $p = I + J + 1$.

最后，需要对拔靴法的标准差作适当的比例调整，使得它与解析模型有可比较性. 比例调整的原因在于经验分布的方差过小. 比例因子由下式给出：

$$\frac{N}{N-p}. \tag{7.21}$$

在过度分散 Poisson 模型中，参数的不确定性远大于对数正态模型中的参数不确定性. 这一点已在表 6.2 中显示出来. 另一方面，如表 6.2 所示，在过度分散 Poisson 模型中，过程误差远小于与分布无关的链梯法模型和对数正态模型中的过程误差. 这表明，由于不确定性部分地移向不同的误差类别，因此误差类别是不能直接比较的.

现在我们比较拔靴法结果与第六章的解析结论. 如之前提到的，最大似然估计可能有偏差，在这里，拔靴法均值小于"真实"均值. 然而，我们看到，在实际中针对合理的索赔准备金评估的例子和参数集，相对于其他不确定性来说，这个误差可以忽略不计. 拔靴法估计误差(比例调整后的标准差 298 855(见表 7.3))非常接近于解析的估计误差 309 563(见表 6.2).

表 7.3　非参数拔靴法的结果

经验均值	6 041 432
标准差	241 786
比例调整后的标准差	298 855
99% VaR(拔靴法)	571 558
99% VaR(正态分布)	562 477
99% VaR(对数正态分布)	583 943

关于分散参数 ϕ 的拔靴分析表明，ϕ 的估计很不稳定. 这表明在选定有意义的方差参数时需要非常谨慎.

§7.4　链 梯 法

在第三章中，我们研究了经典的与分布无关的链梯法模型. 为了推导条件 MSEP 的估计，我们采用了不同的方法：条件抽样方法与无条件抽样方法. 在本节中，我们进一步分析这些方法.

为得到抽样方法，我们给出了与分布无关的链梯法模型的时间序列模型假设 3.2. 它由下式给出：

$$C_{i,j+1} = f_j\, C_{i,j} + \sigma_j \sqrt{C_{i,j}}\, \varepsilon_{i,j+1}\,.$$

我们假设在给定 $\mathcal{B}_0$ 的条件下，$\varepsilon_{i,j}$ 是独立同分布的. 个体进展因子为

$$F_{i,j+1} = \frac{C_{i,j+1}}{C_{i,j}} = f_j + \sigma_j\, C_{i,j}^{-1/2}\, \varepsilon_{i,j+1}\,,$$

这里假设 σ_j 是已知的.

为了应用拔靴法，我们需要寻找合适的残差以构造经验分布 $\hat{F}_n$ (见(7.2)式)，由此构造拔靴观察值. 当然，$\varepsilon_{i,j}$ 是明显的候选.

考虑如下残差：

$$\widetilde{\varepsilon}_{i,j} = \frac{F_{i,j} - \hat{f}_{j-1}}{\sigma_{j-1}\ C_{i,j-1}^{-1/2}}, \qquad i+j \leqslant I,\ j \geqslant 1, \tag{7.22}$$

其中估计量 $\hat{f}_j$ 由(3.4)式给出. 注意到,给定 σ_i 时,残差 $\widetilde{\varepsilon}_{i,j}$ 是可被观察的. 但对于未知的 f_j,$\varepsilon_{i,j}$ 是不可观察的. 关于残差 $\widetilde{\varepsilon}_{i,j}$,有如下两个重要结论:

(1) 我们有 $E(\widetilde{\varepsilon}_{i,j} \mid \mathcal{B}_{j-1}) = 0$,而且

$$\operatorname{Var}(\widetilde{\varepsilon}_{i,j} \mid \mathcal{B}_{j-1}) = 1 - \frac{C_{i,j-1}}{\sum_{i=0}^{I-j} C_{i,j-1}} < 1. \tag{7.23}$$

这意味着,为了得到估计误差的正确数值,我们需要调整残差观察值 $\widetilde{\varepsilon}_{i,j}$(否则经验分布的方差过小). 这与 § 7.2 和 § 7.3 中的结论相似,在那里我们必须调整拔靴方差.

(2) 注意到

$$\sum_{i=0}^{I-j-1} \sqrt{C_{i,j}}\ \widetilde{\varepsilon}_{i,j} = 0.$$

这表明残差 $\widetilde{\varepsilon}_{i,j+1}$ 的拔靴分布并不是独立的.

在以下讨论中,我们忽略第二个注记,但是我们要调整残差,使得拔靴分布有调整后的方差函数. 定义

$$Z_{i,j} = \left(1 - \frac{C_{i,j-1}}{\sum_{i=0}^{I-j} C_{i,j-1}}\right)^{-1/2} \frac{F_{i,j} - \hat{f}_{j-1}}{\hat{\sigma}_{j-1}\ C_{i,j-1}^{-1/2}}, \tag{7.24}$$

其中估计量 $\hat{f}_j$ 和 $\hat{\sigma}_j^2$ 由(3.4)式给出. 这些残差 $\{Z_{i,j} \mid i+j \leqslant I\}$ 定义了拔靴分布 $\hat{F}_{\mathcal{D}_I}$. 然后,我们从该拔靴分布重新抽样,即

$$Z_{i,j}^* \overset{(d)}{\sim} \hat{F}_{\mathcal{D}_I}. \tag{7.25}$$

于是定义了拔靴观察值 $F_{i,j}^*$, $i+j \leqslant I$. 与 § 7.2 和 § 7.3 中的方法不同,这里产生拔靴观察值 $F_{i,j}^*$ 的步骤并不是直接的. 因为在时间序列中增量是相依的,所以这里既可以采用条件拔靴,也可以采用无条件拔靴.

7.4.1 无条件的估计误差

采用无条件方法时,我们要产生全新的三角形. 暂时我们固定一个事故年 i. 在考虑事故年 i 时,这里我们对三角形 $\mathcal{D}_I \backslash \mathcal{B}_0$ 重新抽样.

因此,无条件方法下的拔靴个体进展因子产生如下: 定义 $C_{i,0}^* = C_{i,0}$,对于 $j \geqslant 1$,

$$C_{i,j}^* = \hat{f}_{j-1}\ C_{i,j-1}^* + \hat{\sigma}_{j-1} \sqrt{C_{i,j-1}^*}\ Z_{i,j}^*, \tag{7.26}$$

无条件拔靴个体进展因子为

$$F_{i,j+1}^* = \frac{C_{i,j+1}^*}{C_{i,j}^*} = \hat{f}_j + \frac{\hat{\sigma}_j}{\sqrt{C_{i,j}^*}}\ Z_{i,j+1}^*.$$

而观察到的拔靴进展因子为

$$\hat{f}_j^* = \frac{\sum_{i=0}^{I-j-1} C_{i,j+1}^*}{\sum_{i=0}^{I-j-1} C_{i,j}^*} = \sum_{i=0}^{I-j-1} \frac{C_{i,j}^*}{\sum_{k=0}^{I-j-1} C_{k,j}^*} F_{i,j+1}^* , \tag{7.27}$$

可得无条件方法下最终索赔 $C_{i,J}$ 的 CL 估计为

$$\hat{C}_{i,J}^* = C_{i,I-i} \prod_{j=I-i}^{J} \hat{f}_j^* .$$

例 7.5(无条件方法) 下面继续讨论例 2.1 对表 3.6 给出的结果,这里进行拔靴分析. 拔靴法适用于三种不同的情形:

(1) 针对残差 $\tilde{\varepsilon}_{i,j}$,使用非参数拔靴法,见(7.22)式;

(2) 针对比例调整后的残差 $Z_{i,j}$,使用非参数拔靴法,见(7.24)式;

(3) 假设残差有标准正态分布,即 $Z_{i,j}^*$ 从 $N(0,1)$ 抽样,使用参数拔靴法.

表 7.4 清晰地显示了在使用非参数拔靴法时我们面临的难点. 注意到给定 $\mathcal{D}_I$ 时, $\{\tilde{\varepsilon}_{i,j} \mid i+j \leqslant I\}$ 和 $\{Z_{i,j} \mid i+j \leqslant I\}$ 对应的拔靴分布均值分别为 -0.0007 和 -0.0008. 这里细微的差别意味着拔靴均值比平均值(CL 法)约低 10 000. 如果我们使用标准正态残差的参数拔靴法,那么拔靴均值几乎等于真实均值(我们使用的模拟此数为 10 000 次).

另外,由表 7.4 可见,对于方差估计,也有类似的结论. 注意到拔靴分布 $\{\tilde{\varepsilon}_{i,j} \mid i+j \leqslant I\}$ 的标准差为 0.915,明显地小于 1. 相应地,我们得到的估计误差也远小于另外两种情形下的估计误差.

表 7.4 链梯法模型中三种不同拔靴法的结果(无条件方法)

	非参数拔靴法下 未调整的 $\tilde{\varepsilon}_{i,j}$	非参数拔靴法下 比例调整的 $Z_{i,j}$	参数拔靴法下 标准正态的 $Z_{i,j}^*$
真实均值	6 047 061	6 047 061	6 047 061
拔靴均值	6 037 418	6 036 929	6 048 247
拔靴标准差	159 948	174 988	184 706

7.4.2 条件估计误差

采用条件方法时,在时间序列中,我们仅需产生下一步的新观察值. 这意味着,在给定 $\mathcal{D}_I$ 的条件下,这种方法总是条件分布. 在条件方法下,拔靴进展因子为

$$\hat{f}_j^* = \sum_{i=0}^{I-j-1} \frac{C_{i,j}}{\sum_{k=0}^{I-j-1} C_{k,j}} F_{i,j+1}^* , \tag{7.28}$$

其中

$$F^*_{i,j+1}=\hat{f}_j+\frac{\hat{\sigma}_j}{\sqrt{C_{i,j}}}Z^*_{i,j+1}\ . \tag{7.29}$$

然后,条件方法下最终索赔 $C_{i,J}$ 的 CL 估计为

$$\hat{C}^*_{i,J}=C_{i,I-i}\prod_{j=I-i}^{J-1}\hat{f}^*_j\ .$$

例 7.6(例 7.1 续,条件方法) 我们把无条件估计误差与条件估计误差加以比较. 由于参数拔靴法给出了与真实的均值最接近的经验拟合,因此我们仅考虑参数拔靴法这种情形. 表 7.5 给出了有关结果,相对于条件拔靴法,无条件拔靴法的标准差较小. 然而,这个差别非常小(甚至可以忽略不计).

表 7.5 无条件拔靴法、条件拔靴法、条件方法的比较

	精确值(条件方法)	无条件拔靴法	条件拔靴法
均值	6 047 061	6 048 247	6 050 768
标准差	185 026	184 706	185 319

另外,由表 7.5 可见,由解析方法得到的标准差为 185 026. 由条件拔靴法得到的为 185 319, 二者几乎没有差别.

参 考 文 献

[1] Efron B. Bootstrap methods: another look at the jackknife. Annals of Statistics, 1979, 7(1): 1-26.

[2] England P D, Verrall R J. Stochastic claims reserving in general insurance. British Actuarial Journal, 2002, 8(3): 443-518.

[3] Pinheiro P J R, Andrade e Silva J M, Centeno M de L. Bootstrap methodology in claim reserving. Journal of Risk and Insurance, 2003, 70(4): 701-714.

第八章　Munich 链梯法

传统链梯法是未决赔款准备金评估最常用的确定性方法，Munich 链梯法采用 Mack 模型的假设，利用已决赔款和已报案赔款数据的相关性调整进展因子，有效减少了链梯法基于已决赔款和已报案赔款数据得到的未决赔款准备金之间的差异. 本章在系统介绍 Munich 链梯法的基础上，结合模型假设，把 Bootstrap 方法应用于 Munich 链梯法中，得到了最终损失和未决赔款准备金的预测分布，并应用 R 软件对非寿险精算实务中的数值实例给出了详细的分析结果.

§8.1　传统链梯法的缺陷及改进的思路

通常情况下，精算师在采用链梯法评估索赔准备金时，会使用已决赔款数据或已报案赔款数据，但这种做法存在一些缺陷. 一方面，对于历史数据中所包含的已决赔款数据和已报案赔款数据之间的关系并未有效使用，未充分利用信息；另一方面，在实务操作中，基于两类数据得到的最终损失存在较大差异，导致精算师对于已决赔款数据和已报案赔款数据的选择产生困惑. 为此，下面考虑两类数据的相关性，进而提出改进链梯法的基本思路.

链梯法的基本假设是每个事故年的赔款支出具有相同的进展模式，也就是说，在预测未决赔款准备金时，每个事故年使用相同的进展因子. 令 $P_{i,j}$ 表示事故年 i 在进展年 j 的累计已决赔款，$I_{i,j}$（$1\leqslant i\leqslant I$, $1\leqslant j\leqslant J$，一般假设 $I=J=n$）表示事故年 i 在进展年 j 的累计已报案赔款. 当 $1\leqslant j\leqslant n+1-i$ 时，$P_{i,j}$ 和 $I_{i,j}$ 为已知数据；当 $n+1-i<j\leqslant n$ 时，$P_{i,j}$ 和 $I_{i,j}$ 为未知量，有待预测. 定义事故年 i 在进展年 j 的 $(P/I)_{i,j}$ 比率为

$$(P/I)_{i,j}=\frac{P_{i,j}}{I_{i,j}}. \tag{8.1}$$

所有事故年在第 j 个进展年的加权平均 $(P/I)_j$ 比率为

$$(P/I)_j=\frac{1}{\sum\limits_{i=1}^{n}I_{i,j}}\sum_{i=1}^{n}I_{i,j}(P/I)_{i,j}=\frac{\sum\limits_{i=1}^{n}P_{i,j}}{\sum\limits_{i=1}^{n}I_{i,j}}. \tag{8.2}$$

对于进展年 $j=1,2,\cdots,n-1$，令 $f^{P}_{j\to j+1}$ 表示已决赔款从进展年 j 到进展年 $j+1$ 的加权平均进展因子，$f^{I}_{j\to j+1}$ 表示已报案赔款从进展年 j 到进展年 $j+1$ 的加权平均进展因子，即

$$f^P_{j\to j+1}=\frac{\sum\limits_{i=1}^{n-j}P_{i,j+1}}{\sum\limits_{i=1}^{n-j}P_{i,j}},\quad f^I_{j\to j+1}=\frac{\sum\limits_{i=1}^{n-j}I_{i,j+1}}{\sum\limits_{i=1}^{n-j}I_{i,j}},\tag{8.3}$$

对于预测量 $P_{i,j}$ 和 $I_{i,j}$（$n+1-i<j\leqslant n$），由链梯法可得

$$P_{i,j+1}=P_{i,j}f^P_{j\to j+1},\quad I_{i,j+1}=I_{i,j}f^I_{j\to j+1}.\tag{8.4}$$

进而得到 $(P/I)_{i,j}$ 比率的预测量为

$$(P/I)_{i,j}=\frac{P_{i,j}}{I_{i,j}}=\frac{P_{i,n+1-i}f^P_{n+1-i\to n+2-i}\cdots f^P_{j-1\to j}}{I_{i,n+1-i}f^I_{n+1-i\to n+2-i}\cdots f^I_{j-1\to j}}.\tag{8.5}$$

在链梯法中，利用(8.3)和(8.4)两式，可以推导出

$$\begin{aligned}f^P_{j\to j+1}\sum_{i=1}^{n}P_{i,j}&=f^P_{j\to j+1}\Big(\sum_{i=1}^{n-j}P_{i,j}+\sum_{i=n-j+1}^{n}P_{i,j}\Big)\\&=\frac{\sum\limits_{i=1}^{n-j}P_{i,j+1}}{\sum\limits_{i=1}^{n-j}P_{i,j}}\sum_{i=1}^{n-j}P_{i,j}+\sum_{i=n-j+1}^{n}f^P_{j\to j+1}P_{i,j}\\&=\sum_{i=1}^{n-j}P_{i,j+1}+\sum_{i=n-j+1}^{n}P_{i,j+1}\\&=\sum_{i=1}^{n}P_{i,j+1}.\end{aligned}\tag{8.6}$$

联合(8.3)式，即得到

$$f^P_{j\to j+1}=\frac{\sum\limits_{i=1}^{n}P_{i,j+1}}{\sum\limits_{i=1}^{n}P_{i,j}}=\frac{\sum\limits_{i=1}^{n-j}P_{i,j+1}}{\sum\limits_{i=1}^{n-j}P_{i,j}}.\tag{8.7}$$

同理，可以得到

$$f^I_{j\to j+1}=\frac{\sum\limits_{i=1}^{n}I_{i,j+1}}{\sum\limits_{i=1}^{n}I_{i,j}}=\frac{\sum\limits_{i=1}^{n-j}I_{i,j+1}}{\sum\limits_{i=1}^{n-j}I_{i,j}}.\tag{8.8}$$

将(8.7)和(8.8)两式的前半部分代入(8.5)式，化简得到

$$(P/I)_{i,j}=\frac{P_{i,n+1-i}\sum\limits_{i=1}^{n}P_{i,j}}{\sum\limits_{i=1}^{n}P_{i,n+1-i}}\Bigg/\frac{I_{i,n+1-i}\sum\limits_{i=1}^{n}I_{i,j}}{\sum\limits_{i=1}^{n}I_{i,n+1-i}}.\tag{8.9}$$

对(8.9)式变形整理后，可得以下重要结论：

$$\frac{(P/I)_{i,j}}{(P/I)_j}=\frac{(P/I)_{i,n+1-i}}{(P/I)_{n+1-i}},\quad n+1-i<j\leqslant n. \tag{8.10}$$

(8.10)式表明，每一事故年的 $(P/I)_{i,j}$ 比率的预测值与所有事故年的加权平均 $(P/I)_j$ 比率之比为常数，(8.10)式右边等于当前日历年(索赔准备金评估日、对应于对角线)对应的比值. 也就是说，对于任一事故年 i，如果在索赔准备金评估日，该比值大于1，那么在进展年 n 年末，该比值也大于1. 对(8.10)式变形可得

$$(P/I)_{i,j}-(P/I)_j=(P/I)_j\left[\frac{(P/I)_{i,n+1-i}}{(P/I)_{n+1-i}}-1\right]. \tag{8.11}$$

在索赔准备金评估日，如果(8.10)式的右边大于1，那么(8.11)式的左边为关于进展年 j 的增函数. 也就是说，如果事故年 i 的 $(P/I)_{i,n+1-i}$ 比率比所有事故年的平均 $(P/I)_{n+1-i}$ 比率大，链梯法会把这种趋势在进展中逐步扩大. 同理，如果事故年 i 的 $(P/I)_{i,n+1-i}$ 比率比所有事故年的平均 $(P/I)_{n+1-i}$ 比率小，链梯法也会把这种趋势在进展中逐步扩大. 下面以 Quarg，Mack(2004)[1]中的已决赔款和已报案赔款流量三角形数据为例，应用链梯法得到各事故年在每一进展年的 $(P/I)_{i,j}$ 比率和所有事故年平均 $(P/I)_j$ 比率，如图 8.1 所示.

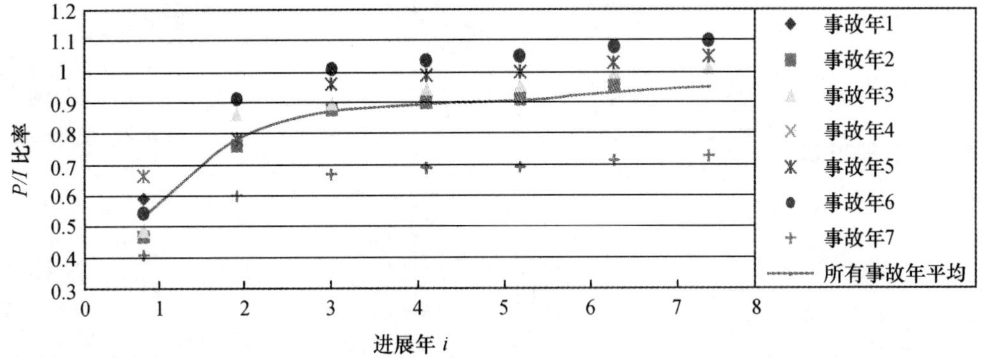

图 8.1　链梯法中各事故年在每一进展年的 $(P/I)_{i,j}$ 比率和平均 $(P/I)_j$ 比率

从图 8.1 可以看出，随着事故年的增加，各进展年的 $(P/I)_{i,j}$ 比率离平均 $(P/I)_j$ 比率的距离越来越远，导致第 7 个事故年在最后进展年(第 7 进展年)的 $(P/I)_{7,7}$ 比率只有 0.727，与1的差距最远. 另一方面，如果考虑到实际意义，可以预期，随着进展年 j 的增大，比率 $(P/I)_{i,j}$ 和比率 $(P/I)_j$ 都应以递增的方式趋近于1.

由于链梯法在评估索赔准备金时存在的上述缺陷，Quarg，Mack(2004)提出了 Munich Chain Ladder(MCL)方法，目的是为了更准确地评估未决赔款准备金.

§8.2　MCL 方法

8.2.1　MCL 方法的基本思路

MCL 方法通过调整进展因子来减小基于已决赔款和已报案赔款数据得到的最终损失之间的差异,其基本思路是：对于给定的已决赔款数据和已报案赔款数据,如果发现单个进展因子集合($\{f_{i,j}^P\}$ 和 $\{f_{i,j}^I\}$)与比率集合($\{(P/I)_{i,j}\}$ 和 $\{(I/P)_{i,j}\}$)有某种关系(如线性关系),那么就要利用这种关系,对单个进展因子加以调整.具体来说,考虑事故年 i,如果在索赔准备金评估日的 $(P/I)_{i,n+1-i}$ 比率低于平均 $(P/I)_{n+1-i}$ 比率,那么意味着与其他事故年相比,事故年 i 截至准备金评估日的已决赔款偏少,或者已报案未决赔款准备金偏多,因此在未来进展年的赔款额会增加,从而应该增加下一进展年的已决赔款进展因子,减小已报案赔款进展因子.反之,如果在索赔准备金评估日的 $(P/I)_{i,n+1-i}$ 比率高于平均 $(P/I)_{n+1-i}$ 比率,那么应该减小下一进展年的已决赔款进展因子,增加已报案赔款进展因子.

8.2.2　MCL 方法的假设

MCL 方法建立在 Mack 模型[2]假设的基础上,并把已决赔款和已报案赔款同时考虑,进而扩展了 Mack 模型的假设.令 $\boldsymbol{P}_i(j)=\{P_i(1),P_i(2),\cdots,P_i(j)\}$ 表示事故年 i 到进展年 j 的累计已决赔款进展序列,$\boldsymbol{I}_i(j)=\{I_i(1),I_i(2),\cdots,I_i(j)\}$ 表示事故年 i 到进展年 j 的累计已报案赔款进展序列.下面给出 MCL 方法的假设.

1. 基于 Mack 模型的假设

(1) 对不同的事故年 i 和 k,$\{P_{i,j}\}$和$\{P_{k,j}\}$是相互独立的.同样的,$\{I_{i,j}\}$和$\{I_{k,j}\}$也是相互独立的.

(2) 对所有的 $1\leqslant i\leqslant n,1\leqslant j\leqslant n$,存在进展因子 $f_{j\to j+1}^P>0$ 和 $f_{j\to j+1}^I>0$,使得

$$\mathrm{E}\left(\frac{P_{i,j+1}}{P_{i,j}}\,\middle|\,\boldsymbol{P}_i(j)\right)=f_{j\to j+1}^P,\quad \mathrm{E}\left(\frac{I_{i,j+1}}{I_{i,j}}\,\middle|\,\boldsymbol{I}_i(j)\right)=f_{j\to j+1}^I.\tag{8.12}$$

(3) 对所有的 $1\leqslant i\leqslant n,1\leqslant j\leqslant n$,存在方差参数 $\sigma_{j\to j+1}^P\geqslant 0$ 和 $\sigma_{j\to j+1}^I\geqslant 0$,使得

$$\mathrm{Var}\left(\frac{P_{i,j+1}}{P_{i,j}}\,\middle|\,\boldsymbol{P}_i(j)\right)=\frac{(\sigma_{j\to j+1}^P)^2}{P_{i,j}},\quad \mathrm{Var}\left(\frac{I_{i,j+1}}{I_{i,j}}\,\middle|\,\boldsymbol{I}_i(j)\right)=\frac{(\sigma_{j\to j+1}^I)^2}{I_{i,j}}.\tag{8.13}$$

对上述三个假设可解释如下：对于已决赔款和已报案赔款数据,假设(1)表明不同事故年的赔款额是相互独立的,从而是不相关的;假设(2)和(3)表明,不同事故年有相同的进展因子序列,而且链梯法应用最近的观察值来预测未来的赔款.

2. MCL 方法的扩展假设

(1) 定义 P/I 过程.

对所有的事故年 i，令

$$Q_i=\frac{P_i}{I_i}=\left(\frac{P_{i,j}}{I_{i,j}}\right)_{j\in\{1,2,\cdots,n\}}=(Q_{i,j})_{j\in\{1,2,\cdots,n\}}$$

表示 P/I 过程.

对所有的 $1\leqslant i\leqslant n,1\leqslant j\leqslant n$,存在比率 $q_j>0$ 和方差参数 $\rho_j^I\geqslant 0$,使得

$$\mathrm{E}(Q_{i,j}\mid \boldsymbol{I}_i(j))=q_j,\quad \mathrm{Var}(Q_{i,j}\mid \boldsymbol{I}_i(j))=\frac{(\rho_j^I)^2}{I_{i,j}} \tag{8.14}$$

(2) 定义条件残差.

定义进展因子的条件残差为

$$\mathrm{res}\left(\frac{P_{i,j+1}}{P_{i,j}}\middle| \boldsymbol{P}_i(j)\right)=\frac{\dfrac{P_{i,j+1}}{P_{i,j}}-\mathrm{E}\left(\dfrac{P_{i,j+1}}{P_{i,j}}\middle| \boldsymbol{P}_i(j)\right)}{\sqrt{\mathrm{Var}\left(\dfrac{P_{i,j+1}}{P_{i,j}}\middle| \boldsymbol{P}_i(j)\right)}},$$

$$\mathrm{res}\left(\frac{I_{i,j+1}}{I_{i,j}}\middle| \boldsymbol{I}_i(j)\right)=\frac{\dfrac{I_{i,j+1}}{I_{i,j}}-\mathrm{E}\left(\dfrac{I_{i,j+1}}{I_{i,j}}\middle| \boldsymbol{I}_i(j)\right)}{\sqrt{\mathrm{Var}\left(\dfrac{I_{i,j+1}}{I_{i,j}}\middle| \boldsymbol{I}_i(j)\right)}}.$$

容易看出

$$\mathrm{E}\left[\mathrm{res}\left(\frac{P_{i,j+1}}{P_{i,j}}\middle| \boldsymbol{P}_i(j)\right)\right]=0,\quad \mathrm{Var}\left[\mathrm{res}\left(\frac{P_{i,j+1}}{P_{i,j}}\middle| \boldsymbol{P}_i(j)\right)\right]=1,$$

$$\mathrm{E}\left[\mathrm{res}\left(\frac{I_{i,j+1}}{I_{i,j}}\middle| \boldsymbol{I}_i(j)\right)\right]=0,\quad \mathrm{Var}\left[\mathrm{res}\left(\frac{I_{i,j+1}}{I_{i,j}}\middle| \boldsymbol{I}_i(j)\right)\right]=1,$$

类似地,定义 P/I 比率和 I/P 比率的条件残差为

$$\mathrm{res}(Q_{i,j}\mid \boldsymbol{I}_i(j))=\frac{\dfrac{P_{i,j}}{I_{i,j}}-\mathrm{E}\left(\dfrac{P_{i,j}}{I_{i,j}}\middle| \boldsymbol{I}_i(j)\right)}{\sqrt{\mathrm{Var}\left(\dfrac{P_{i,j}}{I_{i,j}}\middle| \boldsymbol{I}_i(j)\right)}},\quad \mathrm{res}(Q_{i,j}^{-1}\mid \boldsymbol{P}_i(j))=\frac{\dfrac{I_{i,j}}{P_{i,j}}-\mathrm{E}\left(\dfrac{I_{i,j}}{P_{i,j}}\middle| \boldsymbol{P}_i(j)\right)}{\sqrt{\mathrm{Var}\left(\dfrac{I_{i,j}}{P_{i,j}}\middle| \boldsymbol{P}_i(j)\right)}},$$

其对应的均值为 0,方差为 1.

(3) 考虑进展因子和 P/I 比率的相关性.

令 $\boldsymbol{B}_i(j)=\{\boldsymbol{P}_i(1),\boldsymbol{P}_i(2),\cdots,\boldsymbol{P}_i(j),\boldsymbol{I}_i(1),\boldsymbol{I}_i(2),\cdots,\boldsymbol{I}_i(j)\}$，由 MCL 方法的基本思路可知,对所有的事故年 i，存在常数 λ^P 和 λ^I，使得进展因子条件残差与 I/P 比率(或 P/I 比率)的条件残差之间满足如下线性关系：

$$\mathrm{E}\left(\mathrm{res}\left(\frac{P_{i,j+1}}{P_{i,j}}\middle| \boldsymbol{P}_i(j)\right)\middle| \boldsymbol{B}_i(j)\right)=\lambda^P\mathrm{res}\left(Q_{i,j}^{-1}\mid \boldsymbol{P}_i(j)\right), \tag{8.15}$$

$$\mathrm{E}\left(\mathrm{res}\left(\frac{I_{i,j+1}}{I_{i,j}}\middle| \boldsymbol{I}_i(j)\right)\middle| \boldsymbol{B}_i(j)\right)=\lambda^I\mathrm{res}\left(Q_{i,j}\mid \boldsymbol{I}_i(j)\right). \tag{8.16}$$

对(8.15)式进行整理,得到

$$\mathrm{E}\left[\left.\frac{\dfrac{P_{i,j+1}}{P_{i,j}}-\mathrm{E}\left(\dfrac{P_{i,j+1}}{P_{i,j}}\,\middle|\,\boldsymbol{P}_i(j)\right)}{\sigma\left(\dfrac{P_{i,j+1}}{P_{i,j}}\,\middle|\,\boldsymbol{P}_i(j)\right)}\right|\boldsymbol{B}_i(j)\right]=\lambda^P\frac{Q_{i,j}^{-1}-\mathrm{E}(Q_{i,j}^{-1}\mid\boldsymbol{P}_i(j))}{\sigma(Q_{i,j}^{-1}\mid\boldsymbol{P}_i(j))},\tag{8.17}$$

其中

$$\sigma\left(\frac{P_{i,j+1}}{P_{i,j}}\,\middle|\,\boldsymbol{P}_i(j)\right)=\sqrt{\mathrm{Var}\left(\frac{P_{i,j+1}}{P_{i,j}}\,\middle|\,\boldsymbol{P}_i(j)\right)},\quad \sigma(Q_{i,j}^{-1}\mid P_i(j))=\sqrt{\mathrm{Var}\left(\frac{I_{i,j}}{P_{i,j}}\,\middle|\,\boldsymbol{P}_i(j)\right)}.$$

由(8.17)式,进一步得到

$$\mathrm{E}\left(\frac{P_{i,j+1}}{P_{i,j}}\,\middle|\,\boldsymbol{B}_i(j)\right)=f_{j\to j+1}^P+\lambda^P\frac{\sigma\left(\dfrac{P_{i,j+1}}{P_{i,j}}\,\middle|\,\boldsymbol{P}_i(j)\right)}{\sigma(Q_{i,j}^{-1}\mid\boldsymbol{P}_i(j))}[Q_{i,j}^{-1}-\mathrm{E}(Q_{i,j}^{-1}\mid\boldsymbol{P}_i(j))].\tag{8.18}$$

同理可得

$$\mathrm{E}\left(\frac{I_{i,j+1}}{I_{i,j}}\,\middle|\,\boldsymbol{B}_i(j)\right)=f_{j\to j+1}^I+\lambda^I\frac{\sigma\left(\dfrac{I_{i,j+1}}{I_{i,j}}\,\middle|\,\boldsymbol{I}_i(j)\right)}{\sigma(Q_{i,j}\mid\boldsymbol{I}_i(j))}[Q_{i,j}-\mathrm{E}(Q_{i,j}\mid\boldsymbol{I}_i(j))].\tag{8.19}$$

(4)从信度理论的角度解释 MCL 的进展因子.

MCL 方法考虑进展因子和 P/I 比率(或 I/P 比率)的相关性,进而修正进展因子.按照这种思路,可以把(8.18)式改写一下.对于已决赔款数据,存在信度因子 $Z_{i,j}^P$ ($1<i\leqslant n$, $n+1-i<j\leqslant n$),使得

$$(1-Z_{i,j})f_{j\to j+1}^P+Z_{i,j}(\lambda^P Q_{i,j}^{-1})=f_{j\to j+1}^P+\lambda^P\frac{\sigma\left(\dfrac{P_{i,j+1}}{P_{i,j}}\,\middle|\,\boldsymbol{P}_i(j)\right)}{\sigma(Q_{i,j}^{-1}\mid\boldsymbol{P}_i(j))}[Q_{i,j}^{-1}-\mathrm{E}(Q_{i,j}^{-1}\mid\boldsymbol{P}_i(j))]$$

成立.比较左右两边,可以得到

$$Z_{i,j}^P=\left\{\lambda^P\frac{[Q_{i,j}^{-1}-\mathrm{E}(Q_{i,j}^{-1}\mid\boldsymbol{P}_i(j))]}{\sigma(Q_{i,j}^{-1}\mid\boldsymbol{P}_i(j))}\right\}\Bigg/\left[\frac{\lambda^P Q_{i,j}^{-1}-f_{j\to j+1}^P}{\sigma\left(\dfrac{P_{i,j+1}}{P_{i,j}}\,\middle|\,\boldsymbol{P}_i(j)\right)}\right].$$

同理,对于已报案赔款数据,存在类似的信度因子

$$Z_{i,j}^I=\left\{\lambda^I\frac{[Q_{i,j}-\mathrm{E}(Q_{i,j}\mid\boldsymbol{I}_i(j))]}{\sigma(Q_{i,j}\mid\boldsymbol{I}_i(j))}\right\}\Bigg/\left[\frac{\lambda^I Q_{i,j}-f_{j\to j+1}^I}{\sigma\left(\dfrac{I_{i,j+1}}{I_{i,j}}\,\middle|\,\boldsymbol{I}_i(j)\right)}\right],\quad 1<i\leqslant n,\ n+1-i<j\leqslant n.$$

8.2.3 MCL 方法中参数 λ^P 和 λ^I 的确定

$$\begin{aligned}\mathrm{Cov}\left(Q_{i,j}^{-1},\frac{P_{i,j+1}}{P_{i,j}}\,\middle|\,\boldsymbol{P}_i(j)\right)&=\mathrm{Cov}\left(Q_{i,j}^{-1},\mathrm{E}\left(\frac{P_{i,j+1}}{P_{i,j}}\,\middle|\,\boldsymbol{B}_i(j)\right)\middle|\,\boldsymbol{P}_i(j)\right)\\&=\mathrm{Cov}\left(Q_{i,j}^{-1},f_{j\to j+1}^P+\lambda^P\frac{\sigma\left(\dfrac{P_{i,j+1}}{P_{i,j}}\,\middle|\,\boldsymbol{P}_i(j)\right)}{\sigma(Q_{i,j}^{-1}\mid\boldsymbol{P}_i(j))}[Q_{i,j}^{-1}-\mathrm{E}(Q_{i,j}^{-1}\mid\boldsymbol{P}_i(j))]\,\middle|\,\boldsymbol{P}_i(j)\right)\end{aligned}$$

$$= \lambda^{P} \frac{\sigma\left(\frac{P_{i,j+1}}{P_{i,j}} \middle| \boldsymbol{P}_i(j)\right)}{\sigma(Q_{i,j}^{-1} \mid \boldsymbol{P}_i(j))} \mathrm{Var}(Q_{i,j}^{-1} \mid \boldsymbol{P}_i(j))$$

$$= \lambda^{P} \sigma\left(\frac{P_{i,j+1}}{P_{i,j}} \middle| \boldsymbol{P}_i(j)\right) \sigma(Q_{i,j}^{-1} \mid \boldsymbol{P}_i(j)). \tag{8.20}$$

由(8.20)式,可得

$$\lambda^{P} = \mathrm{Corr}\left(Q_{i,j}^{-1}, \frac{P_{i,j+1}}{P_{i,j}} \middle| \boldsymbol{P}_i(j)\right). \tag{8.21}$$

同理可得

$$\lambda^{I} = \mathrm{Corr}\left(Q_{i,j}, \frac{I_{i,j+1}}{I_{i,j}} \middle| \boldsymbol{I}_i(j)\right). \tag{8.22}$$

进一步得到

$$\lambda^{P} = \mathrm{Corr}\left(\mathrm{res}(Q_{i,j}^{-1} \mid \boldsymbol{P}_i(j)), \mathrm{res}\left(\frac{P_{i,j+1}}{P_{i,j}} \middle| \boldsymbol{P}_i(j)\right)\right), \tag{8.23}$$

$$\lambda^{I} = \mathrm{Corr}\left(\mathrm{res}(Q_{i,j} \mid \boldsymbol{I}_i(j)), \mathrm{res}\left(\frac{I_{i,j+1}}{I_{i,j}} \middle| \boldsymbol{I}_i(j)\right)\right). \tag{8.24}$$

8.2.4 MCL 方法的参数估计

1. 基于 Mack 模型的参数的无偏估计

(1) 进展因子的无偏估计为

$$\hat{f}_{j\to j+1}^{P} = \frac{\sum_{i=1}^{n-j} P_{i,j+1}}{\sum_{i=1}^{n-j} P_{i,j}}, \quad \hat{f}_{j\to j+1}^{I} = \frac{\sum_{i=1}^{n-j} I_{i,j+1}}{\sum_{i=1}^{n-j} I_{i,j}}. \tag{8.25}$$

(2) 方差参数的无偏估计为

$$(\hat{\sigma}_{j\to j+1}^{P})^2 = \frac{1}{n-j-1} \sum_{i=1}^{n-j} P_{i,j} \left(\frac{P_{i,j+1}}{P_{i,j}} - \hat{f}_{j\to j+1}^{P}\right)^2, \quad 1 \leqslant j \leqslant n-2, \tag{8.26}$$

$$(\hat{\sigma}_{j\to j+1}^{I})^2 = \frac{1}{n-j-1} \sum_{i=1}^{n-j} I_{i,j} \left(\frac{I_{i,j+1}}{I_{i,j}} - \hat{f}_{j\to j+1}^{I}\right)^2, \quad 1 \leqslant j \leqslant n-2, \tag{8.27}$$

上述(8.26)和(8.27)两式并没有给出关于 $\sigma_{n-1\to n}^2$ 的估计. 以已决赔款为例,这是因为在进展年 $n-1$ 和 n 之间仅有一个观察值 $\frac{P_{i,n}}{P_{i,n-1}}$ 不足以估计两个参数 $f_{n-1\to n}^{P}$ 和 $(\sigma_{n-1\to n}^{P})^2$.

下面给出 σ_{n-1}^2 的一种近似估计:

$$(\hat{\sigma}_{n-1\to n}^{P})^2 = \min\{(\hat{\sigma}_{n-3\to n-2}^{P})^2, (\hat{\sigma}_{n-2\to n-1}^{P})^2\},$$
$$(\hat{\sigma}_{n-1\to n}^{I})^2 = \min\{(\hat{\sigma}_{n-3\to n-2}^{I})^2, (\hat{\sigma}_{n-2\to n-1}^{I})^2\}. \tag{8.28}$$

2. MCL 方法的扩展参数估计

(1) P/I 比率的无偏估计为

$$\hat{q}_j = \frac{\sum_{i=1}^{n+1-j} P_{i,j}}{\sum_{i=1}^{n+1-j} I_{i,j}}, \quad \hat{q}_j^{-1} = \frac{\sum_{i=1}^{n+1-j} I_{i,j}}{\sum_{i=1}^{n+1-j} P_{i,j}}. \tag{8.29}$$

(2) P/I 过程的方差参数的无偏估计为

$$(\hat{\rho}_j^P)^2 = \frac{1}{n-j} \sum_{i=1}^{n+1-j} P_{i,j} (Q_{i,j}^{-1} - \hat{q}_j^{-1})^2, \quad 1 \leqslant j \leqslant n-1, \tag{8.30}$$

$$(\hat{\rho}_j^I)^2 = \frac{1}{n-j} \sum_{i=1}^{n+1-j} I_{i,j} (Q_{i,j} - \hat{q}_j)^2, \quad 1 \leqslant j \leqslant n-1. \tag{8.31}$$

类似地,下面给出 ρ_n^2 的一种近似估计:

$$(\hat{\rho}_n^P)^2 = \min\{(\hat{\rho}_{n-2}^P)^2, (\hat{\rho}_{n-1}^P)^2\}, \quad (\hat{\rho}_n^I)^2 = \min\{(\hat{\rho}_{n-2}^I)^2, (\hat{\rho}_{n-1}^I)^2\}. \tag{8.32}$$

不过,在 MCL 方法的累计赔款的估计中,并不需要(8.32)式,这里只是出于与(8.28)式统一的目的.

(3) MCL 方法中参数 λ^P 和 λ^I 的估计.

采用最小二乘估计(OLS)方法,得到 λ^P 和 λ^I 的估计为

$$\hat{\lambda}^P = \frac{\sum_{i=1}^{n} \operatorname{res}(Q_{i,j}^{-1} \mid \boldsymbol{P}_i(j)) \cdot \operatorname{res}\left(\frac{P_{i,j+1}}{P_{i,j}} \,\middle|\, \boldsymbol{P}_i(j)\right)}{\sum_{i=1}^{n} \operatorname{res}(Q_{i,j}^{-1} \mid \boldsymbol{P}_i(j))}, \quad 1 \leqslant j \leqslant n+1-i, \tag{8.33}$$

$$\hat{\lambda}^I = \frac{\sum_{i=1}^{n} \operatorname{res}(Q_{i,j} \mid \boldsymbol{I}_i(j)) \cdot \operatorname{res}\left(\frac{I_{i,j+1}}{I_{i,j}} \,\middle|\, \boldsymbol{I}_i(j)\right)}{\sum_{i=1}^{n} \operatorname{res}(Q_{i,j} \mid \boldsymbol{I}_i(j))}, \quad 1 \leqslant j \leqslant n+1-i. \tag{8.34}$$

3. MCL 方法的累计赔款估计的递推公式

根据(8.18)和(8.19)式,可以定义如下递推公式:

$$\hat{P}_{i,j+1} = \hat{P}_{i,j}\left[\hat{f}_{j\to j+1}^P + \hat{\lambda}^P \frac{\hat{\sigma}_{j\to j+1}^P}{\hat{\rho}_j^P}\left(\frac{\hat{I}_{i,j}}{\hat{P}_{i,j}} - \hat{q}_j^{-1}\right)\right], \quad 1 < i \leqslant n,\ n+1-i < j \leqslant n-1, \tag{8.35}$$

$$\hat{I}_{i,j+1} = \hat{I}_{i,j}\left[\hat{f}_{j\to j+1}^I + \hat{\lambda}^I \frac{\hat{\sigma}_{j\to j+1}^I}{\hat{\rho}_j^I}\left(\frac{\hat{P}_{i,j}}{\hat{I}_{i,j}} - \hat{q}_j\right)\right], \quad 1 < i \leqslant n,\ n+1-i < j \leqslant n-1. \tag{8.36}$$

4. 最终损失和未决赔款准备金的估计

在 MCL 方法中,可以得到最终损失的两个估计 $\sum_{i=1}^{n} \hat{P}_{i,n}$ 和 $\sum_{i=1}^{n} \hat{I}_{i,n}$,进而得到以下两个

未决赔款准备金(RV)的估计为：

$$\mathrm{rv}^P = \sum_{i=2}^{n} (\hat{P}_{i,n} - P_{i,n+1-i}), \quad \mathrm{rv}^I = \sum_{i=2}^{n} (\hat{I}_{i,n} - P_{i,n+1-i}). \tag{8.37}$$

相应的已发生未报案未决赔款准备金(IBNR)的估计分别为

$$\mathrm{ibnr}^P = \sum_{i=2}^{n} (\hat{P}_{i,n} - I_{i,n+1-i}), \quad \mathrm{ibnr}^I = \sum_{i=2}^{n} (\hat{I}_{i,n} - I_{i,n+1-i}). \tag{8.38}$$

8.2.5 MCL 方法中预测均方误差的估计

基于已决赔款数据计算，事故年 i 未决赔款准备金 $\hat{R}_i^P$ 的 MSEP 的估计量为

$$\widehat{\mathrm{msep}}(\hat{R}_i^P) = \hat{P}_{i,n}^2 \sum_{j=n+1-i}^{n-1} \left(\frac{(\hat{\sigma}_{j\to j+1}^P)^2}{(\hat{f}_{j\to j+1}^P)^2} \right) \left[\frac{1}{\hat{P}_{i,j}} + \frac{1}{\sum_{i=1}^{n-j} P_{i,j}} \right], \quad 2 \leqslant i \leqslant n. \tag{8.39}$$

基于已报案赔款数据计算，事故年 i 未决赔款准备金 $\hat{R}_i^I$ 的 MSEP 的估计量为

$$\widehat{\mathrm{msep}}(\hat{R}_i^I) = \hat{I}_{i,n}^2 \sum_{j=n+1-i}^{n-1} \left(\frac{(\hat{\sigma}_{j\to j+1}^I)^2}{(\hat{f}_{j\to j+1}^I)^2} \right) \left[\frac{1}{\hat{I}_{i,j}} + \frac{1}{\sum_{i=1}^{n-j} I_{i,j}} \right], \quad 2 \leqslant i \leqslant n. \tag{8.40}$$

基于已决赔款数据计算，所有事故年未决赔款准备金总额 $\hat{R}^P$ 的 MSEP 的估计量为

$$\widehat{\mathrm{msep}}\left(\sum_{i=2}^{n} \hat{R}_i^P\right) = \sum_{i=2}^{n} \widehat{\mathrm{msep}}(\hat{R}_i^P) + 2 \sum_{2\leqslant i<k\leqslant n} \hat{P}_{i,n} \hat{P}_{k,n} \sum_{j=n+1-i}^{n-1} \frac{(\hat{\sigma}_{j\to j+1}^P)^2}{(\hat{f}_{j\to j+1}^P)^2} \frac{1}{\sum_{i=1}^{n-j} P_{i,j}}. \tag{8.41}$$

基于已报案赔款数据计算，所有事故年未决赔款准备金总额 $\hat{R}^I$ 的 MSEP 的估计量为

$$\widehat{\mathrm{msep}}\left(\sum_{i=2}^{n} \hat{R}_i^I\right) = \sum_{i=2}^{n} \widehat{\mathrm{msep}}(\hat{R}_i^I) + 2 \sum_{2\leqslant i<k\leqslant n} \hat{I}_{i,n} \hat{I}_{k,n} \sum_{j=n+1-i}^{n-1} \frac{(\hat{\sigma}_{j\to j+1}^I)^2}{(\hat{f}_{j\to j+1}^I)^2} \frac{1}{\sum_{i=1}^{n-j} I_{i,j}}. \tag{8.42}$$

§8.3 基于 Bootstrap 的随机性 MCL 方法

在未决赔款准备金评估中，MCL 方法较好地考虑了已决赔款和已报案赔款数据，从而可以充分利用已有信息，得到未决赔款准备金的合理估计以及 MSEP 估计[3]，对未决赔款准备金的波动性有了一定的度量. 但是利用式(8.39)—(8.42)式给出的解析解估计 MSEP 相对较复杂，并且 MSEP 只考虑了未决赔款准备金的一阶矩和二阶矩，并未充分度量其波动性. 作为更深入的研究，可以应用 Bootstrap 方法[4]得出参数误差，同时结合模型假设，进一步通过随机模拟考虑过程方差，不仅可以得到 MSEP 的估计，而且可以得到未决赔款准备金完整的预测分布[5]. 本节将在 MCL 方法的假设下，分别基于已决赔款、已报案赔款数据得出未决赔款准备金的预测分布，进而得到各种分布特征. 这为索赔准备金评估的确定性方法向随机性方法转化提供了一种合理的思路.

8.3.1　在 MCL 方法中应用 Bootstrap 方法模拟未决赔款准备金的预测分布

1. 基于 Bootstrap 方法的随机性 MCL 方法的两种基本思路

(1) 在应用 Bootstrap 方法时,考虑两类增量赔款数据的残差,其基本思路为:

① 将累计已决赔款数据 $P_{i,j}$ 和累计已报案赔款数据 $I_{i,j}$ 转化为增量已决赔款数据 $X_{i,j}^{P}$ 和增量已报案赔款数据 $X_{i,j}^{I}$,其中 $i \geqslant 1, j \geqslant 1, i+j \leqslant n+1$.

② 构造残差[6]. 考虑到 Mack 模型的假设,对于不同的事故年 i 和 k,$\{P_{i,j}\}$ 和 $\{P_{k,j}\}$,$\{I_{i,j}\}$ 和 $\{I_{k,j}\}$ 是相互独立的. 这里对上三角增量数据以列为研究对象,求每列数据的样本均值 $\overline{X}_j^P$ 和 $\overline{X}_j^I$ 及样本标准差 σ_j^P 和 σ_j^I. 对每列数据标准化,得到构造的残差的流量三角形分别为

$$\operatorname{res}(X_{i,j}^P) = \frac{X_{i,j}^P - \overline{X}_j^P}{\sigma_j^P}, \quad \operatorname{res}(X_{i,j}^I) = \frac{X_{i,j}^I - \overline{X}_j^I}{\sigma_j^I}, \quad i \geqslant 1,\ j \geqslant 1,\ i+j \leqslant n+1.$$

③ 这里对残差进行了调整,然后对调整后的残差进行 Bootstrap 再抽样,其后对 Bootstrap 再抽样进行变换,得到模拟的上三角增量赔款数据,进而得到模拟的上三角累计赔款数据.

④ 应用 MCL 方法,计算相应的模拟累计已决赔款 $\hat{P}_{i,j}^B$ 和累计已报案赔款 $\hat{I}_{i,j}^B$(下三角),得到两种累计数据情况下的最终损失、未决赔款准备金和 IBNR 的均值估计.

⑤ 基于 MCL 方法的假设,从最近评估日历年(即主对角线)开始,进一步假定

$$P_{i,j+1} \sim N(\hat{f}'^{PB}_{j\to j+1}\,\hat{P}_{i,j}^B, (\hat{\sigma}_{j\to j+1}^P)^{2B}\,\hat{P}_{i,j}^B), \quad 1 < i \leqslant n,\ n+1-i \leqslant j \leqslant n-1,$$

$$I_{i,j+1} \sim N(\hat{f}'^{IB}_{j\to j+1}\,\hat{I}_{i,j}^B, (\hat{\sigma}_{j\to j+1}^I)^{2B}\,\hat{I}_{i,j}^B), \quad 1 < i \leqslant n,\ n+1-i \leqslant j \leqslant n-1,$$

其中

$$\hat{f}'^{PB}_{j\to j+1} = \hat{f}^{PB}_{j\to j+1} + \hat{\lambda}^{PB}\frac{\hat{\sigma}^{PB}_{j\to j+1}}{\hat{\rho}_j^{PB}}\left(\frac{\hat{I}_{i,j}^B}{\hat{P}_{i,j}^B} - \hat{q}_j^{-1B}\right),$$

$$\hat{f}'^{IB}_{j\to j+1} = \hat{f}^{IB}_{j\to j+1} + \hat{\lambda}^{IB}\frac{\hat{\sigma}^{IB}_{j\to j+1}}{\hat{\rho}_j^{IB}}\left(\frac{\hat{P}_{i,j}^B}{\hat{I}_{i,j}^B} - \hat{q}_j^{B}\right).$$

这样,就可以应用 Bootstrap 方法从均值为 $\hat{f}'^{PB}_{j\to j+1}\,\hat{P}_{i,j}^B$,方差为 $(\hat{\sigma}_{j\to j+1}^P)^{2B}\,\hat{P}_{i,j}^B$ 的正态分布中抽取随机数,将最后一列求和,即实现了基于已决赔款得到的最终损失的预测分布的一次模拟,同时也得到了未决赔款准备金和 IBNR 预测分布的一次模拟. 类似地,从均值为 $\hat{f}'^{IB}_{j\to j+1}\,\hat{I}_{i,j}^B$、方差为 $(\hat{\sigma}_{j\to j+1}^I)^{2B}\,\hat{I}_{i,j}^B$ 的正态分布中抽取随机数,将最后一列求和,即实现了基于已报案赔款得到的最终损失的预测分布的一次模拟,同时也得到了未决赔款准备金和 IBNR 预测分布的一次模拟.

⑥ 每次都对调整后的残差进行 Bootstrap 再抽样,并重复此过程. 多次 Bootstrap 再抽

样后，可得到两种情况下最终损失、未决赔款准备金和 IBNR 的预测分布，进而得到各个分位数以及相关的分布度量（考虑到一般情况下，抽样 1000 次即可获得较满意的参数估计值，一般将抽样次数定为 1000 次. 实际上，即使抽样 10 000 次，在 R 软件的运算所需时间也就两分钟左右）.

(2) 在应用 Bootstrap 方法时，考虑 MCL 方法中参数的四类残差[7]，其基本思路为：

① 计算累计已决赔款 $P_{i,j}$ 和累计已报案赔款 $I_{i,j}$（上三角）进展因子的无偏估计 $\hat{f}^P_{j\to j+1}$ 和 $\hat{f}^I_{j\to j+1}$，方差参数的无偏估计 $(\hat{\sigma}^P_{j\to j+1})^2$ 和 $(\hat{\sigma}^I_{j\to j+1})^2$；计算 P/I 比率的无偏估计 $\hat{q}_j$ 和 $\hat{q}_j^{-1}$，方差参数的无偏估计 $(\hat{\rho}^P_j)^2$ 和 $(\hat{\rho}^I_j)^2$，其中 $1\leqslant j\leqslant n-1$，$\sigma^2_{n-1\to n}$ 采用(8.28)式给出的近似估计.

② 构造 Pearson 残差. 考虑到 MCL 方法的假设，基于步骤①构造的四类残差的流量三角形分别为

$$\operatorname{res}\left(\frac{P_{i,j+1}}{P_{i,j}}\,\middle|\,\boldsymbol{P}_i(j)\right)=\frac{\dfrac{P_{i,j+1}}{P_{i,j}}-\hat{f}^P_{j\to j+1}}{\hat{\sigma}^P_{j\to j+1}}\sqrt{P_{i,j}},$$

$$\operatorname{res}\left(\frac{I_{i,j+1}}{I_{i,j}}\,\middle|\,\boldsymbol{I}_i(j)\right)=\frac{\dfrac{I_{i,j+1}}{I_{i,j}}-\hat{f}^I_{j\to j+1}}{\hat{\sigma}^I_{j\to j+1}}\sqrt{I_{i,j}},$$

其中 $1\leqslant i\leqslant n-j, 1\leqslant j\leqslant n-2$；

$$\operatorname{res}(Q^{-1}_{i,j}\mid \boldsymbol{P}_i(j))=\frac{\dfrac{I_{i,j}}{P_{i,j}}-\hat{q}_j^{-1}}{\hat{\rho}^P_j}\sqrt{P_{i,j}},$$

$$\operatorname{res}(Q_{i,j}\mid \boldsymbol{I}_i(j))=\frac{\dfrac{P_{i,j}}{I_{i,j}}-\hat{q}_j}{\hat{\rho}^I_j}\sqrt{I_{i,j}},$$

其中 $1\leqslant i\leqslant n+1-j, 1\leqslant j\leqslant n-1$.

③ 这里对 Pearson 残差进行了调整，即将步骤②得到的残差乘以因子 $\sqrt{\dfrac{n-j}{n-j-1}}$. 然后对调整后的残差进行 Bootstrap 再抽样，其后对 Bootstrap 再抽样进行变换，得到模拟的累计已决赔款和累计已报案赔款进展因子 $\dfrac{P^B_{i,j+1}}{P^B_{i,j}}$ 和 $\dfrac{I^B_{i,j+1}}{I^B_{i,j}}$ $(1\leqslant i\leqslant n-j, 1\leqslant j\leqslant n-1)$ 的流量三角形，P/I 比率 $\dfrac{P^B_{i,j}}{I^B_{i,j}}$ 和 I/P 比率 $\dfrac{I^B_{i,j}}{P^B_{i,j}}$ $(1\leqslant i\leqslant n+1-j, 1\leqslant j\leqslant n)$ 的流量三角形.

④ 类似步骤①，计算模拟的加权进展因子 $\hat{f}^{PB}_{j\to j+1}$ 和 $\hat{f}^{IB}_{j\to j+1}$，方差参数 $(\hat{\sigma}^{PB}_{j\to j+1})^2$ 和 $(\hat{\sigma}^{IB}_{j\to j+1})^2$；计算 P/I 过程的加权比率 $\hat{q}^B_j$ 和 $\hat{q}_j^{-1B}$，方差参数 $(\hat{\rho}^{PB}_j)^2$ 和 $(\hat{\rho}^{IB}_j)^2$. 另外，计算调整后残差的相关系数 $\hat{\lambda}^{PB}$ 和 $\hat{\lambda}^{IB}$. 对于这些计算，公式如下：

$$\hat{f}^{PB}_{j\to j+1}=\frac{\sum_{i=1}^{n-j}\frac{P_{i,j}P^B_{i,j+1}}{P^B_{i,j}}}{\sum_{i=1}^{n-j}P_{i,j}},\quad \hat{f}^{IB}_{j\to j+1}=\frac{\sum_{i=1}^{n-j}\frac{I_{i,j}I^B_{i,j+1}}{I^B_{i,j}}}{\sum_{i=1}^{n-j}I_{i,j}},$$

$$(\hat{\sigma}^{PB}_{j\to j+1})^2=\frac{1}{n-j-1}\sum_{i=1}^{n-j}P_{i,j}\left(\frac{P^B_{i,j+1}}{P^B_{i,j}}-\hat{f}^{PB}_{j\to j+1}\right)^2,\quad 1\leqslant j\leqslant n-2,$$

$$(\hat{\sigma}^{IB}_{j\to j+1})^2=\frac{1}{n-j-1}\sum_{i=1}^{n-j}I_{i,j}\left(\frac{I^B_{i,j+1}}{I^B_{i,j}}-\hat{f}^{IB}_{j\to j+1}\right)^2,\quad 1\leqslant j\leqslant n-2,$$

$$(\sigma^{PB}_{n-1\to n})^2=\min\{(\sigma^{PB}_{n-3\to n-2})^2,(\sigma^{PB}_{n-2\to n-1})^2\},$$

$$(\sigma^{IB}_{n-1\to n})^2=\min\{(\sigma^{IB}_{n-3\to n-2})^2,(\sigma^{IB}_{n-2\to n-1})^2\},$$

$$\hat{q}^B_j=\frac{\sum_{i=1}^{n+1-j}\frac{I_{i,j}P^B_{i,j}}{I^B_{i,j}}}{\sum_{i=1}^{n+1-j}I_{i,j}},\quad \hat{q}_j^{-1B}=\frac{\sum_{i=1}^{n+1-j}\frac{P_{i,j}I^B_{i,j}}{P^B_{i,j}}}{\sum_{i=1}^{n+1-j}P_{i,j}},$$

$$(\hat{\rho}^{PB}_j)^2=\frac{1}{n-j}\sum_{i=1}^{n+1-j}P_{i,j}\left(\frac{I^B_{i,j}}{P^B_{i,j}}-\hat{q}_j^{-1B}\right)^2,\quad 1\leqslant j\leqslant n-1,$$

$$(\hat{\rho}^{IB}_j)^2=\frac{1}{n-j}\sum_{i=1}^{n+1-j}I_{i,j}\left(\frac{P^B_{i,j}}{I^B_{i,j}}-\hat{q}^B_j\right)^2,\quad 1\leqslant j\leqslant n-1,$$

$$\hat{\lambda}^{PB}=\frac{\sum_{i=1}^{n-j}\text{res}'(Q^{-1B}_{i,j}\mid \boldsymbol{P}_i(j))\cdot\text{res}'\left(\frac{P^B_{i,j+1}}{P^B_{i,j}}\,\middle|\,\boldsymbol{P}_i(j)\right)}{\sum_{i=1}^{n-j}\text{res}'(Q^{-1B}_{i,j}\mid \boldsymbol{P}_i(j))^2},\quad 1\leqslant j\leqslant n-2,$$

$$\hat{\lambda}^{IB}=\frac{\sum_{i=1}^{n-j}\text{res}'(Q^{B}_{i,j}\mid \boldsymbol{I}_i(j))\cdot\text{res}'\left(\frac{I^B_{i,j+1}}{I^B_{i,j}}\,\middle|\,\boldsymbol{I}_i(j)\right)}{\sum_{i=1}^{n}\text{res}'(Q^{B}_{i,j}\mid \boldsymbol{I}_i(j))^2},\quad 1\leqslant j\leqslant n-2,$$

其中最后两个公式带上撇的残差表示调整后的 Pearson 残差.

⑤ 在保持最近评估日历年(即主对角线)赔款数据不变的假设下,应用 MCL 方法,计算相应的模拟累计已决赔款 $\hat{P}^B_{i,j}$ 和累计已报案赔款 $\hat{I}^B_{i,j}$(下三角),得到两种累计数据情况下的最终损失、未决赔款准备金和 IBNR 的均值估计.

⑥ 基于 MCL 方法的假设,从最近评估日历年(即主对角线)开始,进一步假定

$$P_{i,j+1}\sim N(\hat{f}'^{PB}_{j\to j+1}\hat{P}^B_{i,j},(\hat{\sigma}^P_{j\to j+1})^{2B}\hat{P}^B_{i,j}),\quad 1<i\leqslant n,\ n+1-i\leqslant j\leqslant n-1,$$

$$I_{i,j+1}\sim N(\hat{f}'^{IB}_{j\to j+1}\hat{I}^B_{i,j},(\hat{\sigma}^I_{j\to j+1})^{2B}\hat{I}^B_{i,j}),\quad 1<i\leqslant n,\ n+1-i\leqslant j\leqslant n-1,$$

其中

$$\hat{f}'^{PB}_{j\to j+1}=\hat{f}^{PB}_{j\to j+1}+\hat{\lambda}^{PB}\frac{\hat{\sigma}^{PB}_{j\to j+1}}{\hat{\rho}^{PB}_j}\left(\frac{\hat{I}^B_{i,j}}{\hat{P}^B_{i,j}}-\hat{q}_j^{-1B}\right),$$

$$\hat{f}'^{IB}_{j\to j+1} = \hat{f}^{IB}_{j\to j+1} + \hat{\lambda}^{IB}\frac{\hat{\sigma}^{IB}_{j\to j+1}}{\hat{\rho}^{IB}_j}\left(\frac{\hat{P}^B_{i,j}}{\hat{I}^B_{i,j}} - \hat{q}^B_j\right).$$

这样,就可以应用 Bootstrap 方法从均值为 $\hat{f}'^{PB}_{j\to j+1}\ \hat{P}^B_{i,j}$,方差为 $(\hat{\sigma}^P_{j\to j+1})^{2B}\ \hat{P}^B_{i,j}$ 的正态分布中抽取随机数,将最后一列求和,即实现了基于已决赔款得到的最终损失的预测分布的一次模拟,同时也得到了未决赔款准备金和 IBNR 预测分布的一次模拟. 类似地,也可以得到基于已报案赔款得到的最终损失、未决赔款准备金和 IBNR 的预测分布的一次模拟.

⑦ 每次都对调整后的残差进行 Bootstrap 再抽样,并重复此过程. 多次 Bootstrap 再抽样后,可得到两种情况下最终损失、未决赔款准备金和 IBNR 的预测分布,进而得到各个分位数以及相关的分布度量.

2. 两种思路的比较

(1) 抽样方法侧重点不同.

第一种思路是基于原始数据的抽样方法,考虑了 Mack 模型中不同事故年 i 和 k,$\{P_{i,j}\}$ 和 $\{P_{k,j}\}$,$\{I_{i,j}\}$ 和 $\{I_{k,j}\}$ 相互独立的假设,对两类增量赔款数据的调整后残差进行 Bootstrap 再抽样. 第二种思路是基于模型参数的抽样方法,考虑了 Mack 模型和 MCL 方法扩展假设中进展因子和比率的均值、方差假设,对模型参数的调整后残差进行 Bootstrap 再抽样.

(2) P/I 比率和 I/P 比率的残差的相关性处理方式不同.

在使用第一种思路进行 Bootstrap 再抽样时,不需要考虑这两类残差之间的相关性. 这是因为,按照这种方法产生模拟数据后,这种相关性在后续的 MCL 方法中得以体现. 在使用第二种思路进行 Bootstrap 再抽样时,需要对四类调整后的 Pearson 残差进行再抽样. 在这四类残差中,P/I 比率的残差和 I/P 比率的残差之间不是独立的,存在负的相关性. 在进行 Bootstrap 再抽样的过程中,需要考虑这种相关性. 一种直观的处理方法是绑定这两个流量三角形每个单元格的对应元素,组成有序元素组,然后成对地抽取随机数.

(3)上三角模拟数据不同.

由于抽样方法不同,第一种思路模拟的是累计已决、已报案赔款流量三角形数据,第二种思路模拟的是 MCL 方法中进展因子和比率参数的流量三角形数据.

8.3.2 Bootstrap 方法模拟中的合理处理

1. 残差的调整

在使用第一种思路进行 Bootstrap 方法模拟时,是对调整以后的残差进行再抽样,而不是对 $\mathrm{res}(X^P_{i,j})$ 和 $\mathrm{res}(X^I_{i,j})$ 进行再抽样. 这是因为,理论上标准化后的这两个残差的均值应为 0,方差应为 1. 但是,本章附录中已经证明,残差的均值为 0,标准差为$\sqrt{\dfrac{n}{n+2}}$,此值小于 1,因此需要对残差进行调整. 这里通过对残差乘以系数$\sqrt{\dfrac{n+2}{n}}$ 加以调整. 这样调整使得在保持均值不变的情况下,方差变为 1.

在使用第二种思路进行 Bootstrap 方法模拟时,对残差进行放回性再抽样,没有考虑被估计参数的个数,这会导致参数误差被低估.为修正估计偏差,这里通过对每列残差乘以相应的因子$\sqrt{\frac{n-j}{n-j-1}}$加以调整.类似地,这样调整使得在保持均值不变的情况下,方差接近于 1.

2. 无法计算调整后残差的数据的特殊处理

在第一种思路中,由上面构造残差的定义可以看出,第 n 个进展年只有一个数据,其均值就是它本身,标准差为 0,无法计算对应的残差和模拟后的增量数据.鉴于流量三角形中的这些残差是独立同分布的,这里假设上端点数据也参与其他残差样本的 Bootstrap 再抽样.

在第二种思路中,在对 Pearson 残差进行调整时,无法计算上三角第 $n-1$ 个和第 n 个进展年的调整后残差.鉴于流量三角形中的这些残差是独立同分布的,这里假设这三个值也参与其他残差样本的 Bootstrap 再抽样.

3. 调整后的残差再抽样个数

在第一种思路中,由上面的假设可得,无法计算流量三角形对角线上端点数据调整后的残差,理论上这个调整残差不应该参与再抽样.当这个调整残差不参与再抽样时,对索赔准备金估计的均值影响很小,却减小了方差.为了防止方差被低估,这里允许上端点也参与其他残差样本的 Bootstrap 再抽样.因此,对于事故年和进展年都为 n 的上三角数据,再抽样个数为 $(n+2)(n-1)/2$.

类似地,在第二种思路中,对于事故年和进展年都为 n 的赔款流量三角形数据,进展因子上三角数据的再抽样个数为 $(n+1)(n-2)/2$,比率上三角数据的再抽样个数为 $(n+3)(n-2)/2$.

4. 正态分布假设下的随机抽样问题

在上述两种思路中,当应用 Bootstrap 方法从均值为 $\hat{f}'^{PB}_{j\to j+1}\hat{P}^B_{i,j}$,方差为 $(\hat{\sigma}^P_{j\to j+1})^{2B}\hat{P}^B_{i,j}$ 的正态分布中抽取随机数时,模拟的 $\hat{P}^B_{i,j}$ 可能出现负值,而方差不能为负,这样从下三角累计赔款数据中随机抽取样本就会出现错误.为解决这个问题,这里对模拟出的累计赔款(下三角)的每个单元定义了一个符号函数:

$$\operatorname{sign}(\hat{P}^B_{i,j})=\begin{cases}-1, & \hat{P}^B_{i,j}<0,\\ 0, & \hat{P}^B_{i,j}=0,\\ 1, & \hat{P}^B_{i,j}>0,\end{cases}$$

其中 $i=2,3,\cdots,n;j=n+2-i,n+3-i,\cdots,n$.

在抽取随机数时,先从均值为 $\hat{f}'^{PB}_{j\to j+1}\left|\hat{P}^B_{i,j}\right|$,方差为 $(\hat{\sigma}^P_{j\to j+1})^{2B}\left|\hat{P}^B_{i,j}\right|$ 的正态分布中抽取,最后再乘以 $\operatorname{sign}(\hat{P}^B_{i,j})$. 同时,由于模拟出的 $\hat{I}^B_{i,j}$ 也可能存在负数,随机抽取样本时可类似处理.

8.3.3 基于 Bootstrap 方法的随机性 MCL 方法估计 MSEP

MSEP 包括参数误差和过程方差两部分. 在上面两种基于 Bootstrap 方法的 MCL 方法模拟未决赔款准备金预测分布的过程中,同时也可以得到 MSEP 的估计值. 其中,参数误差可以通过 Bootstrap 方法模拟得到. 这需要按照前面的思路,多次进行 Bootstrap 再抽样,得到未决赔款准备金的一系列估计值,这些估计值的样本方差即为参数误差. 同时,通过从下三角的正态分布的假设中抽取随机数的过程已经体现了过程方差. 以已决赔款为例,事故年 i 的未决赔款准备金的过程方差为多次模拟得到的估计量

$$(\hat{P}^B_{i,n})^2\sum_{j=n-i+1}^{n-1}\frac{(\hat{\sigma}^P_{j\to j+1})^{2B}/(\hat{f}'^{PB}_{j\to j+1})^2}{\hat{P}^B_{i,j}}$$

的样本均值,所有事故年未决赔款准备金总额的过程方差就是所有事故年模拟得到的估计量之和的样本均值.

§8.4 数值实例

表 8.1 是累计已决赔款数据,表 8.2 是累计已报案赔款数据,数据单位为千元. 此数据来源于 Quarg,Mack(2004). 这些数据在索赔准备金评估相关的文献中经常被引用. 此处引用这里的数据也是为了更好地与 MCL 方法的结果进行比较. 另外,在评估日历年,已发生已报案未决赔款等于累计已报案赔款减去累计已决赔款,这里假设它保持不变,这是为了避免模拟得到的累计已决赔款数据和累计已报案赔款数据之间的相互影响.

表 8.1 累计已决赔款数据

进展年 j / 事故年 i	1	2	3	4	5	6	7
1	576	1 804	1 970	2 024	2 074	2 102	2 131
2	866	1 948	2 162	2 232	2 284	2 348	
3	1 412	3 758	4 252	4 416	4 494		
4	2 286	5 292	5 724	5 850			
5	1 868	3 778	4 648				
6	1 442	4 010					
7	2 044						

表 8.2　累计已报案赔款数据

事故年 i \ 进展年 j	1	2	3	4	5	6	7
1	978	2 104	2 134	2 144	2 174	2 182	2 174
2	1 844	2 552	2 466	2 480	2 508	2 454	
3	2 904	4 354	4 698	4 600	4 644		
4	3 502	5 958	6 070	6 142			
5	2 812	4 882	4 852				
6	2 642	4 406					
7	5 022						

下面结合数值实例，详细给出 MCL 方法、两种基于 Bootstrap 方法的随机性 MCL 方法得到的未决赔款准备金的 MSEP，以及在 MCL 方法中利用 Bootstrap 方法模拟得到的最终损失和未决赔款准备金的预测分布及相关的分布度量，这里采用 R 语言对其进行数值实现.

8.4.1　MCL 方法的估计结果

按照 § 8.2 的介绍，表 8.3 给出了 MCL 方法中最终损失、未决赔款准备金和 IBNR 的估计，其中未决赔款准备金等于最终损失减去累计已决赔款，基于已决赔款数据估计的 IBNR 等于已决赔款数据估计的未决赔款准备金减去已发生已报案未决赔款，基于已报案赔款数据估计的 IBNR 等于已报案赔款数据估计的未决赔款准备金减去已发生已报案未决赔款.

表 8.3　MCL 方法中最终损失、未决赔款准备金和 IBNR 的估计结果

事故年 i	已知数据		最终损失		未决赔款准备金		IBNR	
	累计已决	累计已报案	已决	已报案	已决	已报案	已决	已报案
1	2 131	2 174	2 131	2 174	0	43	−43	0
2	2 348	2 454	2 385	2 443	37	95	−69	−11
3	4 494	4 644	4 554	4 634	60	140	−90	−10
4	5 850	6 142	6 070	6 182	220	332	−72	40
5	4 648	4 852	4 879	4 958	231	310	27	106
6	4 010	4 406	4 599	4 672	589	662	193	266
7	2 044	5 022	7 505	7 655	5 461	5 611	2 483	2 633
总计	25 525	29 694	32 123	32 718	6 598	7 193	2 429	3 024

表 8.4 和表 8.5 分别给出了在 Mack 模型假设下，MCL 方法基于已决、已报案赔款数据得到的 MSEP，两表中第二列给出的是 Mack 模型估计的未决赔款准备金. 为了更好地与后续随机性 MCL 方法的结果进行比较，也可以将第二列数据替换成 MCL 方法估计的未决赔款准备金，这里采用 Mack 模型的结果，更严格地讲应是 Mack 模型的 MSEP.

表 8.4　MCL 方法中基于已决赔款数据得到的 MSEP(按照 Mack 模型的假设)

事故年 i	未决赔款准备金 Mack 模型的估计值	参数误差	过程方差	$\text{msep}^{1/2}$	$\text{msep}^{1/2}$ 占未决赔款准备金的比例/%
1	0	0	0	0	——
2	32	121	100	15	46
3	158	1 521	1 296	53	34
4	332	2 916	1 936	70	21
5	408	2 304	2 809	72	18
6	924	17 689	66 564	290	31
7	4 084	163 216	643 204	898	22
总计	5 938	273 804	715 716	995	17

表 8.5　MCL 方法中基于已报案赔款数据得到的 MSEP(按照 Mack 模型的假设)

事故年 i	未决赔款准备金 Mack 模型的估计值	参数误差	过程方差	$\text{msep}^{1/2}$	$\text{msep}^{1/2}$ 占未决赔款准备金的比例/%
1	43	0	0	0	0
2	97	36	36	8	9
3	88	3 481	3 481	83	95
4	276	6 400	4 761	106	38
5	191	5 476	8 649	119	62
6	466	11 025	36 481	218	47
7	6 385	207 025	559 504	876	14
总计	7 546	378 619	611 524	995	13

8.4.2　第一种随机性 MCL 方法模拟预测分布的详细过程

下面给出第一种随机性 MCL 方法中利用 Bootstrap 方法模拟得到的最终损失和未决赔款准备金的预测分布的具体步骤.

步骤一　将累计已决赔款和累计已报案赔款数据转化为增量已决赔款和增量已报案赔款数据. 表 8.6 和表 8.7 分别给出了这两类数据.

表 8.6　增量已决赔款数据

事故年 i \ 进展年 j	1	2	3	4	5	6	7
1	576	1 228	166	54	50	28	29
2	866	1 082	214	70	52	64	
3	1 412	2 346	494	164	78		
4	2 286	3 006	432	126			
5	1 868	1 910	870				
6	1 442	2 568					
7	2 044						

表 8.7　增量已报案赔款数据

事故年 i \ 进展年 j	1	2	3	4	5	6	7
1	978	1 126	30	10	30	8	−8
2	1 844	708	−86	14	28	−54	
3	2 904	1 450	344	−98	44		
4	3 502	2 456	112	72			
5	2 812	2 070	−30				
6	2 642	1 764					
7	5 022						

步骤二　构造残差,并对残差进行调整.表 8.8 和表 8.9 给出了这两类数据的残差,表 8.10 和表 8.11 给出了调整后的残差,其中调整系数为$\sqrt{9/7}=1.1339$.

表 8.8　增量已决赔款数据的残差

事故年 i \ 进展年 j	1	2	3	4	5	6	7
1	−1.49	−1.04	−0.96	−0.97	−0.64	−0.71	0.00
2	−1.02	−1.24	−0.79	−0.66	−0.51	0.71	
3	−0.14	0.42	0.21	1.19	1.15		
4	1.27	1.29	−0.01	0.44			
5	0.59	−0.15	1.55				
6	−0.09	0.72					
7	0.88						

表 8.9 增量已报案赔款数据的残差

事故年 i \ 进展年 j	1	2	3	4	5	6	7
1	−1.44	−0.74	−0.26	0.15	−0.46	0.71	0.00
2	−0.76	−1.40	−0.95	0.20	−0.69	−0.71	
3	0.07	−0.23	1.61	−1.38	1.15		
4	0.54	1.35	0.23	1.02			
5	0.00	0.75	−0.62				
6	−0.14	0.26					
7	1.74						

表 8.10 增量已决赔款数据的调整后残差

事故年 i \ 进展年 j	1	2	3	4	5	6	7
1	−1.68	−1.18	−1.09	−1.11	−0.73	−0.80	0.00
2	−1.16	−1.40	−0.90	−0.75	−0.58	0.80	
3	−0.16	0.48	0.24	1.35	1.31		
4	1.44	1.46	−0.01	0.50			
5	0.67	−0.17	1.76				
6	−0.10	0.81					
7	0.99						

表 8.11 增量已报案赔款数据的调整后残差

事故年 i \ 进展年 j	1	2	3	4	5	6	7
1	−1.64	−0.84	−0.30	0.17	−0.52	0.80	0.00
2	−0.87	−1.58	−1.08	0.23	−0.78	−0.80	
3	0.08	−0.26	1.82	−1.56	1.30		
4	0.61	1.53	0.26	1.16			
5	0.00	0.85	−0.70				
6	−0.15	0.30					
7	1.97						

步骤三 对调整后的残差进行有放回的 Bootstrap 再抽样，从而代替上面求出的调整后的残差. 表 8.12 和表 8.13 给出了这两类数据的一个随机抽样的调整后的残差样本.

表 8.12　已决赔款数据的随机抽样的调整后的残差样本

事故年 i \ 进展年 j	1	2	3	4	5	6	7
1	−1.40	1.76	−0.90	−1.40	−1.11	0.80	0.99
2	1.31	1.35	−0.10	0.80	−1.09	−1.16	
3	0.99	−1.16	1.35	1.44	0.24		
4	−0.90	−0.01	1.31	0.48			
5	1.46	0.24	−1.40				
6	1.76	0.24					
7	−0.90						

表 8.13　已报案赔款数据的随机抽样的调整后的残差样本

事故年 i \ 进展年 j	1	2	3	4	5	6	7
1	−0.26	−0.84	1.53	0.17	0.30	0.08	0.17
2	−0.26	0.61	1.97	−0.87	−0.80	−1.58	
3	0.85	0.85	−0.15	0.30	0.17		
4	1.82	−0.15	0.00	−1.08			
5	−1.56	−0.80	−0.80				
6	0.85	0.00					
7	1.97						

步骤四　对 Bootstrap 再抽样进行变换，得到模拟的增量已决赔款和已报案赔款（上三角），如表 8.14 和表 8.15 所示，进而得到模拟的累计已决赔款和已报案赔款，如表 8.16 和表 8.17 所示.

表 8.14　Bootstrap 方法模拟的增量已决赔款数据样本

事故年 i \ 进展年 j	1	2	3	4	5	6	7
1	628	3 363	184	32	43	66	29
2	2 311	3 052	406	144	43	17	
3	2 117	1 144	814	176	64		
4	943	2 013	801	128			
5	2 408	2 205	42				
6	2 593	2 205					
7	943						

表 8.15　Bootstrap 方法模拟的增量已报案赔款数据样本

事故年 i \ 进展年 j	1	2	3	4	5	6	7
1	2 485	1 063	331	11	37	−20	−8
2	2 485	1 986	404	−62	27	−92	
3	3 890	2 134	48	21	35		
4	5 134	1 498	74	−77			
5	833	1 086	−61				
6	3 890	1 596					
7	5 318						

表 8.16　Bootstrap 方法模拟的累计已决赔款数据样本

事故年 i \ 进展年 j	1	2	3	4	5	6	7
1	628	3 991	4 176	4 208	4 251	4 317	4 346
2	2 311	5 363	5 769	5 913	5 956	5 972	
3	2 117	3 261	4 074	4 251	4 314		
4	943	2 956	3 758	3 886			
5	2 408	4 613	4 655				
6	2 593	4 797					
7	943						

表 8.17　Bootstrap 方法模拟的累计已报案赔款数据样本

事故年 i \ 进展年 j	1	2	3	4	5	6	7
1	2 485	3 548	3 879	3 891	3 927	3 908	3 900
2	2 485	4 470	4 875	4 813	4 840	4 747	
3	3 890	6 023	6 071	6 092	6 128		
4	5 134	6 631	6 705	6 628			
5	833	1 918	1 858				
6	3 890	5 485					
7	5 318						

步骤五　应用 MCL 方法，计算模型的各参数估计值，如表 8.18 和表 8.19 所示，进而利用(8.35)和(8.36)式得到相应的模拟累计已决赔款和累计已报案赔款(下三角)，如表 8.20 和表 8.21 所示. 表 8.22 给出了一次模拟情况下，利用两种累计数据分别得到的最终损失和未决赔款准备金的估计值.

表 8.18　一次模拟数据得到的 Mack 模型的参数估计值

待估参数	1→2	2→3	3→4	4→5	5→6	6→7
$\hat{f}^P_{j\to j+1}$	2.27	1.11	1.03	1.01	1.01	1.01
$\hat{f}^I_{j\to j+1}$	1.50	1.04	1.00	1.01	0.99	1.00
$\hat{\sigma}^P_{j\to j+1}$	51.14	7.24	0.97	0.27	0.64	0.27
$\hat{\sigma}^I_{j\to j+1}$	14.40	3.26	0.65	0.14	0.66	0.14

表 8.19　一次模拟数据得到的 MCL 方法的扩展参数估计值

待估参数	1	2	3	4	5	6	7
$\hat{q}_j$	49.69%	88.97%	95.91%	85.22%	97.49%	118.88%	111.44%
$\hat{\rho}^P_j$	76.76	40.98	35.68	28.36	22.21	5.52	5.52
$\hat{\rho}^I_j$	33.07	37.60	39.73	22.36	20.14	7.10	7.10
$\hat{\lambda}^P$	0.77						
$\hat{\lambda}^I$	0.36						

表 8.20　Bootstrap 方法模拟的下三角累计已决赔款数据样本

事故年 i \ 进展年 j	1	2	3	4	5	6	7
1	628	3 991	4 176	4 208	4 251	4 317	4 346
2	2 311	5 363	5 769	5 913	5 956	5 972	6 002
3	2 117	3 261	4 074	4 251	4 314	4 387	4 505
4	943	2 956	3 758	3 886	3 941	4 031	4 178
5	2 408	4 613	4 655	4 719	4 741	4 713	4 667
6	2 593	4 797	5 344	5 491	5 542	5 587	5 659
7	943	3 891	4 777	4 967	5 034	5 135	5 299

表 8.21 Bootstrap 方法模拟的下三角累计已报案赔款数据样本

事故年 i \ 进展年 j	1	2	3	4	5	6	7
1	2 485	3 548	3 879	3 891	3 927	3 908	3 900
2	2 485	4 470	4 875	4 813	4 840	4 747	4 740
3	3 890	6 023	6 071	6 092	6 128	6 030	5 998
4	5 134	6 631	6 705	6 628	6 668	6 553	6 514
5	833	1 918	1 858	1 865	1 884	1 894	1 907
6	3 890	5 485	5 676	5 648	5 687	5 614	5 595
7	5 318	7 714	7 895	7 839	7 888	7 757	7 712

表 8.22 一次模拟的最终损失和未决赔款准备金估计值

事故年 i	已知数据			模拟数据		一次模拟的最终损失		一次模拟的未决赔款准备金	
	累计已决	累计已报案	已报案未决	累计已决	累计已报案	已决	已报案	已决	已报案
1	2 131	2 174	43	4 346	3 900	4 346	3 900	0	43
2	2 348	2 454	106	5 972	4 747	6 002	4 740	30	99
3	4 494	4 644	150	4 314	6 128	4 505	5 998	191	20
4	5 850	6 142	292	3 886	6 628	4 178	6 514	292	178
5	4 648	4 852	204	4 655	1 858	4 667	1 907	12	253
6	4 010	4 406	396	4 797	5 485	5 659	5 595	862	506
7	2 044	5 022	2 978	943	5 318	5 299	7 712	4 356	5 372
总计	25 525	29 694	4 169	28 913	34 064	34 656	36 366	5 743	6 471

为了避免模拟得到的累计已决赔款和累计已报案赔款之间的相互影响，这里假设在评估事故年已发生已报案未决赔款保持不变，它等于累计已报案赔款减去累计已决赔款. 在表 8.22 中，基于模拟已决赔款数据估计的未决赔款准备金等于模拟已决赔款估计的最终损失减去模拟的累计已决赔款，基于模拟已报案赔款估计的未决赔款准备金等于模拟已报案赔款估计的最终损失减去模拟的累计已报案赔款，再加上前面计算的已发生已报案未决赔款.

步骤六 多次重复上面的过程，这里重复次数为 2000 次，每一次得到一个新的 Bootstrap 样本和 Bootstrap 最终损失的估计值. 图 8.2 和图 8.3 给出了两种累计数据情况下，模拟得到的最终损失和未决赔款准备金的预测分布，其对应的分布特征如表 8.23 所示.

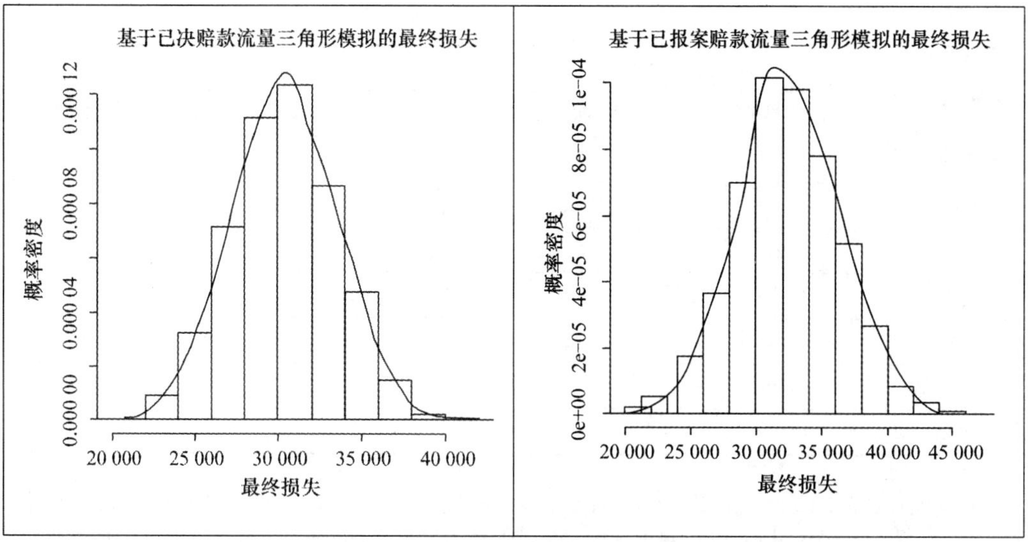

图 8.2 第一种随机性 MCL 方法得到的最终损失的预测分布

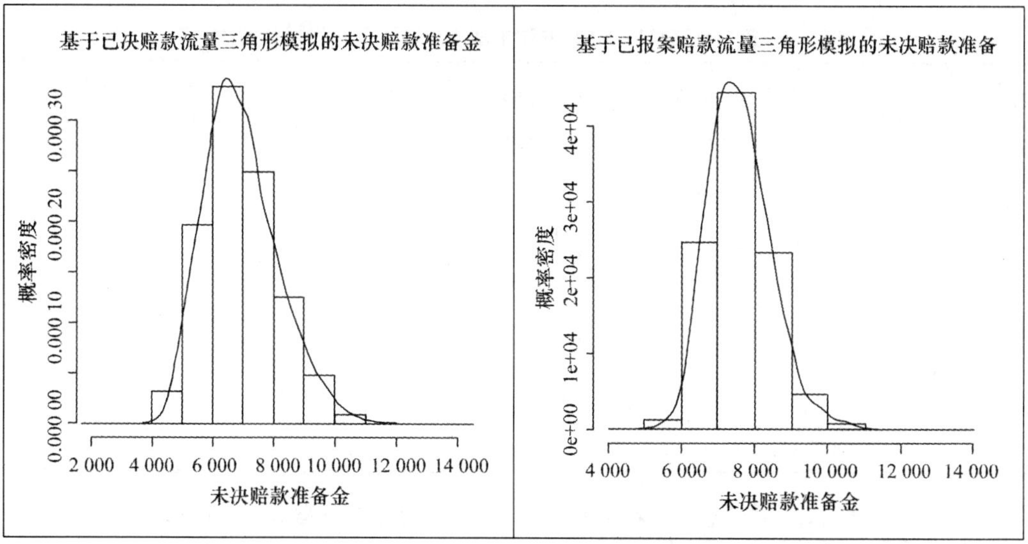

图 8.3 第一种随机性 MCL 方法得到的未决赔款准备金的预测分布

表 8.23 第一种随机性 MCL 方法中最终损失、未决赔款准备金预测分布的分布特征

分布特征	最终损失		未决赔款准备金	
	已决数据	已报案数据	已决数据	已报案数据
模拟次数	2 000	2 000	2 000	2 000
均值	30 900	32 430	6 628	7 196

（续表）

分布特征	最终损失		未决赔款准备金	
	已决数据	已报案数据	已决数据	已报案数据
标准差	3 116	3 861	1 248	903
变异系数	0.10	0.12	0.19	0.13
最小值	21 220	21 060	2 125	4 378
25%分位数	28 770	29 900	5 754	6 574
中位数	30 900	32 310	6 482	7 113
75%分位数	33 050	34 930	7 369	7 721
最大值	42 140	46 000	13 600	14 090

相应地，表 8.24 和表 8.25 分别给出了第一种随机性 MCL 方法中，基于已决、已报案赔款数据估计的 MSEP. 由于每次模拟得到的未决赔款准备金的估计值与 MCL 方法的估计值差不多，这两表中第二列给出的是 MCL 方法估计的未决赔款准备金.

表 8.24　第一种随机性 MCL 方法中基于已决赔款数据估计的 MSEP

事故年 i	未决赔款准备金 MCL 方法的估计值	参数误差	过程方差	$\mathrm{msep}^{1/2}$	$\mathrm{msep}^{1/2}$ 占未决赔款准备金的比例/%
1	0	0	0	0	——
2	37	116	131	16	43
3	60	2 393	564	54	91
4	220	2 244	824	55	25
5	231	2 776	2 607	73	32
6	589	14 309	56 663	266	45
7	5 461	179 690	680 263	927	17
总计	6 598	276 038	676 725	976	15

表 8.25　第一种随机性 MCL 方法中基于已报案赔款数据估计的 MSEP

事故年 i	未决赔款准备金 MCL 方法的估计值	参数误差	过程方差	$\mathrm{msep}^{1/2}$	$\mathrm{msep}^{1/2}$ 占未决赔款准备金的比例/%
1	43	0	0	0	0
2	95	46	106	12	13
3	140	4 564	1 461	78	55
4	332	3 334	1 615	70	21

(续表)

事故年 i	未决赔款准备金 MCL 方法的估计值	参数误差	过程方差	$\text{msep}^{1/2}$	$\text{msep}^{1/2}$ 占未决赔款准备金的比例/%
5	310	5 095	4 842	100	32
6	662	12 412	23 774	190	29
7	5 611	260 252	590 615	922	16
总计	7 193	307 070	645 846	976	14

8.4.3 第二种随机性 MCL 方法的模拟结果

类似地，表 8.26 和表 8.27 分别给出了第二种随机性 MCL 方法中，基于已决、已报案赔款数据估计的 MSEP. 由于每次模拟得到的未决赔款准备金的估计值与 MCL 方法的估计值差别不大，这两个表中第二列给出的也是 MCL 方法估计的未决赔款准备金.

表 8.26 第二种随机性 MCL 方法中基于已决赔款数据估计的 MSEP

事故年 i	未决赔款准备金 MCL 方法的估计值	参数误差	过程方差	$\text{msep}^{1/2}$	$\text{msep}^{1/2}$ 占未决赔款准备金的比例/%
1	0	0	0	0	——
2	37	124	75	14	38
3	60	1 106	1 241	48	81
4	220	1 372	1 933	57	26
5	231	4 074	3 175	85	37
6	589	15 703	121 826	371	63
7	5 461	175 073	710 150	941	17
总计	6 598	274 201	746 573	1 010	15

表 8.27 第二种随机性 MCL 方法中基于已报案赔款数据估计的 MSEP

事故年 i	未决赔款准备金 MCL 方法的估计值	参数误差	过程方差	$\text{msep}^{1/2}$	$\text{msep}^{1/2}$ 占未决赔款准备金的比例/%
1	43	0	0	0	0
2	95	27	31	8	8
3	140	2 228	3 464	75	54
4	332	2 680	4714	86	26
5	310	6 677	8 691	124	40
6	662	20 194	39 853	245	37
7	5 611	196 006	585 894	884	16
总计	7 193	302 901	690 875	997	14

类似地，图 8.4 和图 8.5 分别给出了两种累计数据情况下，模拟得到的最终损失和未决赔款准备金的预测分布，其对应的分布特征如表 8.28 所示.

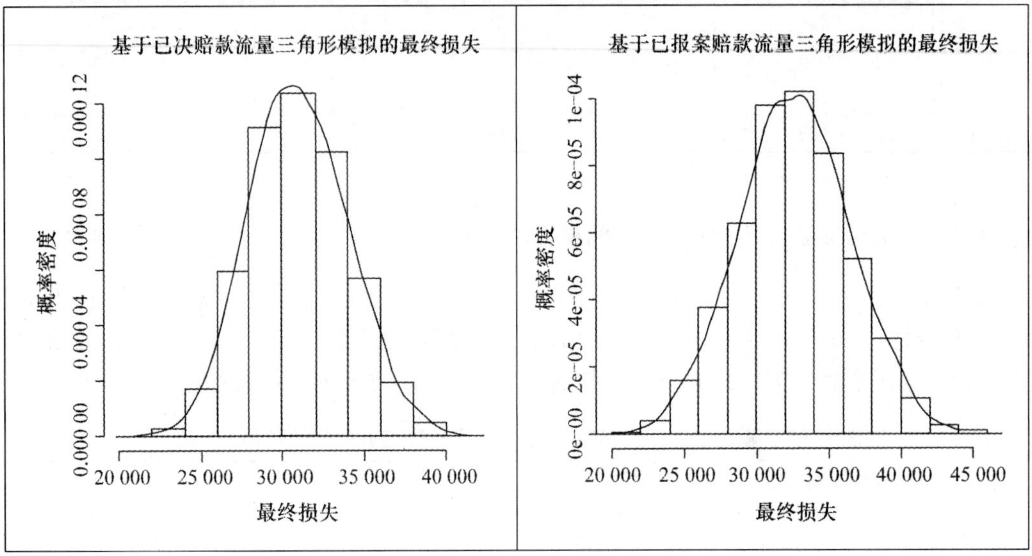

图 8.4　第二种随机性 MCL 方法得到的最终损失的预测分布

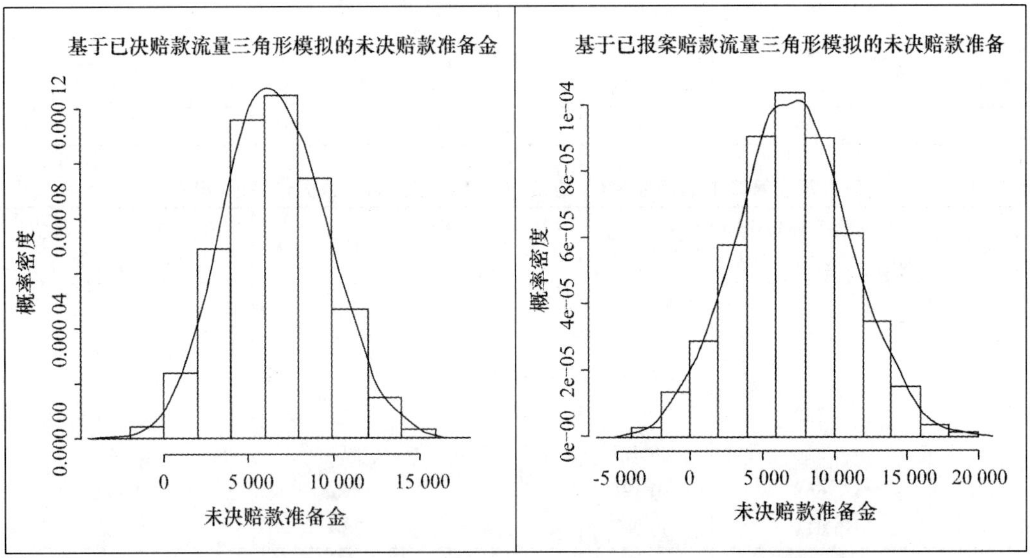

图 8.5　第二种随机性 MCL 方法得到的未决赔款准备金的预测分布

表 8.28 第二种随机性 MCL 方法中最终损失和未决赔款准备金预测分布的分布特征

分布特征	最终损失		未决赔款准备金	
	已决数据	已报案数据	已决数据	已报案数据
模拟次数	2 000	2 000	2 000	2 000
均值	31 010	32 670	6 614	7 166
标准差	3 002	3 836	3 002	3 836
变异系数	0.10	0.12	0.45	0.54
最小值	21 610	21 250	−2 790	−4 248
25%分位数	28 940	30 110	4 539	4 606
中位数	30 930	32 660	6 528	7 164
75%分位数	33 020	32 670	8 623	9 700
最大值	40 490	45 070	16 090	19 570

8.4.4 两种随机性 MCL 方法的结果比较

两种方法的估计结果具有一致性. 与表 8.4 和表 8.5 相比，这两种基于 Bootstrap 方法的随机性 MCL 方法得到的参数误差、过程方差、MSEP 与 Mack 模型的结果都很接近，从某种程度上体现了这两种随机性 MCL 方法具有一致性.

Bootstrap 方法简单有效且比较容易理解，在计算机上易于编程实现. 从整体趋势上讲，Bootstrap 方法估计的 MSEP 随着事故年已知信息的减少而增加. 举例来讲，从第 2 个事故年到第 7 个事故年，赔款数据依次减少，所以其未决赔款准备金的 MSEP 依次增大. 该结论是符合实际情况的，因为当已知信息越少时，估计的误差就会越大.

由于第一种随机性 MCL 方法需要模拟两类赔款流量上三角数据，即每次模拟得到的最近评估日历年(即主对角线)赔款数据都不同，进而得到最终损失和未决赔款准备金的预测分布的图形形状有差异，如图 8.2 和图 8.3 所示. 而第二种随机性 MCL 方法则不需要模拟这两类数据，即基于最近评估日历年赔款数据不变的假设，进而得到最终损失和未决赔款准备金的预测分布的图形形状相同，如图 8.4 和图 8.5 所示. 另外，从表 8.23 和表 8.28 也可以看出这种差异，在表 8.23 中，模拟的最终损失和未决赔款准备金的标准差不同，而表 8.28 中模拟的标准差则相同.

由于本节模拟中假设已发生已报案未决赔款保持不变，因而 IBNR 的预测分布只需将未决赔款准备金的预测分布向左平移即可，故本节不再给出 IBNR 的预测分布.

§8.5 本章小结

目前我国精算实务界评估索赔准备金时逐渐开始重视不确定性风险,对不确定性加以度量已很有必要. 但是,索赔准备金评估的各种随机模型相对较复杂,精算实务界也普遍缺乏对各种随机性方法的了解,更没有相应的评估软件. 鉴于此,本章在作者近年来系统研究各种随机模型与方法(如 Mack 模型、Bootstrap 方法等)的基础上,考虑两类赔款流量三角形的具体数据特征,在应用 Bootstrap 方法得出参数误差的同时,结合模型假设,进一步通过随机模拟,考虑到了过程方差,不仅得到了 MSEP 的估计,而且得到了未决赔款准备金完整的预测分布,并对其进行了软件实现.

本章采用 R 软件进行算法实现,所有的算法均具有模块化、处理速度快、实现过程灵活性高、可操作性强等特点. 例如,保险公司可根据具体的历史数据特征自由选择事故年数和进展年数;导入赔款流量三角形数据,所有的结果便可自动实现,并可随时跟踪、调试中间结果等. 随着精算实务中日益重视索赔准备金波动性的研究,本章的研究对保险公司在索赔准备金评估中引入随机性方法(如 Bootstrap 方法),具有非常重要的研究意义和实践价值.

本章在利用已决赔款和已报案赔款数据的相关性调整进展因子,进而减少链梯法基于已决赔款数据和已报案赔款数据得到的未决赔款准备金之间的差异,并在此基础上提出了一种将索赔准备金评估的确定性方法向随机性方法转化的合理思路. 结合模型假设,通过随机模拟,即可得到未决赔款准备金完整的预测分布,进而由该分布得到各个分位数以及相关的分布度量,对索赔准备金负债评估的准确性和充足性具有重要的参考价值.

本章在利用 Bootstrap 方法模拟未决赔款准备金的预测分布时,是对增量赔款数据调整后的残差进行再抽样,在再抽样中考虑了两类数据之间的相关性. 在实务中,精算人员在使用 MCL 方法时,一定要检验已决赔款和已报案赔款数据是否存在某种稳定的增长趋势,它们之间是否存在这种相关性,进而更合理的评估索赔准备金负债.

为了使我国保险公司精算人员能系统学习和使用各种随机性索赔准备金评估方法,我们已经对 Bootstrap 方法(包括参数和非参数两种情况)、Mack 模型、随机准备金进展法、广义线性模型(GLM)框架下的各种随机性准备金评估方法等进行了深入、系统的研究,并应用当前国际上日益流行的统计软件 R 进行了算法实现. 这些研究将进一步为保险行业开发新的索赔准备金评估软件提供有益的支持和参考.

附录　残差的标准差为常数的证明

本附录介绍残差的标准差为常数的证明. 先考虑方阵形式,三角形的形式类似. 这时问题转化为:考虑 $n\times n$ 矩阵 $\boldsymbol{A}$,矩阵中的元素为 $A_{i,j}$ $(1\leqslant i,j\leqslant n)$,设每一列都是标准化的

(具体来说,每列样本均值为 0,样本方差为 1). 把这 n 列数据按列顺序合并为一个向量,记为 $\boldsymbol{c}$, 向量 $\boldsymbol{c}$ 的长度为 $n\times n$, 下面计算向量 $\boldsymbol{c}$ 中所有数据的样本均值和样本方差.

设向量 $\boldsymbol{c}$ 中所有数据的样本均值为 $\bar{c}$, 样本方差为 s^2, 标准差为 s, 矩阵 $\mathbf{A}$ 每列均值用 $\overline{A}_j$ ($1\leqslant j\leqslant n$)表示,则有

$$\bar{\boldsymbol{c}}=\frac{\sum_{i=1}^{n}A_{i,1}+\sum_{i=1}^{n}A_{i,2}+\cdots+\sum_{i=1}^{n}A_{i,n}}{n\times n}=\frac{\overline{A}_1+\overline{A}_2+\cdots+\overline{A}_n}{n}=0,$$

$$\begin{aligned}s^2&=\frac{1}{n\times n-1}\Big(\sum_{i=1}^{n}A_{i,1}^2+\sum_{i=1}^{n}A_{i,2}^2+\cdots+\sum_{i=1}^{n}A_{i,n}^2\Big)\\&=\frac{n-1}{n\times n-1}\left(\frac{1}{n-1}\sum_{i=1}^{n}A_{i,1}^2+\frac{1}{n-1}\sum_{i=1}^{n}A_{i,2}^2+\cdots+\frac{1}{n-1}\sum_{i=1}^{n}A_{i,n}^2\right)\\&=\frac{n}{n+1},\end{aligned}$$

$$s=\sqrt{\frac{n}{n+1}}.$$

特别地,当 $n=7$ 时, $s=\sqrt{7/8}=0.9354$.

对三角形数据 $A_{i,j}$ ($1\leqslant i\leqslant n,1\leqslant j\leqslant n+1-i$),同样的思路加以调整后,得到

$$\bar{\boldsymbol{c}}=\frac{\sum_{i=1}^{n}A_{i,1}+\sum_{i=1}^{n-1}A_{i,2}+\cdots+\sum_{i=1}^{1}A_{i,n}}{(1+n)n/2}=0,$$

$$\begin{aligned}s^2&=\frac{1}{\frac{(1+n)n}{2}-1}\Big(\sum_{i=1}^{n}A_{i,1}^2+\sum_{i=1}^{n-1}A_{i,2}^2+\cdots+\sum_{i=1}^{1}A_{i,n}^2\Big)\\&=\frac{\frac{(1+n-1)(n-1)}{2}}{\frac{(1+n)n}{2}-1}=\frac{n}{n+2},\end{aligned}$$

$$s=\sqrt{\frac{n}{n+2}}.$$

特别地,当 $n=7$ 时, $s=\sqrt{7/9}=0.8819$.

参 考 文 献

[1] Quarg G, Mack T. Munich chain ladder. Blatter der DGVFM, 2004, Band XXVI: 597-630.

[2] Mack T. Distribution-free calculation of the standard error of chain ladder reserve esti-

mates. Astin Bulletin, 1993,23(2):213-225.

[3] England P D, Verrall R J. Analytic and bootstrap estimates of prediction errors in claims reserving. Insurance: Mathematics and Economics, 1999,25(3):281-293.

[4] England P D. Addendum to "analytic and bootstrap estimates of prediction errors in claims reserving". Insurance: Mathematics and Economics,2002,31(3): 461-466.

[5] England P D, Verrall R J. Predictive distributions of outstanding liabilities general insurance. Annals of Actuarial Science,2007,1(2): 221-270.

[6] Wüthrich M V, Merz M. Stochastic Claims Reserving Methods in Insurance. England: John Wiley & Sons, Ltd. Chichester,2008.

[7] Liu Huijuan, Verrall R J. Bootstrap estimation of the predictive distributions of reserves using paid and incurred claims. Variance,2010,4(2):121-135.

第九章　损失进展过程建模与随机性索赔准备金评估

索赔准备金通常是财险公司资产负债表中份额最大的负债. 在确定财险公司的经营业绩和偿付能力方面,都依赖于索赔准备金负债的准确评估,因此合理评估该负债对财险公司意义重大. 目前,索赔准备金评估的随机性方法研究已经成为国际非寿险精算热点之一,尤其在采用严格的统计模型与方法对损失进展过程建模、度量索赔准备金的波动性以及模拟索赔准备金的预测分布等方面,已经取得了很大进展. 在国内,索赔准备金评估随机性方法也已在保险业得到认可和应用. 当前,在我国保险精算实务中,对索赔准备金评估的不确定性风险加以度量已成为具有重要实际意义的精算难点. 为了借鉴国外最新的精算技术,并在保险业中实施新会计准则,从 2010 年 1 月开始,我国保监会财务会计部围绕非寿险保险合同准备金计量方法举办了系列培训,在最新的保险合同相关会计处理规定中,鼓励保险公司采用准备金评估随机性方法. 近年来,国内财险公司也已经逐渐开始重视准备金评估随机性方法的应用.

本章考虑描述损失进展过程的两类非线性增长曲线,结合损失进展因子方法和 Cape-Cod 方法,使用最大似然估计对损失进展过程建模,进而得到索赔准备金的均值估计和波动性度量,并扩展该模型用于折现索赔准备金的均值估计和波动性度量. 在此基础上,通过精算实务中的数值实例应用 R 软件加以分析. 另外,作为一种降低波动性的方式,也将暴露基础加入到损失流量三角形中. 最后讨论了精算实务中关注的估计误差和外推问题. 本章提出的损失进展过程建模方法纳入了增长曲线,可以有效避免尾部进展因子的选择. 这些研究不但可以为国内财险公司的随机性索赔准备金评估提供理论支持和实务参考,而且对提升我国非寿险精算学科的统计分析体系,促进我国非寿险精算学科的发展具有重要的科学研究意义.

§9.1　损失进展过程建模

9.1.1　期望损失进展模式

考虑事故年 i,进展年 j 的损失流量三角形(可以是累计已决赔款流量三角形或是累计已报案赔款流量三角形)数据. 随着 j 的进展,期望损失进展比例逐渐从 0 进展到 100%,这里假设这种进展模式可以使用累积分布函数(CDF)来描述. 为方便起见,考虑两类常见的

CDF 形式,即 Loglogistic 增长曲线和 Weibull 增长曲线,其中 Loglogistic 增长曲线可以表示为

$$G(x|\omega,\theta)=\frac{x^{\omega}}{x^{\omega}+\theta^{\omega}};\tag{9.1}$$

Weibull 增长曲线可以表示为

$$G(x|\omega,\theta)=1-\exp\{-(x/\theta)^{\omega}\}.\tag{9.2}$$

这里,两类曲线都包含两个参数,即形状参数 ω 和尺度参数 θ. x 表示从事故发生的平均日期到评估日的损失进展时间. 由于每个事故年的损失可能发生在该年内的任何时刻,一般假设事故发生时间在年内服从均匀分布,故这里引入事故发生的平均日期这一概念.

下面基于这两类增长曲线,结合损失进展因子(LDF)方法和 Cape-Cod 方法,估计各事故年的期望损失进展模式,进而估计各事故年的最终损失和索赔准备金. 其中,LDF 方法假设各事故年的最终损失相互独立. Cape-Cod 方法假设各事故年的期望最终损失和暴露基础之间存在一个已知的关系. 暴露基础通常选取均衡保费,但也可以使用其他指标(如保单数量). 这些暴露基础都可以合理假设为与期望损失成正比,这方面文献可以参考 Halliwell (1996)[1].

令 $X_{i,j}$ 表示事故年 i,进展年 j 的增量损失随机变量($1\leqslant i\leqslant n,j\geqslant 1$),期望值为 $\mu_{i,j}$,进展年 j 和进展年 k 之间的期望增量损失记为 $\mu_{i,j\to k}$,则在 LDF 方法中,有

$$\mu_{i,j}=\begin{cases}ULT_i\cdot G(0.5|\omega,\theta), & j=1,\\ ULT_i\cdot[G((j-0.5)|\omega,\theta)-G((j-1.5)|\omega,\theta)], & j\geqslant 2,\end{cases}\tag{9.3}$$

$$\mu_{i,j\to k}=ULT_i\cdot[G((k-0.5)|\omega,\theta)-G((j-0.5)|\omega,\theta)],\tag{9.4}$$

其中 ULT_i 表示事故年 i 的最终损失. 从(9.3)和(9.4)两式可以看出,该模型包含 $n+2$ 个未知参数 $\{ULT_1,\cdots,ULT_n,\omega,\theta\}$.

在 Cape-Cod 方法中,有

$$\mu_{i,j}=\begin{cases}P_i\cdot ELR\cdot G(0.5|\omega,\theta), & j=1,\\ P_i\cdot ELR\cdot[G((j-0.5)|\omega,\theta)-G((j-1.5)|\omega,\theta)], & j\geqslant 2,\end{cases}\tag{9.5}$$

$$\mu_{i,j\to k}=P_i\cdot ELR\cdot[G((k-0.5)|\omega,\theta)-G((j-0.5)|\omega,\theta)],\tag{9.6}$$

其中 P_i 是已知量,表示事故年 i 的均衡保费; ELR 是未知常数,表示 n 个事故年的期望损失率. 从(9.5)和(9.6)两式可以看出,该模型仅包含三个未知参数 $\{ELR,\omega,\theta\}$.

最后指出,这里不考虑分数进展年的情况,本章附录分别给出了在事故年和保单年损失流量三角形数据中,考虑分数进展年的不同暴露期调整.

9.1.2 增量损失的分布假设

设损失流量三角形上三角增量损失 $X_{i,j}$ ($i\geqslant 1,j\geqslant 1,i+j\leqslant n+1$)相互独立,且都服从过度分散 Poisson 分布. 也就是说, $X_{i,j}$ 可以表示为 Poisson 随机变量 $X_{i,j}/\phi$ 乘以分散参数 ϕ 的形式,进而 $X_{i,j}$ 的概率函数可以表示为

$$P_r(X_{i,j}=x_{i,j})=\frac{\lambda_{i,j}{}^{x_{i,j}/\phi}\mathrm{e}^{-\lambda_{i,j}}}{(x_{i,j}/\phi)!},\tag{9.7}$$

相应的均值和方差分别为

$$E(X_{i,j}) = \lambda_{i,j} \cdot \phi = \mu_{i,j}, \quad \mathrm{Var}(X_{i,j}) = \lambda_{i,j} \cdot \phi^2 = \mu_{i,j} \cdot \phi. \tag{9.8}$$

最后指出，在广义线性模型(GLM)下，基于过度分散 Poisson 分布假设，索赔准备金的最大似然估计和传统链梯法的估计值相同. 这也正是很多著名精算专家广泛使用这一假设的主要原因，这方面文献见 Renshaw，Verrall(1998)[2]，Clark(2003)[3]和 England，Verrall(2007)[4].

9.1.3　利用 MLE 方法估计模型参数

在上三角增量损失 $X_{i,j}$ 都服从过度分散泊松分布假设下，其似然函数可以表示为

$$L = \prod_{i,j} P_r(X_{i,j} = x_{i,j}) = \prod_{i,j} \frac{\lambda_{i,j}{}^{x_{i,j}/\phi} \mathrm{e}^{-\lambda_{i,j}}}{(x_{i,j}/\phi)!} = \prod_{i,j} \frac{(\mu_{i,j}/\phi)^{x_{i,j}/\phi} \mathrm{e}^{-\mu_{i,j}/\phi}}{(x_{i,j}/\phi)!}, \tag{9.9}$$

相应的对数似然函数可以表示为

$$\ln L = \sum_{i,j} \left[\frac{x_{i,j}}{\phi} \ln \frac{\mu_{i,j}}{\phi} - \frac{\mu_{i,j}}{\phi} - \ln((x_{i,j}/\phi)!) \right]. \tag{9.10}$$

假设分散参数 ϕ 已知，最大化(9.10)式的对数似然函数，等价于最大化

$$\ln L^* = \sum_{i,j} (x_{i,j} \ln \mu_{i,j} - \mu_{i,j}). \tag{9.11}$$

在 LDF 方法中，将(9.3)式代入(9.11)式，且当 $j = 1$ 时，令 $G(j-1.5) = 0$，得

$$\begin{aligned} \ln L^* = \sum_{i,j} \{ & x_{i,j} \ln \{ ULT_i [G(j-0.5) - G(j-1.5)] \} \\ & - ULT_i [G(j-0.5) - G(j-1.5)] \}. \end{aligned}$$

令上式关于模型参数 ULT_i，ω 和 θ 的一阶偏导数为 0，即

$$\frac{\partial \ln L^*}{\partial ULT_i} = \sum_j \left\{ \frac{x_{i,j}}{ULT_i} - [G(j-0.5) - G(j-1.5)] \right\} = 0, \tag{9.12}$$

$$\frac{\partial \ln L^*}{\partial \omega} = \sum_{i,j} \left\{ \left[\frac{x_{i,j}}{G(j-0.5) - G(j-1.5)} - ULT_i \right] \left[\frac{\partial G(j-0.5)}{\partial \omega} - \frac{\partial G(j-1.5)}{\partial \omega} \right] \right\} = 0, \tag{9.13}$$

$$\frac{\partial \ln L^*}{\partial \theta} = \sum_{i,j} \left\{ \left[\frac{x_{i,j}}{G(j-0.5) - G(j-1.5)} - ULT_i \right] \left[\frac{\partial G(j-0.5)}{\partial \theta} - \frac{\partial G(j-1.5)}{\partial \theta} \right] \right\} = 0. \tag{9.14}$$

由(9.12)式可以得出

$$\begin{aligned} \widehat{ULT}_i &= \frac{\sum_j x_{i,j}}{\sum_j (G(j-0.5) - G(j-1.5))} = \frac{C_{i,n+1-i}}{G(n+1-i-0.5)} \\ &= \frac{C_{i,n+1-i}}{G(n+0.5-i)}, \end{aligned} \tag{9.15}$$

其中 $C_{i,n+1-i}$ 表示事故年 i，进展年 $n+1-i$ 的累计损失，即评估日 $n+1$ 年末的累计损失.

从(9.15)式可以看出，每个事故年 ULT_i 的 MLE 等价于 LDF 方法的估计值，且该 MLE 也是基于模型参数 ω 和 θ 的估计值. 因此，在 LDF 方法中，实际上只需要求解两个参数. 另外，结合(9.3)式，可以推导出

$$\sum_{i+j\leqslant n}\hat{\mu}_{i,j}-\sum_{i+j\leqslant n}x_{i,j}. \tag{9.16}$$

从(9.16)式可以看出，上三角所有增量损失的拟合值 $\hat{\mu}_{i,j}$ 之和等于所有真实增量损失 $x_{i,j}$ 之和，即该 MLE 具有无偏性.

类似地，在 Cape-Cod 方法中，(9.11)式可以表示为

$$\begin{aligned}\ln L^* = \sum_{i,j}\{&x_{i,j}\ln\{P_i\cdot ELR[G(j-0.5)-G(j-1.5)]\}\\ &-P_i\cdot ELR[G(j-0.5)-G(j-1.5)]\}.\end{aligned}$$

令上式关于模型参数 ELR，ω 和 θ 的一阶偏导数为 0，即

$$\frac{\partial\ln L^*}{\partial ELR}=\sum_{i,j}\left\{\frac{x_{i,j}}{ELR}-P_i[G(j-0.5)-G(j-1.5)]\right\}=0, \tag{9.17}$$

$$\frac{\partial\ln L^*}{\partial\omega}=\sum_{i,j}\left\{\left[\frac{x_{i,j}}{G(j-0.5)-G(j-1.5)}-P_i\cdot ELR\right]\left[\frac{\partial G(j-0.5)}{\partial\omega}-\frac{\partial G(j-1.5)}{\partial\omega}\right]\right\}=0, \tag{9.18}$$

$$\frac{\partial\ln L^*}{\partial\theta}=\sum_{i,j}\left\{\left[\frac{x_{i,j}}{G(j-0.5)-G(j-1.5)}-P_i\cdot ELR\right]\left[\frac{\partial G(j-0.5)}{\partial\theta}-\frac{\partial G(j-1.5)}{\partial\theta}\right]\right\}=0. \tag{9.19}$$

由(9.17)式可以得出

$$\widehat{ELR}=\frac{\sum\limits_{i,j}x_{i,j}}{\sum\limits_{i,j}P_i\cdot[G(j-0.5)-G(j-1.5)]}=\frac{\sum\limits_{i}C_{i,n+1-i}}{\sum\limits_{i}P_i\cdot G(n+0.5-i)}. \tag{9.20}$$

从(9.20)式可以看出，ELR 的 MLE 等价于 Cape-Cod 方法估计的期望损失率，且该 MLE 也基于模型参数 ω 和 θ 的估计值. 因此，在 Cape-Cod 方法中，也只需求解两个参数. 另外，在 Cape-Cod 方法中，(9.16)式也成立，即相应的 MLE 也具有无偏性.

值得注意的是，在这两种损失进展过程建模方法中，极大似然函数的求解只需要增量损失的真实值 $x_{i,j}$，并不需要 $x_{i,j}$ 的对数值. 因此，即使真实数据中存在一些增量损失为 0 或负数的情况，这两种方法也同样适用.

§9.2 基于损失进展过程建模的随机性索赔准备金评估

9.2.1 索赔准备金的均值估计

在 LDF 方法中，由事故年 i 的最终损失的估计值 $\widehat{ULT}_i$ 可以得出，索赔准备金 R_i 的估计

值为

$$\hat{R}_i = \widehat{ULT}_i - C_{i,n+1-i}, \tag{9.21}$$

所有事故年索赔准备金总额 R 的估计值为

$$\hat{R} = \sum_i \hat{R}_i = \sum_i (\widehat{ULT}_i - C_{i,n+1-i}). \tag{9.22}$$

在 Cape-Cod 方法中，由事故年 i 的均衡保费 P_i 和期望损失率的估计值 $\widehat{ELR}$ 可以得出，事故年 i 的索赔准备金 R_i 和最终损失 ULT_i 的估计值分别为

$$\hat{R}_i = P_i \cdot \widehat{ELR} \cdot [1 - G(n + 0.5 - i)], \quad \widehat{ULT}_i = \hat{R}_i + C_{i,n+1-i}, \tag{9.23}$$

所有事故年的索赔准备金总额 R 和最终损失 ULT 的估计值分别为

$$\hat{R} = \sum_i \hat{R}_i = \sum_i \{P_i \cdot \widehat{ELR} \cdot [1 - G(n + 0.5 - i)]\},$$

$$\widehat{ULT} = \sum_i \widehat{ULT}_i = \sum_i (\hat{R}_i + C_{i,n+1-i}). \tag{9.24}$$

9.2.2　索赔准备金的波动性度量

索赔准备金的波动性度量主要包括两个方面：一是，需要估计由损失进展过程中损失额的随机性导致的波动性，即过程方差；二是，需要估计模型参数估计值的不确定性导致的波动性，即参数误差. 这两部分合起来即为 MSEP. 对于事故年 i 在进展年 j 的增量损失 $X_{i,j}$，其 MSEP 可以表示为

$$\text{msep}(X_{i,j}) = \text{E}[(X_{i,j} - \hat{X}_{i,j})^2] \approx \text{Var}(X_{i,j}) + \text{Var}(\hat{X}_{i,j}), \tag{9.25}$$

其中 $\text{Var}(X_{i,j})$ 为过程方差，$\text{Var}(\hat{X}_{i,j})$ 为参数误差.

1. 过程方差

在上三角增量损失 $X_{i,j}$ 都服从过度分散 Poisson 分布假设下，事故年 i 的索赔准备金 R_i 和所有事故年的索赔准备金总额 R 的过程方差分别为

$$\text{Var}(R_i) = \phi R_i, \quad \text{Var}(R) = \phi R, \tag{9.26}$$

其中分散参数 ϕ 通过 Pearson 残差平方和除以自由度计算，即

$$\phi = \frac{1}{N - p} \sum_{i,j}^{n} \frac{(x_{i,j} - \mu_{i,j})^2}{\mu_{i,j}}, \tag{9.27}$$

这里 N 表示上三角增量数据个数，即 $N = \dfrac{(1+n)n}{2}$；p 表示模型参数个数，在 LDF 方法中 $p = n + 2$，在 Cape-Cod 方法中 $p = 3$.

值得注意的是，在严格的极大似然估计理论中，分散参数 ϕ 应同时与模型的其他参数一起估计，且其估计值的方差应包含在协方差阵中. 然而，在损失进展过程建模中，包含参数 ϕ 将使计算变得非常困难. 为了便于计算，这里将参数 ϕ 视为常数是一种近似，有时称这种估计为拟似然估计. McCullough，Nelder(1989)[5] 提供了这种近似的进一步支持.

2. 参数误差

作为一种近似，参数误差的估计基于 Rao-Cramer 下界，需要使用信息阵 $\boldsymbol{I}$，即通过经典的 Δ 方法[6]来计算.

在 LDF 方法中，信息阵 $\boldsymbol{I}$ 是 $(n+2)\times(n+2)$ 矩阵，假设各事故年的 ULT_i 是不同的，则该信息阵 $\boldsymbol{I}$ 可以表示为

$$\boldsymbol{I}=\begin{bmatrix}\sum_j\frac{\partial^2\ln L_{1,j}^*}{\partial ULT_1^2} & 0 & \cdots & 0 & \sum_j\frac{\partial^2\ln L_{1,j}^*}{\partial ULT_1\partial\omega} & \sum_j\frac{\partial^2\ln L_{1,j}^*}{\partial ULT_1\partial\theta}\\ 0 & \sum_j\frac{\partial^2\ln L_{2,j}^*}{\partial ULT_2^2} & \cdots & 0 & \sum_j\frac{\partial^2\ln L_{2,j}^*}{\partial ULT_2\partial\omega} & \sum_j\frac{\partial^2\ln L_{2,j}^*}{\partial ULT_2\partial\theta}\\ \vdots & \vdots & & \vdots & \vdots & \vdots\\ 0 & 0 & \cdots & \sum_j\frac{\partial^2\ln L_{n,j}^*}{\partial ULT_n^2} & \sum_j\frac{\partial^2\ln L_{n,j}^*}{\partial ULT_n\partial\omega} & \sum_j\frac{\partial^2\ln L_{n,j}^*}{\partial ULT_n\partial\theta}\\ \sum_j\frac{\partial^2\ln L_{1,j}^*}{\partial\omega\,\partial ULT_1} & \sum_j\frac{\partial^2\ln L_{2,j}^*}{\partial\omega\,\partial ULT_2} & \cdots & \sum_j\frac{\partial^2\ln L_{n,j}^*}{\partial\omega\,\partial ULT_n} & \sum_{i,j}\frac{\partial^2\ln L_{i,j}^*}{\partial\omega^2} & \sum_{i,j}\frac{\partial^2\ln L_{i,j}^*}{\partial\omega\,\partial\theta}\\ \sum_j\frac{\partial^2\ln L_{1,j}^*}{\partial\theta\,\partial ULT_1} & \sum_j\frac{\partial^2\ln L_{2,j}^*}{\partial\theta\,\partial ULT_2} & \cdots & \sum_j\frac{\partial^2\ln L_{n,j}^*}{\partial\theta\,\partial ULT_n} & \sum_{i,j}\frac{\partial^2\ln L_{i,j}^*}{\partial\theta\,\partial\omega} & \sum_{i,j}\frac{\partial^2\ln L_{i,j}^*}{\partial\theta^2}\end{bmatrix}.$$

相应的协方差阵 $\boldsymbol{\Sigma}$ 也可以通过信息阵 $\boldsymbol{I}$ 的逆矩阵来计算，但是在 LDF 方法中，信息阵 $\boldsymbol{I}$ 非常大，故计算比较复杂.

在 Cape-Cod 方法中，信息阵 $\boldsymbol{I}$ 是 3×3 矩阵. 假设各事故年的 ELR 是相同的，则该信息阵 $\boldsymbol{I}$ 可以表示为

$$\boldsymbol{I}=\begin{bmatrix}\sum_{i,j}\frac{\partial^2\ln L_{i,j}^*}{\partial ELR^2} & \sum_{i,j}\frac{\partial^2\ln L_{i,j}^*}{\partial ELR\partial\omega} & \sum_{i,j}\frac{\partial^2\ln L_{i,j}^*}{\partial ELR\partial\theta}\\ \sum_{i,j}\frac{\partial^2\ln L_{i,j}^*}{\partial\omega\,\partial ELR} & \sum_{i,j}\frac{\partial^2\ln L_{i,j}^*}{\partial\omega^2} & \sum_{i,j}\frac{\partial^2\ln L_{i,j}^*}{\partial\omega\,\partial\theta}\\ \sum_{i,j}\frac{\partial^2\ln L_{i,j}^*}{\partial\theta\,\partial ELR} & \sum_{i,j}\frac{\partial^2\ln L_{i,j}^*}{\partial\theta\partial\omega} & \sum_{i,j}\frac{\partial^2\ln L_{i,j}^*}{\partial\theta^2}\end{bmatrix}. \tag{9.28}$$

通过信息阵 $\boldsymbol{I}$ 的逆矩阵得到相应的协方差阵 $\boldsymbol{\Sigma}$ 为

$$\boldsymbol{\Sigma}=\begin{bmatrix}\mathrm{Var}(ELR) & \mathrm{Cov}(ELR,\omega) & \mathrm{Cov}(ELR,\theta)\\ \mathrm{Cov}(\omega,ELR) & \mathrm{Var}(\omega) & \mathrm{Cov}(\omega,\theta)\\ \mathrm{Cov}(\theta,ELR) & \mathrm{Cov}(\theta,\omega) & \mathrm{Var}(\theta)\end{bmatrix}\geqslant-\phi\boldsymbol{I}^{-1}. \tag{9.29}$$

索赔准备金的参数误差需要使用上面介绍的协方差阵 $\boldsymbol{\Sigma}$ 来计算. 在两种方法中，事故年 i 的索赔准备金 R_i 和所有事故年的索赔准备金总额 R 的参数误差都可以表示为

$$\mathrm{Var}(\hat{R}_i)=(\partial R_i)\boldsymbol{\Sigma}(\partial R_i)',\qquad \mathrm{Var}(\hat{R})=(\partial R)\boldsymbol{\Sigma}(\partial R)', \tag{9.30}$$

在 LDF 方法中，有

$$\partial R_i = \left(\frac{\partial R_i}{\partial ULT_1},\cdots,\frac{\partial R_i}{\partial ULT_n},\frac{\partial R_i}{\partial \omega},\frac{\partial R_i}{\partial \theta}\right),\quad \partial R = \left(\frac{\partial R}{\partial ULT_1},\cdots,\frac{\partial R}{\partial ULT_n},\frac{\partial R}{\partial \omega},\frac{\partial R}{\partial \theta}\right);$$

在 Cape-Cod 方法中，有

$$\partial R_i = \left(\frac{\partial R_i}{\partial ELR},\frac{\partial R_i}{\partial \omega},\frac{\partial R_i}{\partial \theta}\right),\quad \partial R = \left(\frac{\partial R}{\partial ELR},\frac{\partial R}{\partial \omega},\frac{\partial R}{\partial \theta}\right).$$

这里需要注意以下两点：第一，从(9.10)式可以看出，精确的对数似然函数在求导过程中要求所有项都除以分散参数 ϕ，如(9.28)和(9.29)两式所示，在计算信息阵 $\boldsymbol{I}$ 时忽略了这一常数，在最后的协方差阵 $\boldsymbol{\Sigma}$ 中再考虑它. 这种处理同样适用于 LDF 方法. 第二，在线性函数中，基于信息阵得到的方差估计是一种精确估计；而在非线性函数中，方差估计是 Rao-Cramer 下界. 从技术上讲，Rao-Cramer 下界是基于信息阵的真实期望值. 由于我们在求解参数估计值时使用了近似，因此有时将这种矩阵称为观测信息阵，而不是期望信息阵. 对很多统计模型来说，这是一个共同的限制，归因于大多数情况下，我们并不知道真实参数这一事实。

3. 预测均方误差

在两种方法中，事故年 i 的索赔准备金 R_i 的 MSEP 都可以表示为

$$\mathrm{msep}(R_i) = \mathrm{E}[(R_i - \hat{R}_i)^2] \approx \mathrm{Var}(R_i) + \mathrm{Var}(\hat{R}_i), \tag{9.31}$$

所有事故年的索赔准备金总额 R 的 MSEP 都可以表示为

$$\mathrm{msep}(R) = \mathrm{E}[(R - \hat{R})^2] \approx \mathrm{Var}(R) + \mathrm{Var}(\hat{R}). \tag{9.32}$$

最后指出，对于选取的两类增长曲线，在计算过程方差和参数误差的过程中，所有的数学计算都是采用分析的方式进行的，不需要任何数值近似.

9.2.3　折现索赔准备金的均值估计和波动性度量

下面以 LDF 方法为例，给出所有事故年的折现索赔准备金的均值估计和波动性度量. Cape-Cod 方法的情况与此类似，这里不再赘述.

1. 折现索赔准备金的均值估计

在 LDF 方法中，所有事故年索赔准备金总额 R 可以表示为

$$R = \sum_{i+j>n+1} \mu_{i,j} = \sum_{i+j>n+1} ULT_i \cdot [G((j-0.5)\,|\,\omega,\theta) - G((j-1.5)\,|\,\omega,\theta)]. \tag{9.33}$$

为了更精确，也可以写成如下连续型函数形式：

$$R = \sum_{i=1}^{n} ULT_i \cdot \int_{n+2-i}^{J} g(j)\mathrm{d}j, \tag{9.34}$$

其中 $g(j) = \dfrac{\partial G(j)}{\partial j}$，$J$ 表示按照增长曲线计算的最终进展年. 在或相应的截尾进展年. 理论上讲，J 可以是无穷大的进展年. 在实务中，即使长尾损失，进展到某一时期后，相应的增量损失已经非常小，可以忽略. 因此，这里引入截尾进展年的概念.

假设折现利率 m 为常数. 实际中,利率可以结合资本成本、市场利率等来选取. 为了简化,这里考虑常数利率的情况. 在此基础上,所有事故年的折现索赔准备金 R_d 可以表示为

$$R_d = \sum_{i=1}^{n} ULT_i \cdot \int_{n+2-i}^{J} v^{j-(n+2-i)} g(j)\mathrm{d}j, \tag{9.35}$$

其中 $v = \dfrac{1}{1+m}$.

值得注意的是,0 时刻的折现损失的形式与增长曲线分布函数对应的矩生成函数 MGF 是直接相关的,即

$$\int_0^{\infty} v^t g(t)\mathrm{d}t = \int_0^{\infty} \mathrm{e}^{-t\ln(1+i)} g(t)\mathrm{d}t = \mathrm{MGF}(-\ln(1+i)). \tag{9.36}$$

不幸的是,对于 Loglogistic 增长曲线和 Weibull 增长曲线来说,计算矩生成函数相当困难,出于实务考虑,这里使用如下增量形式进行近似,即截止到当前索赔准备金评估日(日历年 $n+1-i$),所有事故年的折现索赔准备金 R_d 可以表示为

$$R_d \approx \sum_{i+j>n+1} ULT_i \cdot v^{k-1/2} \cdot [G((j-0.5)|\omega,\theta) - G((j-1.5)|\omega,\theta)], \tag{9.37}$$

其中 $k = j-(n+1-i)$.

2. 折现索赔准备金的波动性度量

(1) 过程方差.

由 $\mathrm{Var}(v^k R) = v^{2k}\mathrm{Var}(R)$ 可以得出,所有事故年的折现索赔准备金 R_d 的过程方差的计算公式为

$$\mathrm{Var}(R_d) \approx \phi \sum_{i+j>n+1} ULT_i \cdot v^{2k-1}[G((j-0.5)|\omega,\theta) - G((j-1.5)|\omega,\theta)]. \tag{9.38}$$

(2) 参数误差.

利用模型参数的协方差阵 $\boldsymbol{\Sigma}$,得出所有事故年的折现索赔准备金 R_d 的参数误差的计算公式为

$$\mathrm{Var}(\hat{R}_d) = (\partial R_d)\boldsymbol{\Sigma}(\partial R_d)', \tag{9.39}$$

其中 $\partial R_d = \left(\dfrac{\partial R_d}{\partial ULT_1}, \cdots, \dfrac{\partial R_d}{\partial ULT_n}, \dfrac{\partial R_d}{\partial \omega}, \dfrac{\partial R_d}{\partial \theta}\right)$.

(3) 预测均方误差.

所有事故年的折现索赔准备金总额 R_d 的 MSEP 的计算公式为

$$\mathrm{msep}(R_d) = \mathrm{E}[(R_d - \hat{R}_d)^2] \approx \mathrm{Var}(R_d) + \mathrm{Var}(\hat{R}_d). \tag{9.40}$$

综上所述,折现索赔准备金 R_d 的波动性度量与索赔准备金 R 的波动性度量的计算非常相似,但对每个增量损失的计算都进行了扩展,以体现时间维度,其计算的复杂性并没有改变,只是大大增加了完成这一过程的次数.

§9.3 数值实例

本节数值分析中的数据来源于 Mack(1993)[7],如表 9.1 所示.这些数据在随机性索赔准备金评估的精算文献中被多次引用,有关这方面的文献可以参考 Clark(2003), Guszcza (2008)[8], Björkwall(2011)[9]等.

表 9.1 累计损失数据

事故年 i \ 进展年 j	1	2	3	4	5	6	7	8	9	10
1	357 848	1 124 788	1 735 330	2 182 708	2 745 596	3 319 994	3 466 336	3 606 286	3 833 515	3 901 463
2	352 118	1 236 139	2 170 033	3 353 322	3 799 067	4 120 063	4 647 867	4 914 039	5 339 085	
3	290 507	1 292 306	2 218 525	3 235 179	3 985 995	4 132 918	4 628 910	4 909 315		
4	310 608	1 418 858	2 195 047	3 757 447	4 029 929	4 381 982	4 588 268			
5	443 160	1 136 350	2 128 333	2 897 821	3 402 672	3 873 311				
6	396 132	1 333 217	2 180 715	2 985 752	3 691 712					
7	440 832	1 288 463	2 419 861	3 483 130						
8	359 480	1 421 128	2 864 498							
9	376 686	1 363 294								
10	344 014									

9.3.1 LDF 方法的估计结果

1. 基于两类增长曲线的索赔准备金均值估计

在基于 Loglogistic 增长曲线的 LDF 方法中,使用 MLE 方法得到参数 ω 和 θ 的估计值分别为 $\hat{\omega} = 1.4345$, $\hat{\theta} = 4.0499$, 进而得到各事故年最终损失和索赔准备金的估计值,如表 9.2 所示.

表 9.2 基于 Loglogistic 增长曲线的 LDF 方法的估计结果

事故年 i	累计损失	评估日进展	平均进展	增长函数/%	LDF	最终损失	索赔准备金
1	3 901 463	10	9.5	77.26	1.2943	5 049 738	1 148 275
2	5 339 085	9	8.5	74.34	1.3452	7 182 319	1 843 234
3	4 909 315	8	7.5	70.76	1.4131	6 937 526	2 028 211
4	4 588 268	7	6.5	66.34	1.5073	6 915 796	2 327 528

（续表）

事故年 i	累计损失	评估日进展	平均进展	增长函数/%	LDF	最终损失	索赔准备金
5	3 873 311	6	5.5	60.80	1.6446	6 370 238	2 496 927
6	3 691 712	5	4.5	53.77	1.8597	6 865 457	3 173 745
7	3 483 130	4	3.5	44.79	2.2329	7 777 373	4 294 243
8	2 864 498	3	2.5	33.36	2.9978	8 587 089	5 722 591
9	1 363 294	2	1.5	19.39	5.1572	7 030 718	5 667 424
10	344 014	1	0.5	4.74	21.1024	7 259 525	6 915 511
总计	34 358 090					69 975 780	35 617 690

从表 9.2 可以看出，截至第 10 个进展年末，Loglogistic 增长曲线估计的损失占最终损失的比例仅为 77.26%，且 Loglogistic 增长曲线比 Weibull 增长曲线厚尾，使用 Loglogistic 增长曲线可以外推到无穷大的进展年，因此应慎重使用外推尾部因子. 出于实务的考虑，可以选定合适的截断点，如假设第 20 个进展年末，各事故年的损失进展完全，进而得到各事故年截尾最终损失和索赔准备金的估计值，如表 9.3 所示.

表 9.3　基于 Loglogistic 增长曲线的 LDF 方法的截尾最终损失和索赔准备金估计

事故年 i	累计损失	评估日进展	平均进展	增长函数/%	截止 20 年增长/%	LDF	截尾 LDF	截尾最终损失	索赔准备金
1	3 901 463	10	9.5	77.26	90.51	1.2943	1.1714	4 570 294	668 831
2	5 339 085	9	8.5	74.34	90.51	1.3452	1.2175	6 500 398	1 161 313
3	4 909 315	8	7.5	70.76	90.51	1.4131	1.2790	6 278 847	1 369 532
4	4 588 268	7	6.5	66.34	90.51	1.5073	1.3642	6 259 180	1 670 912
5	3 873 311	6	5.5	60.80	90.51	1.6446	1.4885	5 765 419	1 892 108
6	3 691 712	5	4.5	53.77	90.51	1.8597	1.6831	6 213 620	2 521 908
7	3 483 130	4	3.5	44.79	90.51	2.2329	2.0209	7 038 955	3 555 825
8	2 864 498	3	2.5	33.36	90.51	2.9978	2.7131	7 771 793	4 907 295
9	1 363 294	2	1.5	19.39	90.51	5.1572	4.6675	6 363 191	4 999 897
10	344 014	1	0.5	4.74	90.51	21.1024	19.0989	6 570 273	6 226 259
总计	34 358 090							63 331 969	28 973 879

在基于 Weibull 增长曲线的 LDF 方法中，使用 MLE 方法得到参数 ω 和 θ 的估计值分别为 $\hat{\omega} = 1.2969$，$\hat{\theta} = 4.0748$，进而得到各事故年最终损失和索赔准备金的估计值，如表 9.4 所示.

表 9.4　基于 Weibull 增长曲线的 LDF 方法的估计结果

事故年 i	累计损失	评估日进展	平均进展	增长函数/%	LDF	最终损失	索赔准备金
1	3 901 463	10	9.5	95.01	1.0525	4 106 417	204 954
2	5 339 085	9	8.5	92.53	1.0807	5 769 835	430 750
3	4 909 315	8	7.5	88.99	1.1238	5 516 907	607 592
4	4 588 268	7	6.5	84.00	1.1905	5 462 417	874 149
5	3 873 311	6	5.5	77.13	1.2965	5 021 619	1 148 308
6	3 691 712	5	4.5	67.93	1.4720	5 434 264	1 742 552
7	3 483 130	4	3.5	56.00	1.7857	6 219 686	2 736 556
8	2 864 498	3	2.5	41.18	2.4284	6 956 039	4 091 541
9	1 363 294	2	1.5	23.94	4.1777	5 695 405	4 332 111
10	344 014	1	0.5	6.37	15.6989	5 400 645	5 056 631
总计	34 358 090					55 583 235	21 225 145

从表 9.2—9.4 可以看出，与 Loglogistic 增长曲线得到的尾部因子 1.2943 相比，Weibull 增长曲线得到较低的尾部因子 1.0525，这可能更符合精算师对保险业务的预期. 这两类增长曲线形式的差异也表明仅仅依赖模型假设，机械地使用外推公式是不充分的. 在采用厚尾的 Loglogistic 增长曲线时，选取一个合适的截断点是降低依赖外推结果的有效方式.

2. 基于两类增长曲线的索赔准备金波动性度量

在基于 Loglogistic 增长曲线的 LDF 方法中，利用(9.27)式得到参数 ϕ 的估计值为 $\hat{\phi}=65035.98$. 表 9.5 给出了考虑进展到 20 年末这一截断点的索赔准备金波动性度量，其中 CV_1 表示过程标准差占索赔准备金估计值的比例，CV_2 表示参数标准差占索赔准备金估计值的比例，CV 表示 msep 占索赔准备金估计值的比例.

表 9.5　基于 Loglogistic 增长曲线的 LDF 方法的索赔准备金波动性度量(考虑截断点)

事故年 i	索赔准备金	过程标准差	CV_1/%	参数标准差	CV_2/%	$msep^{1/2}$	CV/%
1	668 831	210 973	31.54	157 905	23.61	263 522	39.40
2	1 161 313	277 424	23.89	256 894	22.12	378 099	32.56
3	1 369 532	300 761	21.96	298 279	21.78	423 589	30.93
4	1 670 912	331 734	19.85	356 398	21.33	486 895	29.14
5	1 892 108	352 597	18.64	400 968	21.19	533 948	28.22
6	2 521 908	406 673	16.13	517 688	20.53	658 319	26.10
7	3 555 825	482 499	13.57	703 859	19.79	853 359	24.00
8	4 907 295	566 446	11.54	968 067	19.73	1 121 612	22.86

（续表）

事故年 i	索赔准备金	过程标准差	$CV_1/\%$	参数标准差	$CV_2/\%$	$msep^{1/2}$	$CV/\%$
9	4 999 897	571 363	11.43	1 226 786	24.54	1 353 314	27.07
10	6 226 259	637 196	10.23	2 835 919	45.55	2 906 622	46.68
总计	28 973 879	1 377 617	4.75	4 683 055	16.16	4 881 478	16.85

在基于 Weibull 增长曲线的 LDF 方法中，利用(9.27)式得到参数 ϕ 的估计值为 $\hat{\phi} = 63438.38$，表 9.6 给出了相应的索赔准备金波动性度量.

表 9.6　基于 Weibull 增长曲线的 LDF 方法的索赔准备金波动性度量

事故年 i	索赔准备金	过程标准差	$CV_1/\%$	参数标准差	$CV_2/\%$	$msep^{1/2}$	$CV/\%$
1	204 954	114 024	55.63	97 686	47.66	150 146	73.26
2	430 750	165 304	38.38	175 174	40.67	240 855	55.92
3	607 592	196 326	32.31	212 382	34.95	289 223	47.60
4	874 149	235 483	26.94	261 921	29.96	352 214	40.29
5	1 148 308	269 895	23.50	299 173	26.05	402 924	35.09
6	1 742 552	332 480	19.08	394 434	22.64	515 870	29.60
7	2 736 556	416 670	15.23	549 072	20.06	689 271	25.19
8	4 091 541	509 479	12.45	781 290	19.10	932 729	22.80
9	4 332 111	524 259	12.10	1 035 584	23.90	1 160 724	26.79
10	5 056 631	567 442	11.22	2 273 507	44.96	2 343 251	46.34
总计	21 225 145	1 160 918	5.47	3 725 826	17.55	3 902 501	18.39

从表 9.5 和表 9.6 可以看出，在两类增长曲线下，LDF 方法得到索赔准备金的参数误差比过程方差更大，其主要原因是在 LDF 方法中，模型存在过度参数化问题，即相对模型的 12 个参数来说，仅仅使用上三角 55 个数据点进行估计是不充分的. 有关模型过度参数化的讨论也可以参考 Zehnwirth(1994)[10].

9.3.2　Cape-Cod 方法的估计结果

1. 基于两类增长曲线的索赔准备金均值估计

沿用 Clark(2003)和 Guszcza(2008)的假设，即假设事故年 1 的均衡保费是 1000 万，其后每年增加 40 万. 在基于 Loglogistic 增长曲线的 Cape-Cod 方法中，使用 MLE 方法得到的参数估计值分别为 $\hat{\omega} = 1.4476$，$\hat{\theta} = 4.0018$，$\widehat{ELR} = 0.5978$，进而得到各事故年最终损失和索赔准备金的估计值，如表 9.7 所示. 其中，各事故年的期望最终损失通过均衡保费乘以 $\widehat{ELR}$ 来计算.

表 9.7　基于 Loglogistic 增长曲线的 Cape-Cod 方法的估计结果

事故年 i	均衡保费	评估日进展	平均进展	增长函数/%	保费×增长函数	累计损失	最终损失率/%	期望最终损失	索赔准备金	最终损失
1	10 000 000	10	9.5	77.76	7 775 610	3 901 463	50.18	5 977 808	1 329 698	5 231 161
2	10 400 000	9	8.5	74.85	7 784 148	5 339 085	68.59	6 216 921	1 563 706	6 902 791
3	10 800 000	8	7.5	71.29	7 698 885	4 909 315	63.77	6 456 033	1 853 787	6 763 102
4	11 200 000	7	6.5	66.87	7 489 068	4 588 268	61.27	6 695 145	2 218 324	6 806 592
5	11 600 000	6	5.5	61.31	7 111 885	3 873 311	54.46	6 934 258	2 682 909	6 556 220
6	1 2000 000	5	4.5	54.24	6 508 312	3 691 712	56.72	7 173 370	3 282 826	6 974 538
7	12 400 000	4	3.5	45.17	5 600 611	3 483 130	62.19	7 412 482	4 064 545	7 547 675
8	12 800 000	3	2.5	33.60	4 301 194	2 864 498	66.60	7 651 595	5 080 423	7 944 921
9	13 200 000	2	1.5	19.46	2 568 494	1 363 294	53.08	7 890 707	6 355 310	7 718 604
10	13 600 000	1	0.5	4.69	638 359	344 014	53.89	8 129 819	7 748 221	8 092 235
总计	118 000 000				57 476 565	34 358 090	59.78	70 538 138	36 179 749	70 537 839

类似地，选定第 20 个进展年末为截断点，得到各事故年截尾最终损失和索赔准备金的估计值如表 9.8 所示.

表 9.8　基于 Loglogistic 增长曲线的 Cape-Cod 方法的截尾最终损失和索赔准备金估计

事故年 i	均衡保费	评估日进展	平均进展	增长函数/%	截止 20 年增长/%	未来增长/%	期望最终损失	索赔准备金	最终损失
1	10 000 000	10	9.5	77.76	90.83	13.07	5 977 808	781 262	4 682 725
2	10 400 000	9	8.5	74.85	90.83	15.98	6 216 921	993 333	6 332 418
3	10 800 000	8	7.5	71.29	90.83	19.54	6 456 033	1 261 476	6 170 791
4	11 200 000	7	6.5	66.87	90.83	23.96	6 695 145	1 604 075	6 192 343
5	11 600 000	6	5.5	61.31	90.83	29.52	6 934 258	2 046 723	5 920 034
6	12 000 000	5	4.5	54.24	90.83	36.59	7 173 370	2 624 702	6 316 414
7	12 400 000	4	3.5	45.17	90.83	45.66	7 412 482	3 384 484	6 867 614
8	12 800 000	3	2.5	33.60	90.83	57.22	7 651 595	4 378 425	7 242 923
9	13 200 000	2	1.5	19.46	90.83	71.37	7 890 707	5 631 375	6 994 669
10	13 600 000	1	0.5	4.69	90.83	86.13	8129819	7 002 347	7 346 361
总计	118 000 000						70 538 138	29 708 204	64 066 294

在基于 Weibull 增长曲线的 Cape-Cod 方法中，使用 MLE 方法得到的参数估计值分别为 $\hat{\omega}=1.3055$，$\hat{\theta}=4.0572$，$\widehat{ELR}=0.4795$，进而得到各事故年最终损失和索赔准备金的估计值，如表 9.9 所示.

表 9.9　基于 Weibull 增长曲线的 Cape-Cod 方法的估计结果

事故年 i	均衡保费	评估日进展	平均进展	增长函数/%	保费×增长函数	累计损失	最终损失率/%	期望最终损失	索赔准备金	最终损失
1	10 000 000	10	9.5	95.20	9 519 920	3 901 463	40.98	4 795 011	230 199	4 131 662
2	10 400 000	9	8.5	92.76	9 647 393	5 339 085	55.34	4 986 812	360 876	5 699 961
3	10 800 000	8	7.5	89.25	9 638 881	4 909 315	50.93	5 178 612	556 758	5 466 073
4	11 200 000	7	6.5	84.28	9 439 196	4 588 268	48.61	5 370 413	844 307	5 432 575
5	11 600 000	6	5.5	77.41	8 979 466	3 873 311	43.14	5 562 213	1 256 549	5 129 860
6	12 000 000	5	4.5	68.17	8 180 489	3 691 712	45.13	5 754 013	1 831 460	5 523 172
7	12 400 000	4	3.5	56.16	6 963 686	3 483 130	50.02	5 945 814	2 606 719	6 089 849
8	12 800 000	3	2.5	41.23	5 276 914	2 864 498	54.28	6 137 614	3 607 328	6 471 826
9	13 200 000	2	1.5	23.88	3 151 695	1 363 294	43.26	6 329 415	4 818 173	6 181 467
10	13 600 000	1	0.5	6.29	856 060	344 014	40.19	6 521 215	6 110 734	6 454 748
总计	118 000 000				71 653 701	34 358 090	47.95	56 581 133	22 223 102	56 581 192

2. 基于两类增长曲线的索赔准备金波动性度量

在基于 Loglogistic 增长曲线的 Cape-Cod 方法中，利用(9.27)式得到参数 ϕ 的估计值为 $\hat{\phi}=61\,576.67$．表 9.10 给出了考虑进展到第 20 年末这一截断点的索赔准备金波动性度量．

表 9.10　基于 Loglogistic 增长曲线的 Cape-Cod 方法的索赔准备金波动性度量(考虑截断点)

事故年 i	索赔准备金	过程标准差	CV_1/%	参数标准差	CV_2/%	$msep^{1/2}$	CV/%
1	781 262	219 334	28.07	158 913	20.34	270 852	34.67
2	993 333	247 318	24.90	192102	19.34	313 160	31.53
3	1 261 476	278 707	22.09	229 521	18.19	361 050	28.62
4	1 604 075	314 283	19.59	270 787	16.88	414 848	25.86
5	2 046 723	355 008	17.35	314 624	15.37	474 361	23.18
6	2 624 702	402 020	15.32	358 194	13.65	538 445	20.51
7	3 384 484	456 514	13.49	396 345	11.71	604 562	17.86
8	4 378 425	519 239	11.86	421 927	9.64	669 053	15.28
9	5631 375	588 864	10.46	430 869	7.65	729 664	12.96
10	7 002 347	656 644	9.38	439 440	6.28	790 120	11.28
总计	29 708 204	1 352 528	4.55	3 143 931	10.58	3 422 519	11.52

在基于 Weibull 增长曲线的 Cape-Cod 方法中，利用(9.27)式得到参数 ϕ 的估计值为 $\hat{\phi}=60\ 882.95$，表 9.11 给出了相应的索赔准备金波动性度量.

表 9.11　基于 Weibull 增长曲线的 Cape-Cod 方法的索赔准备金波动性度量

事故年 i	索赔准备金	过程标准差	$CV_1/\%$	参数标准差	$CV_2/\%$	$msep^{1/2}$	CV/%
1	230 199	118 386	51.43	103 386	44.91	157 174	68.28
2	360 876	148 227	41.07	137 114	37.99	201 919	55.95
3	556 758	184 112	33.07	176 001	31.61	254 702	45.75
4	844 307	226 724	26.85	217 840	25.80	314 417	37.24
5	1 256 549	276 591	22.01	258 965	20.61	378 900	30.15
6	1 831 460	333 923	18.23	294 725	16.09	445 385	24.32
7	2 606 719	398 378	15.28	321 008	12.31	511 616	19.63
8	3 607 328	468 641	12.99	336 875	9.34	577 156	16.00
9	4 818 173	541 613	11.24	347 026	7.20	643 251	13.35
10	6 110 734	609 950	9.98	363 861	5.95	710 236	11.62
总计	22 223 102	1 163 189	5.23	2 458 115	11.06	2 719 437	12.24

从表 9.5，表 9.6，表 9.10 和表 9.11 可以看出，Cape-Cod 方法得到的索赔准备金的 $msep^{1/2}$ 更小，这种减少主要来自最近三个事故年. 可见，在 Cape-Cod 方法中使用了保费信息，这些信息通常可以减小索赔准备金的波动性，较低的波动性意味着更好的索赔准备金估计.

9.3.3　模型假设的检验诊断

为了检验模型假设，可以绘制各种类型的残差图. 这里，增量损失的标准化残差 $r_{i,j}$ 的计算公式为

$$r_{i,j}=\frac{x_{i,j}-\hat{\mu}_{i,j}}{\phi\sqrt{\hat{\mu}_{i,j}}}. \tag{9.41}$$

下面以考虑 Loglogistic 增长曲线的 LDF 方法为例，给出相应的标准化残差和增量损失拟合值检验结果，如图 9.1 所示. 考虑 Weibull 增长曲线的 LDF 方法和 Cape-Cod 方法的残差诊断图与此类似，这里不再赘述.

这些检验结果表明，该模型拟合效果非常好. 其中，上三角增量损失拟合值、各事故年、各进展年的标准化残差图都表明，大部分标准化残差的绝对值都小于 2，且随机散布在零线周围，波动幅度基本保持不变. 上三角增量损失拟合值的标准化残差图可以检验参数 ϕ 是否为常数. 如果 ϕ 不是常数，那么相应诊断图的一端的残差应接近于零线. 进一步从上三角增量

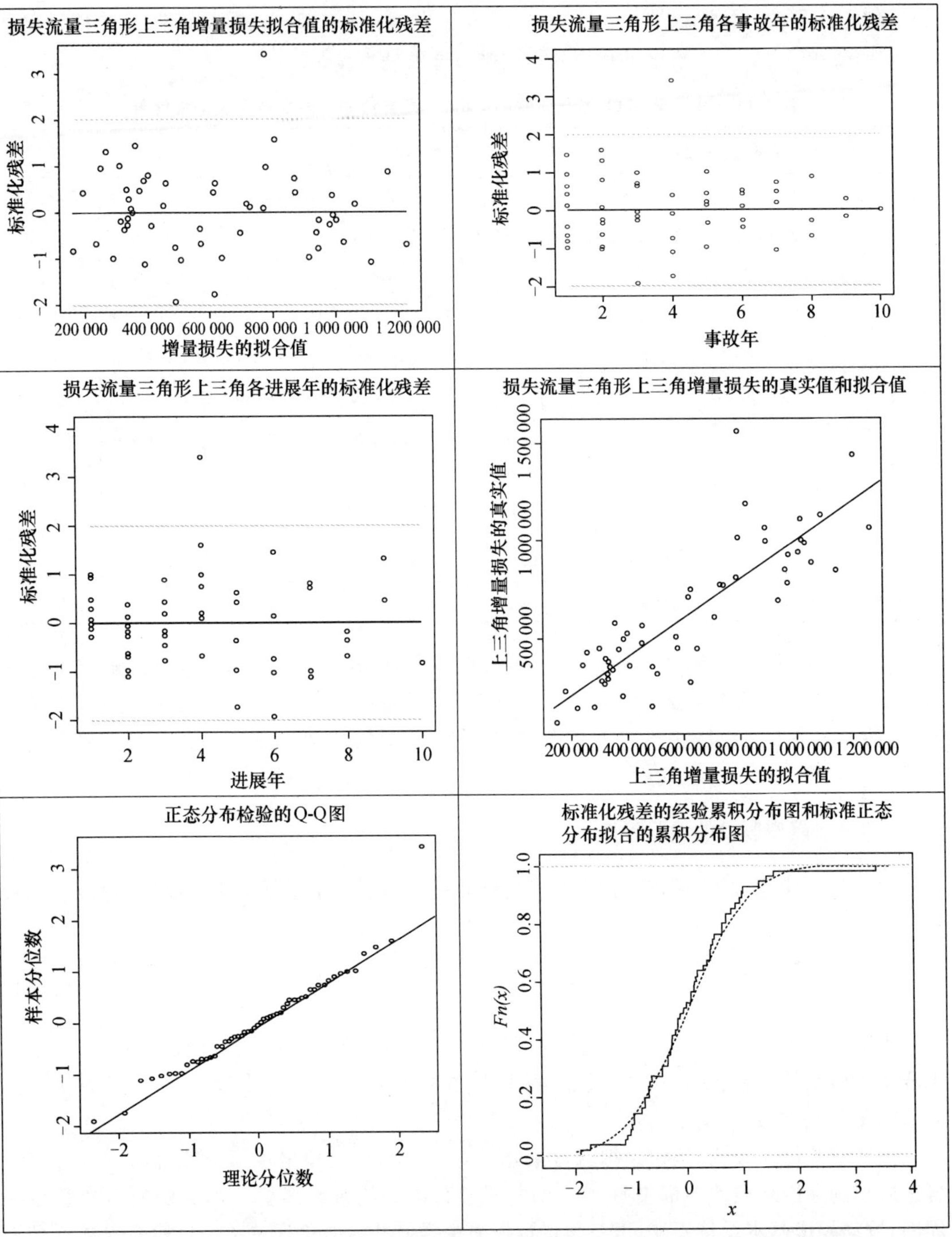

图 9.1 基于 Loglogistic 增长曲线的 LDF 方法标准化残差和增量损失拟合值检验结果

损失拟合值的标准化残差图可以看出，ϕ 为常数的假设是合理的. 与此一致，上三角增量损失的真实值和拟合值的图也表明一个非常好的拟合效果. 最后两个图表明，标准化残差近似服从正态分布. 另外，标准化残差是否服从正态分布的更规范检验方法也可以选取 Kolmogorov-Smirnov 检验. 该检验的 p 值为 0.9567，因此，该检验方法也表明标准化残差服从正态分布. 此外，也可以绘制日历年的残差图，用于检验对角线效应，或者其他感兴趣变量的残差图. 这些残差图的期望结果始终是残差应随机散布在零线的周围. 任何明显的变化或自相关特征都表明模型的某些假设是不正确的.

在 Cape-Cod 方法中，可以通过绘制最终损失率的图示，快速检验所有事故年的 ELR 为常数的假设. 以考虑 Loglogistic 增长曲线的 Cape-Cod 方法为例，表 9.12 给出了累计已报案流量三角形数据对应的最终损失率、已报案损失占比和未报案未决赔款准备金(IBNR)占比情况. 图 9.2 为相应的最终损失率、已报案损失占比和 IBNR 占比图.

表 9.12　基于 Loglogistic 增长曲线的 Cape-Cod 方法的最终损失率、已报案损失和 IBNR 占比情况

事故年 i	均衡保费	累计损失	最终损失率/%	已报案损失占比/%	IBNR 占比/%
1	10 000 000	3 901 463	50.18	39.01	11.16
2	10 400 000	5 339 085	68.59	51.34	17.25
3	10 800 000	4 909 315	63.77	45.46	18.31
4	11 200 000	4 588 268	61.27	40.97	20.30
5	11 600 000	3 873 311	54.46	33.39	21.07
6	12 000 000	3 691 712	56.72	30.76	25.96
7	12 400 000	3 483 130	62.19	28.09	34.10
8	12 800 000	2 864 498	66.60	22.38	44.22
9	13 200 000	1 363 294	53.08	10.33	42.75
10	13 600 000	344 014	53.89	2.53	51.36
总计	118 000 000	34 358 090	59.78	29.12	30.66

从图 9.2 可以看出，各事故年的最终损失率似乎并没有表现出强烈的自相关模式或者其他不明原因的趋势. 如果观察到最终损失率存在一个递增或递减的模式，那么应在索赔准备金估计中引入偏差调整.

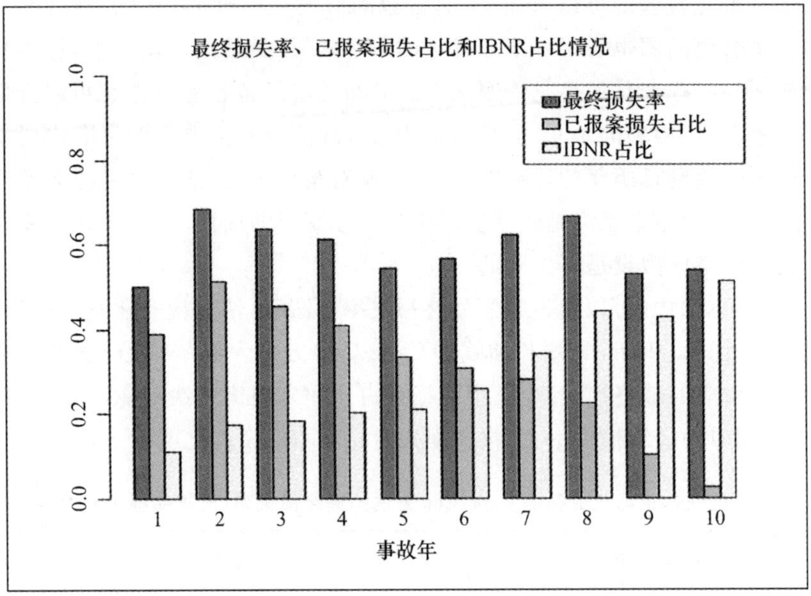

图 9.2 基于 Loglogistic 增长曲线的 Cape-Cod 方法的最终损失率、已报案损失和 IBNR 占比情况

9.3.4 折现索赔准备金的均值估计和波动性度量

出于实务考虑，针对折现索赔准备金的均值估计和波动性度量的分析一般仅适用于已决赔款数据. 下面在折现利率为 6% 的假设下，给出基于 Loglogistic 增长曲线的 Cape-Cod 方法，选择第 20 个进展年末为截断点的折现索赔准备金的均值估计和波动性度量，如表 9.13 所示.

表 9.13 基于 Loglogistic 增长曲线的 Cape-Cod 方法的折现索赔准备金波动性度量(考虑截断点)

事故年 i	折现索赔准备金	过程标准差	CV_1/%	参数标准差	CV_2/%	$msep^{1/2}$	CV/%
1991	632 994	179 807	28.41	125 961	19.90	219 537	34.68
1992	796 673	201 069	25.24	149 689	18.79	250 670	31.46
1993	1 003 814	225 216	22.44	175 899	17.52	285 767	28.47
1994	1 269 444	252 987	19.93	204 084	16.08	325 042	25.61
1995	1 614 648	285 275	17.67	232 952	14.43	368 305	22.81
1996	2 068 608	323 114	15.62	259 904	12.56	414 672	20.05
1997	2 669 556	367 518	13.77	280 605	10.51	462 395	17.32

（续表）

事故年 i	折现索赔准备金	过程标准差	$CV_1/\%$	参数标准差	$CV_2/\%$	$msep^{1/2}$	CV/%
1998	3 459 054	418 912	12.11	289 876	8.38	509 426	14.73
1999	4 449 317	475 291	10.68	286 857	6.45	555 147	12.48
2000	5 490 511	526 186	9.58	284 582	5.18	598 213	10.90
总计	23 454 619	1 089 311	4.64	2 198 224	9.37	2 453 322	10.46

从表 9.10 和表 9.13 可以看出，所有事故年索赔准备金总额的估计值为 29 708 204，相应的 CV 为 11.52%；所有事故年折现索赔准备金总额的估计值为 23 454 619，相应的 CV 为 10.46%. 其中，折现索赔准备金的 CV 更小些. 这是因为，损失进展越接近尾部，相应的参数误差就越大，折现后的值就越小.

§9.4　本章小结

1. 本章提出的损失进展建模方法的优势

（1）可以灵活处理流量三角形数据. 第一，当流量三角形上三角数据不完整时，如仅可以获得最近三个评估日期的损失数据，该建模方法同样适用；第二，这种建模方法很容易转化为考虑进展月的情况；第三，这种建模方法不要求严格给定规则的评估日期，如每个日历年末进行评估，也适用于不规则评估日期的情况，如最近评估日可以选取该日历年第三季度末；第四，这种建模方法同时适用于已决或已报案两种损失流量三角形.

（2）使用参数化曲线描述期望损失进展模式. 第一，可以简化估计问题，Loglogistic 增长曲线和 Weibull 增长曲线都只需要估计两个参数；第二，损失进展比例是一条光滑的增长曲线，而非不同事故年的损失进展因子的随机运动；第三，这些曲线可以外推尾部进展因子，对于长尾业务，合理避免了尾部因子的选择问题；第四，本章中 Loglogistic 增长曲线和 Weibull 增长曲线使用的是平均进展，而不是从事故年初开始计算. 这是出于实务的考虑，这种处理也可以改进分数进展期的拟合效果. 当考虑分数进展年的情况时，需要进行适当的调整，这种调整的公式详见本章附录.

（3）在 LDF 方法和 Cape-Cod 方法中，极大似然函数的求解只需要增量损失的真实值，并不需要对数值，因此，即使真实数据中存在一些增量损失为 0 或负数的情况，这两种方法也同样适用. 另外，MLE 方法都具有无偏性，即上三角真实增量损失之和等于拟合值之和.

2. 基于 MLE 方法的随机性索赔准备金评估的主要结论

（1）Cape-Cod 方法是 LDF 方法的一种改进. 这是因为在 Cape-Cod 方法中加入了保费信息，这些信息通常可以改进索赔准备金估计，尤其对那些最近数据稀少的事故年. 在 Cape-

Cod 方法中，较早事故年可以获得更多的损失进展信息，其索赔准备金估计很少受保费信息的影响；相反地，越是最近事故年，可获得的损失进展数据越少，因此，索赔准备金估计更多地依赖于模型参数 *ELR* 的估计值和保费信息.

(2) LDF 方法包含 12 个参数，使得索赔准备金的参数误差比过程方差更大一些. 索赔准备金评估中的不确定性主要来自于无法得到的索赔准备金均值估计，而不是随机事件. 因此，在随机性索赔准备金评估中，最迫切需要的不是更复杂的模型，而是更完整的数据. 在这一方向指导下，通过向损失流量三角形中添加事故年的暴露信息是一种很好的选择. 另外，Cape-Cod 方法估计的过程方差略高一些，然而却产生了相对较小的参数误差. 这是由于额外的暴露信息导致了较小的估计误差. 总之，赋予模型更多的信息，由参数估计误差带来的索赔准备金波动性就会越小.

(3) 从某种程度上讲，基于 MLE 方法得到的索赔准备金波动性度量，也可以为采用其他统计模型评估索赔准备金提供参考. 此外，索赔准备金波动范围的选择也需要考虑不同业务组合和处理索赔过程的变化，进一步考虑包含这些模型假设之外的因素可能会得出更符合实际的结论.

(4) 本章在应用 MLE 方法评估索赔准备金时，考虑了 Loglogistic 和 Weibull 两类增长曲线，这些曲线在得到索赔准备金的均值估计和波动性度量中不需要任何数值近似. 然而，MLE 方法并不局限于这些曲线形式，其他从 0% 移动到 100% 的光滑曲线也是适用的.

(5) 在索赔准备金评估中，一般假设上三角增量损失独立同分布. 其中，独立性假设可以使用残差分析进行检验. 如果所有时期受损失通胀变化的同等影响，实际上可能存在正相关关系；如果一个时期存在更大的结案来代替后续时期的赔案现金流，这时可能存在负相关关系. 从理论上讲，很难检验同分布假设. 一般假设所有事故年的损失进展模式是相同的，这显然是一种总的简化，其实从对保险现象的基本认识可以看出，历史期签发的不同保单和业务组合会受不同的索赔处理和结案策略的影响.

(6) 本章提出的基于损失进展过程建模的随机性索赔准备金评估方法可以为我国财险公司随机性索赔准备金评估提供指导. 鉴于保险业务的复杂性，并不能期待通过模型代替具体的实务分析，然而模型可以作为一个关键指标以辅助选择最终的索赔准备金. 另外，本章为索赔准备金波动范围的估计提供了一种方式，索赔准备金的范围归因于随机过程方差和期望值估计的不确定性导致的参数误差. 也就是说，基于统计模型的随机性索赔准备金评估包括两个关键要素：一是期望损失额的出现模式，二是围绕期望值的真实值出现的分布. 最后，在使用一个随机性索赔准备金评估模型时，需要谨记模型的主要假设. 一般地，相比模型本身产生的波动性来说，未来损失出现具有更大的波动性.

附录　考虑分数进展年的不同暴露期调整

如果一个事故年进展了 9 个月，令 $G^*(4.5|\omega,\theta)$ 表示这 9 个月已赚部分的累计损失占最终损失的百分比，那么损失进展因子 $\mathrm{LDF}_9^* = \dfrac{1}{G^*(4.5|\omega,\theta)}$ 表示计算这 9 个月的最终损失需要进行的调整. 为了估计整个事故年累计损失占最终损失的比例，需要乘以一个表示事故年已赚部分的比例因子，则截至 9 个月的事故年累计损失占最终损失的比例可以表示为

$$G(9|\omega,\theta)=\frac{9}{12}G^*(4.5|\omega,\theta).$$

因此，这种调整需要进行两个计算：一是计算暴露期的比例 Expos (j)；二是计算平均进展期 AvgAge (j). 这两个函数很容易适用于事故年或保单年的相关计算.

1. 计算暴露期的比例 Expos (j)

按照平行四边形法则，以进展年为单位，对事故年来说，有

$$\text{Expos}\,(j)=\begin{cases} j, & j\leqslant 1,\\ 1, & j>1;\end{cases}$$

对保单年来说，有

$$\text{Expos}\,(j)=\begin{cases} \dfrac{1}{2}j^2, & j\leqslant 1,\\[2ex] 1-\dfrac{1}{2}\max\{2-j,0\}^2, & j>1\,.\end{cases}$$

以进展月为单位，对事故年来说，有

$$\text{Expos}\,(j)=\begin{cases} j/12, & j\leqslant 12,\\ 1, & j>12;\end{cases}$$

对保单年来说，有

$$\text{Expos}\,(j)=\begin{cases} \dfrac{1}{2}\left(\dfrac{j}{12}\right)^2, & j\leqslant 12,\\[2ex] 1-\dfrac{1}{2}\max\left\{2-\dfrac{j}{12},0\right\}^2, & j>12.\end{cases}$$

2. 计算平均进展期 AvgAge (j)

按照平行四边形法则，以进展年为单位，对事故年来说，有

$$\text{AvgAge}\,(j)=\max\{j-0.5,j/2\}=\begin{cases} j/2, & j\leqslant 1,\\ j-0.5, & j>1;\end{cases}$$

对保单年来说，有

$$\mathrm{AvgAge}(j)=\begin{cases} j/3, & j\leqslant 1,\\ \dfrac{(j-1)+\dfrac{1}{3}(2-j)(1-\mathrm{Expos}(j)),}{\mathrm{Expos}(j)}, & j>1. \end{cases}$$

以进展月为单位，对事故年来说，有

$$\mathrm{AvgAge}(j)=\max\{j-6,j/2\}=\begin{cases} j/2, & j\leqslant 12,\\ j-6, & j>12; \end{cases}$$

对保单年来说，有

$$\mathrm{AvgAge}(j)=\begin{cases} j/3, & j\leqslant 12,\\ \dfrac{(j-12)+\dfrac{1}{3}(24-j)(1-\mathrm{Expos}(j))}{\mathrm{Expos}(j)}, & j>12. \end{cases}$$

综上所述，包含分数进展年(月)的累计损失占最终损失比例的计算公式可以表示为

$$G(j\mid\omega,\theta)=\mathrm{Expos}(j)\cdot G^{*}(\mathrm{AvgAge}(j)\mid\omega,\theta).$$

参考文献

[1] Halliwell L J. Loss prediction by generalized least squares. Proceedings of the Casualty Actuarial Society, 1996, 83: 436-489.

[2] Renshaw A E, Verrall R J. A stochastic model underlying the chain ladder technique. British Actuarial Journal, 1998, 4(4): 903-923.

[3] Clark D R. LDF curve fitting and stochastic loss reserving: a maximum likelihood approach. Casualty Actuarial Society Forum, 2003: 41-91.

[4] England P D, Verrall R J. Predictive distributions of outstanding liabilities in general insurance. Annals of Actuarial Science, 2007, 1(2): 212-270.

[5] McCullough P, Nelder J A. Generalized Linear Models. 2rd edition. Chapman & Hall/CRC, 1989.

[6] Klugman S A, Panjer H H, Willmot G E. Loss Models: From Data to Decisions. John Wiley & Sons, 1998: 60-68.

[7] Mack T. Distribution—free calculation of the standard error of chain ladder reserve estimate. Astin Bulletin, 1993, 23(2): 213-225.

[8] Guszcza J. Hierarchical growth curve models for loss reserving. Casualty Actuarial Society E-Forum, 2008: 146-172.

[9] Björkwall S, Hössjer O, Ohlsson E, Verrall R. A generalized linear model with smoothing effects for claims reserving. Insurance: Mathematics and Economics, 2011, 49(1): 27-37.

[10] Zehnwirth B. Probabilistic development factor models with applications to loss reserve variability, prediction intervals and risk based capital. CAS Forum Spring, 1994, 2: 447-606.

第十章 索赔准备金评估的非线性分层增长曲线模型

在本章中，我们考虑损失流量三角形中对应于同一个事故年的损失随时间反复观测的纵向特征，将损失流量三角形视为分层数据，并结合损失进展的增长曲线，提出了关于索赔准备金评估的两种非线性分层增长曲线模型，即考虑损失进展因子(LDF)的分层增长曲线模型和考虑 Cape-Cod 假设的分层增长曲线模型，并通过精算实务中的数值实例应用 R 软件加以分析. 本章提出的非线性分层模型不但体现了同一事故年损失数据的纵向特征，以此来反映组内数据的相关性，而且也考虑了不同事故年由未观测到的特征所导致的异质性，为考虑多个事故年的损失进展建模提供了一种自然灵活的框架，使得建立的模型易于理解，同时在分层建模中纳入了增长曲线，也有效避免了尾部进展因子的选定问题.

§10.1 分层模型简介

分层模型(hierarchical models)是 20 世纪 90 年代在国际上形成并正在迅速推广应用的新的统计分析技术. 分层模型通过设置自身的概率子模型来确定模型参数的方式，扩展了标准线性模型(linear models, LM)、广义线性模型(generalized linear models, GLM)和非线性模型(non-linear models). 这些标准模型在进行统计分析时，通常要求观测数据来自独立的变量. 而在很多精算和统计问题中，更多需要处理纵向数据、空间聚类数据甚至更一般的聚类数据，这些数据都不满足独立性假设，且具有一定的层次结构. 由数据的层次结构，可将数据划分为不同层次的"目标"组，进而引入分层模型的概念. 这种分层建模方式可以将复杂问题分解为相互联系的各个组成部分，为科学研究提供了一种新的分析框架. 至今，分层模型已经在环境科学、生态学和社会学中得到了广泛的应用.

在非寿险精算学中，随着随机性准备金评估技术的发展，索赔准备金的理论与实践正经历着一场大的变革，有关这方面的代表性文献有：Barnett，Zehnwirth(2000)[1] 提出了索赔准备金评估的回归分析模型；England，Verrall(2002，2007)[2][3] 提出了基于 GLM 的索赔准备金评估随机性方法；Clark(2003)[4] 提出了为损失进展过程建模的两类非线性增长曲线——Weibull 增长曲线和 Loglogistic 增长曲线，并使用极大似然估计方法估计这两类增长曲线的模型参数；Meyers(2007)[5] 提出了为损失进展数据建模的贝叶斯方法；Björkwall (2011)[6] 等人在 GLM 框架下，提出了描述损失进展模式的各种光滑模型. 从这些损失进展数据的建模方法中可以看出，统计建模技术将越来越多地补充或取代传统的基于表格程序估计最终损失的预测方法. 然而,通常的研究都是针对损失流量三角形(按事故年和进展年对损失数据整理得到的二维数据表)建立模型假设,进而评估索赔准备金,并结合随机模拟方法来得到索赔准备金的预测分布. 这种主流的评估方法大多没有体现出流量三角形数据随时间反复观测的纵向特征. 分层模型作为分析纵向数据的一种自然方式,按照这种观点,我们可以把损失流量三角形视为分层数据,每个事故年对应的数据可作为一个"目标",进而应用分层模型来研究索赔准备金的评估问题,这样不但体现了同一事故年损失数据的纵向特征,以此来反映组内数据的相关性,而且也考虑了不同事故年由未观测到的特征所导致的异质性. 另外,在索赔准备金评估中,结合损失进展过程的建模方法,如各种增长曲线模型和光滑模型等,将这些模型纳入分层建模技术中,也可以有效避免尾部进展因子的选定问题.

§10.2　分层模型的基本框架

10.2.1　分层模型的基本思想

分层模型的基本思想是:模型的某些参数本身需要建模,即在分层模型中,一些模型参数是通过样本数据直接估计的,这些参数也称为固定效应;另外一些模型参数不是直接通过样本数据来估计的,这些参数有时也称为随机效应,它们通过模型的超参数使用极大似然估计或相关的优化技术来估计. 上述的超参数包括固定效应参数、随机效应变量的分布参数和模型随机误差项的分布参数. 也就是说,分层模型的核心思想是通过在预测量中引入随机效应,来体现"目标"组内数据的相关性和不同"目标"组间的异质性. 有关分层模型的经典著作可以参考文献 Pinheiro,Bates(2000)[7],Raudenbush,Bryk (2002)[8]和 Gelman, Hill(2007)[9].

10.2.2　分层线性模型的模型结构

一般来说,当数据按一些重要方式进行分组时,都可以使用分层模型,如二维面板数据、三维空间数据甚至更高维的聚类数据等. 为了便于理解,下面在二维面板数据情况下,以预测未来各地区有效保单数的线性建模为例,给出分层线性模型(hierarchical linear models, HLM)的模型结构.

假设某保险公司在 $i\,(1\leqslant i\leqslant I)$ 个不同地区销售个人汽车保险产品,且拥有截至第 $j(1\leqslant j\leqslant J)$ 年的分地区的有效保单数据. 令 $y_{i,j}$ 表示第 i 个地区、截至第 j 年的有效保单数. 为了预测未来年份各地区的有效保单数,下面给出几种直观的建模方式.

1. 完全混合数据模型

将 I 个地区的数据简单混合在一起,建立如下线性回归模型:

$$y_j = \alpha + \beta j + \varepsilon_j\ , \tag{10.1}$$

其中 $y_j = \sum_{i=1}^{I} y_{i,j}$, $\varepsilon_j \sim N(0,\sigma^2)$.

从(10.1)式可以看出,该模型中所有地区的截距 α 及斜率 β 都相同.也就是说,完全混合数据模型忽略了各地区间的差异,使用 $I \times J$ 个数据估计模型的 3 个参数 $\{\alpha,\beta,\sigma\}$.

2. 按地区细分的分离模型

为每个地区建立一个线性回归模型,即

$$y_j^{(i)} = \alpha^{(i)} + \beta^{(i)} j + \varepsilon_j^{(i)}, \tag{10.2}$$

其中 $y_j^{(i)} = y_{i,j}$, $\varepsilon_j^{(i)} \sim N(0,\sigma^{(i)2})$, $\alpha^{(i)}$ 和 $\beta^{(i)}$ 表示第 i 个地区的截距和斜率.

从(10.2)式可以看出,该模型中所有地区的截距 $\alpha^{(i)}$ 及斜率 $\beta^{(i)}$ 都不同.也就是说,按地区细分的分离模型充分考虑了各地区间的差异,即建立了 I 个模型,其中每个模型使用 J 个数据估计模型的 3 个参数 $\{\alpha^{(i)},\beta^{(i)},\sigma^{(i)}\}$.

3. 包含地区指示变量的模型

考虑一个不含截距项但包含每个地区指示变量的模型,即

$$y_j = \sum_{i=1}^{I} \beta^{(i)} D_i + \beta j + \varepsilon_j, \tag{10.3}$$

其中 $y_j = \sum_{i=1}^{I} y_{i,j}$, $\varepsilon_j \sim N(0,\sigma^2)$,指示变量

$$D_i = \begin{cases} 1, & \text{地区 } i, \\ 0, & \text{其他地区}. \end{cases}$$

从(10.3)式可以看出,该模型是完全混合数据模型和按地区细分的分离模型的折中.类似于完全混合数据模型,该模型可以看做能同时拟合所有数据的单一混合模型;同样,类似于按地区细分的分离模型,该模型能一定程度上描述不同地区间的差异,即可以认为该模型中所有地区的斜率相同,而截距不同.因此,相对于完全混合数据模型和按地区细分的分离模型来说,这是一种改进,但可能并不理想,因为我们需要使用 $I \times J$ 个数据估计模型的 $I+2$ 个参数 $\{\beta^{(1)},\cdots,\beta^{(I)},\beta,\sigma\}$,当数据量很小时,会面临模型过度参数化的可能.当然,不是所有 I 个地区的指示变量都必须显示地出现在模型中.然而,有时为了体现不同地区的斜率差异,也需要考虑指示变量与时间的交叉项.在需要同时体现不同地区截距、斜率差异的极端情况下,需要估计模型 I 个不同的截距项和 I 个不同的斜率项,这本质上就是按地区细分的分离模型.

4. 含随机截距项的分层模型

与包含地区指示变量的模型相比,分层模型提供了另一种折中.在该模型中,不是直接从数据中估计 I 个地区的分离参数 $\{\beta^{(1)},\beta^{(2)},\cdots,\beta^{(I)}\}$,而是假设 I 个地区的截距项参数 $\{\alpha_1,\alpha_2,\cdots,\alpha_I\}$ 服从正态分布,通过正态分布的超参数来估计这些随机截距项 $\{\alpha_1,\alpha_2,\cdots,\alpha_I\}$.因此,含随机截距项的分层模型可以表示为

$$y_{i,j} = \alpha_i + \beta j + \varepsilon_{i,j}, \tag{10.4}$$

其中 $\alpha_i \sim N(\mu_\alpha,\sigma_\alpha^2)$, $\varepsilon_{i,j} \sim N(0,\sigma^2)$.或者,更简洁地表示为

$$y_{i,j} \sim N(\alpha_i + \beta j,\sigma^2), \tag{10.5}$$

其中 $\alpha_i \sim N(\mu_\alpha, \sigma_\alpha^2)$.

在该模型中,参数 β 称为固定效应,参数 $\{\alpha_1,\alpha_2,\cdots,\alpha_I\}$ 称为随机效应.这些参数不是直接通过样本数据来估计,而是通过正态分布的超参数来估计的,故该模型包含 4 个超参数 $\{\mu_\alpha,\beta,\sigma,\sigma_\alpha\}$.在使用极大似然估计或相关的优化技术估计这些超参数的基础上,进而可以类似于信度理论的结论,得到估计随机截距项 $\{\alpha_1,\alpha_2,\cdots,\alpha_I\}$ 的公式

$$\hat{\alpha}_i = Z_i(\bar{y}_i - \beta\bar{j}) + (1 - Z_i)\mu_\alpha, \tag{10.6}$$

其中

$$\bar{y}_i = \frac{1}{J}\sum_{j=1}^{J} y_{i,j}, \quad \bar{j} = \frac{1}{J}\sum_{j=1}^{J} j, \quad Z_i = \frac{y_i}{y_i + \sigma^2/\sigma_\alpha^2}, \ y_i = \sum_{j=1}^{J} y_{i,j},$$

这里信度因子 Z_i 是通过地区 i 的观测保单数、截距项的方差 σ_α^2 和残差的波动 σ^2 确定的.(10.6)式表明,随机截距项 α_i 是地区 i 的截距项 $\hat{y}_i - \beta\bar{j}$ 和所有地区截距项的均值 μ_α 的信度加权平均.

上面介绍的完全混合数据模型可以看做含随机截距项的分层模型的特例.当 $\sigma_\alpha^2 \to 0$ 时,$Z_j \to 0$,这个分层模型即接近于完全混合数据模型.另外,与包含地区指示变量的模型中每个地区都含有 1 个指示变量的非分层回归模型需要估计的 $I+2$ 个参数相比,含随机截距项的分层模型只需要估计 4 个超参数,进而利用(10.6)式得到随机截距项的估计值.

有时称含随机截距项的分层模型为线性混合效应模型(linear mixed effects models, LME).其中,参数 β 称为固定效应,参数 $\{\alpha_1,\alpha_2,\cdots,\alpha_I\}$ 称为随机效应.在 LME 模型中,既含固定效应变量,又含随机效应变量,且随机效应变量服从正态分布.LME 模型的更一般推广是线性分层模型,此时随机效应变量的分布可不局限于正态分布.

最后,如果删去含随机截距项的分层模型中的时间协变量项,那么模型变为

$$y_{i,j} \sim N(\alpha_i, \sigma^2), \tag{10.7}$$

其中 $\alpha_i \sim N(\mu_\alpha, \sigma_\alpha^2)$.进而,信度加权表达式变为

$$\hat{\alpha}_i = Z_i\bar{y}_i + (1 - Z_i)\mu_\alpha, \tag{10.8}$$

其中 $Z_i = \dfrac{y_i}{y_i + \sigma^2/\sigma_\alpha^2}$.

从(10.7)和(10.8)两式可以看出,Bühlmann 信度模型是分层模型的特例.值得一提的是,Frees(2010)[10] 中第 18 章对 Bühlmann 模型、Bühlmann-Straub 模型、Hachemeister 模型、Jewell 的分层模型、Dannenburg 的交互分类模型等几个著名的信度模型作为分层模型的特定类型做了详细的讨论.

5. 含随机截距项和随机斜率项的分层模型

有时含随机截距项的分层模型的拟合效果并不理想,在这种情况下,可以考虑在该模型中添加随机斜率项,即

$$y_{i,j} \sim N(\alpha_i + \beta_i j, \sigma^2), \tag{10.9}$$

其中

$$\begin{bmatrix}\alpha_i\\\beta_i\end{bmatrix}\sim N\left(\begin{bmatrix}\mu_\alpha\\\mu_\beta\end{bmatrix},\boldsymbol{\Sigma}\right),\qquad \boldsymbol{\Sigma}=\begin{bmatrix}\sigma_\alpha^2 & \sigma_{\alpha\beta}\\\sigma_{\alpha\beta} & \sigma_\beta^2\end{bmatrix}.$$

该模型包含 6 个超参数：$\{\mu_\alpha,\mu_\beta,\sigma_\alpha,\sigma_\beta,\sigma_{\alpha\beta},\sigma\}$，比含随机截距项的分层模型多了 2 个参数. 由于这两个模型是嵌套模型，可以通过对数似然统计量和赤池信息准则（AIC）等比较不同模型的拟合优度，在权衡模型的复杂性和拟合效果的基础上，最终选择合适的模型. 这里，$\text{AIC}=-2\ln L+2d$，其中 d 表示自由度，即模型超参数的个数. 也就是说，AIC 统计量综合考虑了对数似然和参数的个数. 一般 AIC 越小越好，低 AIC 的模型可以看做在模型复杂性和拟合效果之间的权衡.

另外，上面介绍的按地区细分的分离模型可以看做本模型的特例. 当 $\sigma_\alpha^2\to\infty$，$\sigma_\beta^2\to\infty$ 时，$Z_j^\alpha\to 1$，$Z_j^\beta\to 1$，这个分层模型即接近于按地区细分的分离模型.

综上所述，与传统非分层线性模型相比，分层模型主要具有以下四个特点：第一，采用分层模型将会避免模型过度参数化；第二，在分层模型中，随机效应参数通过模型的超参数估计，采用信度加权平均来计算，而传统的完全混合数据模型和按类别细分的模型可以看做是分层模型的特殊情况；第三，Bühlmann 信度模型及其他几个著名的信度模型都是分层模型的特例；第四，对嵌套的分层模型，可以使用对数似然统计量和 AIC 统计量来比较不同模型的拟合优度.

10.2.3 非线性分层模型

实际中，变量之间也可能存在非线性关系，对于那些不可线性化的非线性模型以及更适合采用非线性模型来描述的问题，采用一个具体的非线性函数形式可以清晰地对这些问题进行建模分析.

需要指出，在使用 HLM 估计模型参数时不需要设定参数的初始值，使用非线性分层模型估计参数时则需要设定参数的初始值，且参数估计是否收敛在很大程度上依赖于初始值的设定，不同的初始值会导致模型不一定收敛，或者收敛到一个不正确的结果. 通过观察残差图有助于判断结果是否正确. 在大多数情况下，可以通过简单的分析方法辅助选择初始值. 如在贝叶斯非线性分层模型中，可以参考参数的极大似然估计选取合适的先验分布，来得到参数的后验分布.

10.2.4 更一般结构的分层模型

分层模型不一定要有明确的线性或非线性表达式，可以仅设定模型的层次结构和概率分布假设，使用贝叶斯方法进行统计分析. 从这一点上讲，分层模型可以将贝叶斯方法融入其中，但是，可能很难把握模型的结构，这需要对具体问题有更深入的理论知识.

§10.3　索赔准备金评估的非线性分层模型

10.3.1　损失进展增长曲线的选择

沿用本书第九章给出的描述损失进展过程的两类非线性增长曲线——Weibull 增长曲线和 Loglogistic 增长曲线. Weibull 增长曲线具有如下形式:

$$G(x \mid \omega,\theta) = 1 - \exp\{-(x/\theta)^{\omega}\}; \tag{10.10}$$

Loglogistic 增长曲线具有如下形式:

$$G(x \mid \omega,\theta) = \frac{x^{\omega}}{x^{\omega} + \theta^{\omega}}, \tag{10.11}$$

其中 ω 是形状参数, θ 是尺度参数, x 表示从事故发生的平均日期到评估日的损失进展时间,一般假设事故发生时间在年内服从均匀分布.

从(10.10)和(10.11)两式可以看出,Loglogistic 增长曲线比 Weibull 增长曲线厚尾. 这意味着,在采用这两类增长曲线评估索赔准备金时,Loglogistic 增长曲线比 Weibull 增长曲线预计会有更长的损失进展过程和更大的最终损失估计. 在实务中,对损失进展过程期限的背景知识的了解有助于确定选择哪一类增长曲线,或是采用其他的增长曲线. 此外,使用同一条增长曲线来描述所有事故年的损失进展过程,并不能体现出不同事故年增长模式的差异. 为此,下面结合这两类增长曲线和损失进展过程的建模方式给出索赔准备金评估的分层模型.

10.3.2　非线性分层增长曲线模型

1. 损失进展过程的两种建模方式

在事故发生时间在年内服从均匀分布的假设下,我们在前面已经给出了为损失进展过程建模的两种方式:一种是损失进展因子(LDF)模型,用公式表示为

$$CL_{i,j} = ULT_i \cdot G((j-0.5) \mid \omega,\theta), \tag{10.12}$$

其中 $CL_{i,j}$ 表示事故年 i ($1 \leqslant i \leqslant I$),进展年 j 的累计损失; ULT_i 表示事故年 i 的最终损失;函数 G 可以选择 Weibull 函数和 Loglogistic 函数,或是其他合适的增长函数. 从(10.12)式可以看出,这个 LDF 模型包含 $I+2$ 个未知参数: $\{ULT_1,\cdots,ULT_I,\omega,\theta\}$.

另一种是 Cape-Cod 模型,用公式表示为

$$CL_{i,j} = prem_i \cdot ELR \cdot G((j-0.5) \mid \omega,\theta), \tag{10.13}$$

其中 $prem_i$ 是已知量,用来表示事故年 i 的均衡保费; ELR 表示所有事故年的期望损失率,并假设 ELR 为常数. 与 LDF 模型包含 $I+2$ 个参数相比,该模型仅包含 3 个未知参数: $\{ELR,\omega,\theta\}$.

值得注意的是,本书第九章给出的这两个模型采用的是增量损失形式,而不是累计损失形式.为了更能反映累计损失的增长模式,本章在下面的分层模型中采用的是累计损失形式.

2. 考虑 LDF 的分层增长曲线模型

(1) 基础分层增长曲线模型:

① 基础分层 Weibull 增长曲线模型可以表示为

$$CL_{i,j}=ULT_i\{1-\exp\{-[(j-0.5)/\theta]^{\omega}\}\}+\varepsilon_{i,j};\tag{10.14}$$

② 基础分层 Loglogistic 增长曲线模型可以表示为

$$CL_{i,j}=ULT_i\cdot\frac{(j-0.5)^{\omega}}{(j-0.5)^{\omega}+\theta^{\omega}}+\varepsilon_{i,j},\tag{10.15}$$

其中 $ULT_i\sim N(\mu_{ULT},\sigma_{ULT}^2)$, $\mathrm{Var}(\varepsilon_{i,j})=\sigma^2\widehat{CL}_{i,j}$.

可以看出,这两个基础模型都包含 5 个超参数: $\{\mu_{ULT},\omega,\theta,\sigma_{ULT},\sigma\}$. 值得注意的是,这里不是假设每个损失额的方差为常数,而是假设组内方差与拟合值成比例, σ^2 是比例常数. 这与很多著名精算专家广泛使用的过度分散 Poisson 分布假设一致.

(2) 放松过程方差假设的分层增长曲线模型:

在之前两个基础模型中,假设组内方差与拟合值成比例. 这里,进一步使用较弱的假设,即

$$\mathrm{Var}(\varepsilon_{i,j})=\sigma^2(\widehat{CL}_{i,j})^{2\zeta}.\tag{10.16}$$

也就是说,代替基础模型中预先设定的 $\zeta=0.5$, 这里将 ζ 看做进一步的模型超参数. 因此,模型需要估计 6 个超参数: $\{\mu_{ULT},\omega,\theta,\sigma_{ULT},\sigma,\zeta\}$.

(3) 考虑随机形状效应的分层增长曲线模型:

在基础模型的基础上,通过考虑形状参数 ω 随事故年变化来扩展基础模型,即包含了随事故年变化的形状参数 $\{\omega_1,\omega_2,\cdots,\omega_I\}$, 则

① 考虑随机形状效应的分层 Weibull 增长曲线模型可以表示为

$$CL_{i,j}=ULT_i\{1-\exp\{-[(j-0.5)/\theta]^{\omega}\}\}+\varepsilon_{i,j};\tag{10.17}$$

② 考虑随机形状效应的分层 Loglogistic 增长曲线模型可以表示为

$$CL_{i,j}=ULT_i\,\frac{(j-0.5)^{\omega}}{(j-0.5)^{\omega}+\theta^{\omega}}+\varepsilon_{i,j},\tag{10.18}$$

其中 $\begin{bmatrix}ULT_i\\ \omega_i\end{bmatrix}\sim N\left(\begin{bmatrix}\mu_{ULT}\\ \mu_{\omega}\end{bmatrix},\boldsymbol{\Sigma}\right)$, $\boldsymbol{\Sigma}=\begin{bmatrix}\sigma_{ULT}^2 & \sigma_{ULT,\omega}\\ \sigma_{ULT,\omega} & \sigma_{\omega}^2\end{bmatrix}$, $\mathrm{Var}(\varepsilon_{i,j})=\sigma^2\widehat{CL}_{i,j}$.

可以看出,扩展模型除了基础模型包含的 5 个超参数之外,还包含了 2 个新的超参数 σ_{ω} 和 $\sigma_{ULT,\omega}$, 故包含 7 个超参数: $\{\mu_{ULT},\omega,\theta,\sigma_{ULT},\sigma_{\omega},\sigma_{ULT,\omega},\sigma\}$.

(4) 考虑随机尺度效应的分层增长曲线模型:

在基础模型的基础上,通过考虑尺度参数 θ 随事故年变化来扩展基础模型,即包含了随事故年变化的尺度参数: $\{\theta_1,\theta_2,\cdots,\theta_I\}$, 则

① 考虑随机尺度效应的分层 Weibull 增长曲线模型可以表示为

$$CL_{i,j} = ULT_i\{1-\exp\{-[(j-0.5)/\theta]^{\omega}\}\} + \varepsilon_{i,j}; \tag{10.19}$$

② 考虑随机尺度效应的分层 Loglogistic 增长曲线模型可以表示为

$$CL_{i,j} = ULT_i \frac{(j-0.5)^{\omega}}{(j-0.5)^{\omega}+\theta^{\omega}} + \varepsilon_{i,j}, \tag{10.20}$$

其中 $\begin{bmatrix} ULT_i \\ \theta_i \end{bmatrix} \sim N\left(\begin{bmatrix} \mu_{ULT} \\ \mu_\theta \end{bmatrix}, \boldsymbol{\Sigma}\right)$, $\boldsymbol{\Sigma} = \begin{bmatrix} \sigma_{ULT}^2 & \sigma_{ULT,\theta} \\ \sigma_{ULT,\theta} & \sigma_\theta^2 \end{bmatrix}$, $\mathrm{Var}(\varepsilon_{i,j}) = \sigma^2 \widehat{CL}_{i,j}$.

类似地,扩展模型除了包含基础模型的 5 个超参数之外,还包含了 2 个新的超参数 σ_θ 和 $\sigma_{ULT,\theta}$,故包含 7 个超参数 $\{\mu_{ULT},\omega,\theta,\sigma_{ULT},\sigma_\theta,\sigma_{ULT,\theta},\sigma\}$.

3. 考虑 Cape-Cod 方法的分层增长曲线模型

如果可以获得保费信息,那么很容易将基于 LDF 的分层模型改写成 Cape-Cod 形式. 在 Cape-Cod 方法中,假设各事故年的 *ELR* 为常数. 这个常数可以从数据中估计出来,也可以作为模型假设简单引入,在分层建模框架下,将舍弃这一假设. 正如基于 LDF 的分层模型使用子模型考虑不同事故年最终损失的变化,这里也使用子模型来考虑不同事故年损失率的变化,即包含了一个考虑所有事故年平均损失率的模型超参数.

(1) 考虑 Cape-Cod 方法的基础分层增长曲线模型:

① 基础 Cape-Cod 分层 Weibull 增长曲线模型可以表示为

$$CL_{i,j} = prem_i \cdot LR_i \cdot \{1-\exp\{-[(j-0.5)/\theta]^{\omega}\}\} + \varepsilon_{i,j}; \tag{10.21}$$

② 基础 Cape-Cod 分层 Loglogistic 增长曲线模型可以表示为

$$CL_{i,j} = prem_i \cdot LR_i \cdot \frac{(j-0.5)^{\omega}}{(j-0.5)^{\omega}+\theta^{\omega}} + \varepsilon_{i,j}, \tag{10.22}$$

其中 $prem_i$ 是已知量,用来表示事故年 i 的均衡保费, LR_i 表示事故年 i 的最终损失率,且 $LR_i \sim N(\mu_{LR},\sigma_{LR}^2)$, $\mathrm{Var}(\varepsilon_{i,j}) = \sigma^2 \widehat{CL}_{i,j}$. 故模型包含 5 个超参数: $\{\mu_{LR},\omega,\theta,\sigma_{LR},\sigma\}$.

(2) 放松过程方差假设的 Cape-Cod 分层增长曲线模型:

在基础模型中,假设组内方差与拟合值成比例. 这里,进一步使用如下较弱的假设

$$\mathrm{Var}(\varepsilon_{i,j}) = \sigma^2 (\widehat{CL}_{i,j})^{2\zeta}. \tag{10.23}$$

类似地,模型需要估计 6 个超参数: $\{\mu_{LR},\omega,\theta,\sigma_{LR},\sigma,\zeta\}$.

(3) 考虑随机形状效应的 Cape-Cod 分层增长曲线模型:

① 考虑随机形状效应的 Cape-Cod 分层 Weibull 增长曲线模型可以表示为

$$CL_{i,j} = prem_i \cdot LR_i \cdot \{1-\exp\{-[(j-0.5)/\theta]^{\omega}\}\} + \varepsilon_{i,j}; \tag{10.24}$$

② 考虑随机形状效应的 Cape-Cod 分层 Loglogistic 增长曲线模型可以表示为

$$CL_{i,j} = prem_i \cdot LR_i \cdot \frac{(j-0.5)^{\omega}}{(j-0.5)^{\omega}+\theta^{\omega}} + \varepsilon_{i,j}, \tag{10.25}$$

其中 $\begin{bmatrix} LR_i \\ \omega_i \end{bmatrix} \sim N\left(\begin{bmatrix} \mu_{LR} \\ \mu_\omega \end{bmatrix}, \boldsymbol{\Sigma}\right)$, $\boldsymbol{\Sigma} = \begin{bmatrix} \sigma_{LR}^2 & \sigma_{LR,\omega} \\ \sigma_{LR,\omega} & \sigma_\omega^2 \end{bmatrix}$, $\mathrm{Var}(\varepsilon_{i,j}) = \sigma^2 \widehat{CL}_{i,j}$. 故模型包含 7 个超参数: $\{\mu_{LR},\mu_\omega,\theta,\sigma_{LR},\sigma_\omega,\sigma_{LR,\omega},\sigma\}$.

(4) 考虑随机尺度效应的 Cape-Cod 分层增长曲线模型:

① 考虑随机尺度效应的 Cape-Cod 分层 Weibull 增长曲线模型可以表示为

$$CL_{i,j} = prem_i \cdot LR_i \cdot [1 - \exp\{-((j-0.5)/\theta)^{\omega}\}] + \varepsilon_{i,j}\ ; \tag{10.26}$$

② 考虑随机尺度效应的 Cape-Cod 分层 Loglogistic 增长曲线模型可以表示为

$$CL_{i,j} = prem_i \cdot LR_i \cdot \frac{(j-0.5)^{\omega}}{(j-0.5)^{\omega}+\theta^{\omega}} + \varepsilon_{i,j}, \tag{10.27}$$

其中 $\begin{bmatrix} LR_i \\ \theta_i \end{bmatrix} \sim N\left(\begin{bmatrix} \mu_{LR} \\ \mu_\theta \end{bmatrix}, \boldsymbol{\Sigma}\right)$, $\boldsymbol{\Sigma} = \begin{bmatrix} \sigma_{LR}^2 & \sigma_{LR,\theta} \\ \sigma_{LR,\theta} & \sigma_\theta^2 \end{bmatrix}$, $\mathrm{Var}(\varepsilon_{i,j}) = \sigma^2 \widehat{CL}_{i,j}$. 故模型包含 7 个超参数: $\{\mu_{LR}, \omega, \mu_\theta, \sigma_{LR}, \sigma_\theta, \sigma_{LR,\theta}, \sigma\}$.

§10.4 数值实例

本章数值实例中的数据如表 10.1 所示. 这些数据在索赔准备金评估的已有文献中被多次引用,有关文献可以参考 Mack(1993)[11],Clark(2003),Guszcza (2008)[12]等. 本节的出发点在于,传统索赔准备金评估的流量三角形可以视为纵向数据集,每个事故年对应的数据可看做一个"目标",进而可以建立分层模型来分析累计损失的进展模式.

表 10.1 累计损失数据 单位:元

事故年 i \ 进展年 j	1	2	3	4	5	6	7	8	9	10
1	357 848	1 124 788	1 735 330	2 182 708	2 745 596	3 319 994	3 466 336	3 606 286	3 833 515	3 901 463
2	352 118	1 236 139	2 170 033	3 353 322	3 799 067	4 120 063	4 647 867	4 914 039	5 339 085	
3	290 507	1 292 306	2 218 525	3 235 179	3 985 995	4 132 918	4 628 910	4 909 315		
4	310 608	1 418 858	2 195 047	3 757 447	4 029 929	4 381 982	4 588 268			
5	443 160	1 136 350	2 128 333	2 897 821	3 402 672	3 873 311				
6	396 132	1 333 217	2 180 715	2 985 752	3 691 712					
7	440 832	1 288 463	2 419 861	3 483 130						
8	359 480	1 421 128	2 864 498							
9	376 686	1 363 294								
10	344 014									

10.4.1 简单链梯法的估计结果

为了与后续建立的分层模型进行比较,表 10.2 给出了简单链梯法的进展情况. 在表 10.2 中,链梯比率表示年度进展因子,这里选取加权进展因子,且假设尾部进展因子为 1;累计 LDF 表示进展到最终损失的累计进展因子;损失进展比例是累计 LDF 的倒数. 在此基础上,表 10.3 又给出了简单链梯法的估计结果.

表 10.2　简单链梯法的进展情况

进展年 i	1→2	2→3	3→4	4→5	5→6	6→7	7→8	8→9	9→10	10→ ∞
链梯比率	3.491	1.747	1.455	1.176	1.104	1.086	1.054	1.077	1.018	1.000
累计 LDF	14.451	4.140	2.369	1.628	1.384	1.254	1.155	1.096	1.018	1.000
损失进展比例/%	6.9	24.2	42.2	61.4	72.2	79.7	86.6	91.3	98.3	100

表 10.3　简单链梯法的估计结果　　单位:元

事故年 i	日历年累计损失	最终损失	未决赔款准备金
1	3 901 463	3 901 463	0
2	5 339 085	5 433 719	94 634
3	4 909 315	5 378 826	469 511
4	4 588 268	5 297 906	709 638
5	3 873 311	4 858 200	984 889
6	3 691 712	5 111 171	1 419 459
7	3 483 130	5 671 704	2 188 574
8	2 864 498	6 786 880	3 922 382
9	1 363 294	5 643 997	4 280 703
10	344 014	4 971 349	4 627 335
总计	34 358 090	53 055 216	18 697 126

10.4.2　考虑 LDF 的分层增长曲线模型的参数估计及结果分析

基于§10.3 给出的考虑 LDF 的分层增长曲线模型,本节使用 R 软件中的 nlme(·)函数来求解模型参数估计值. 在大多数情况下,通过使用简单链梯分析估计出的最终损失和损失进展比例来辅助选择一套合适的初始值集合是可行的,这里选取的初始值集合为 $\{\mu_{ULT},\omega,\theta\}=\{5\,000\,000, 1.4, 3.75\}$. 在此基础上,表 10.4 和表 10.5 分别给出了考虑 LDF 的分层 Weibull 增长曲线模型和分层 Loglogistic 增长曲线模型得到的超参数估计值和 AIC 统计量.

表 10.4 考虑 LDF 的分层 Weibull 增长曲线模型得到的主要超参数估计值和 AIC 统计量

分层 Weibull 增长曲线模型	μ_{ULT}	$\omega(\mu_\omega)$	$\theta(\mu_\theta)$	σ_{ULT}	σ	ζ	AIC 统计量
基础模型	5 306 605	1.306	3.886	543 029.6	93.447	0.5	1485.611
放松过程方差假设	5 296 344	1.318	3.856	560 412.1	566.497	0.37	1 486.479
考虑随机形状效应	5 412 641	1.308	3.934	658 822.8	84.391	0.5	1 480.646
考虑随机尺度效应	5 306 622	1.306	3.886	543 029.3	93.447	0.5	1 489.611

表 10.5 考虑 LDF 的分层 Loglogistic 增长曲线模型得到的主要超参数估计值和 AIC 统计量

分层 Loglogistic 增长曲线模型	μ_{ULT}	$\omega(\mu_\omega)$	$\theta(\mu_\theta)$	σ_{ULT}	σ	ζ	AIC 统计量
基础模型	6 898 363	1.404	4.095	702 803.2	98.311	0.5	1 490.127
放松过程方差假设	6 690 918	1.456	3.872	715 907.3	2 001.554	0.29	1 490.306
考虑随机形状效应	7 055 427	1.400	4.181	836 654.8	89.606	0.5	1 485.622
考虑随机尺度效应	7 272 343	1.381	4.352	1 128 926.0	93.824	0.5	1 489.094

从表 10.4 和表 10.5 可以看出，两种增长曲线下，考虑随机形状效应的分层模型的 AIC 统计量的值都是最小的，因此可以认为这两个模型在复杂性和拟合优度之间提供了一个更好的权衡. 在此基础上，表 10.6 和表 10.7 分别给出了考虑随机形状效应的分层 Weibull 增长曲线模型和分层 Loglogistic 增长曲线模型得到的最终损失、未决赔款准备金的估计值.

表 10.6 考虑随机形状效应的分层 Weibull 增长曲线模型的估计结果 单位：元

事故年 i	平均进展年	ω	θ	增长比例/%	累计损失	第 10 进展年	第 20 进展年	最终损失	未决赔款准备金
1	9.5	1.189	3.934	94.2	3 901 463	3 867 972	4 099 845	4 104 870	203 407
2	8.5	1.313	3.934	93.6	5 339 085	5 236 006	5 461 155	5 462 687	123 602
3	7.5	1.311	3.934	90.3	4 909 315	5 214 013	5 439 486	5 441 052	531 737
4	6.5	1.332	3.934	85.8	4 588 268	5 444 902	5 666 704	5 667 942	1 079 674
5	5.5	1.265	3.934	78.3	3 873 311	4 701 010	4 932 266	4 934 808	1 061 497
6	4.5	1.292	3.934	69.6	3 691 712	5 007 592	5 235 813	5 237 726	1 546 014
7	3.5	1.347	3.934	57.4	3 483 130	5 615 718	5 834 436	5 835 470	2 352 340
8	2.5	1.410	3.934	41.0	2 864 498	6 321 383	6 524 649	6 525 111	3 660 613
9	1.5	1.317	3.934	24.5	1 363 294	5 279 429	5 503 923	5 505 389	4 142 095
10	0.5	1.308	3.934	6.5	344 014	5 183 831	5 409 739	5 411 352	5 067 338
总计					34 358 090	51 871 857	54 108 015	54 126 407	19 768 317

表 10.7 考虑随机形状效应的分层 Loglogistic 增长曲线模型的估计结果 单位：元

事故年 i	平均进展年	ω	θ	增长比例/%	累计损失	第 10 进展年	第 20 进展年	最终损失	未决赔款准备金
1	9.5	1.278	4.181	74.1	3 901 463	3 957 313	4 688 407	5 343 351	1 441 888
2	8.5	1.405	4.181	73.1	5 339 085	5 427 241	6 404 158	7 139 537	1 800 452
3	7.5	1.406	4.181	69.5	4 909 315	5 428 325	6 405 415	7 140 835	2 231 520
4	6.5	1.428	4.181	65.3	4 588 268	5 695 195	6 714 367	7 458 955	2 870 687
5	5.5	1.359	4.181	59.2	3 873 311	4 888 276	5 777 732	6 489 920	2 616 609
6	4.5	1.387	4.181	52.5	3 691 712	5 205 309	6 146 605	6 873 224	3 181 512
7	3.5	1.438	4.181	43.6	3 483 130	5 815 586	6 853 472	7 601 735	4 118 605
8	2.5	1.493	4.181	31.7	2 864 498	6 474 418	7 611 655	8 375 411	5 510 913
9	1.5	1.401	4.181	19.2	1 363 294	5 374 109	6 342 549	7 075 927	5 712 633
10	0.5	1.400	4.181	4.9	344 014	5 356 956	6 322 654	7 055 373	6 711 359
总计					34 358 090	53 622 727	63 267 014	70 554 267	36 196 177

从表 10.6 和表 10.7 可以看出，该分层模型与第九章给出的模型的主要区别是：在分层模型中，最终损失不是直接从样本数据中估计出来的，而是从模型的 5 个超参数的估计中间接推导出来的. 在这两个模型中，估计的最终损失的平均值与相应的 μ_{ULT} 的估计值都相同；总的未决赔款准备金的估计值相差很大. 下面进一步给出这两种模型的标准化残差和累计损失的拟合值的检验结果，如图 10.1 和图 10.2 所示. 标准化残差 $r_{i,j}$ 的计算公式为

$$r_{i,j}=\frac{CL_{i,j}-\widehat{CL}_{i,j}}{\sigma\sqrt{\widehat{CL}_{i,j}}},\tag{10.28}$$

其中 $CL_{i,j}$ 和 $\widehat{CL}_{i,j}$ 分别表示上三角中事故年 i、进展年 j 的累计损失的真实值和拟合值. 分母即为模型定义的残差项 $\varepsilon_{i,j}$ 的标准差.

这些检验结果表明，这两个模型拟合效果都相当好，左上方的两个图表明标准化残差都近似服从正态分布；上三角累计损失的真实值对拟合值的图表明一个非常好的拟合效果；与此一致，残差对拟合值的图也表明大部分标准化残差的绝对值都小于 2. 另外，标准化残差是否服从正态分布的更规范检验的方法也可以选取 Shapiro-Wilk 检验或 Kolmogorov-Smirnov 检验，这两种检验也表明这两个模型的标准化残差都服从正态分布.

最后，评价这两个模型拟合效果的另一种方法是将每个事故年累计损失的估计增长曲线与累计损失的初始观测值加以比较，如图 10.3—10.6 所示. 在这四个图中，实线表示由超参数 $\{\mu_{ULT},\omega,\theta\}$ 描述的所有事故年累计损失的平均增长曲线，虚线表示由 θ 和随机效应 $\{ULT_1,ULT_2,\cdots,ULT_{10}\}$，$\{\omega_1,\omega_2,\cdots,\omega_{10}\}$ 描述的每个事故年累计损失的增长曲线. 图 10.4 和图 10.6 中的黑点表示各事故年累计损失的观测值. 另外，从图 10.3 和图 10.5 可以看出，各事故年的增长曲线位于所有事故年整体平均增长曲线的两侧.

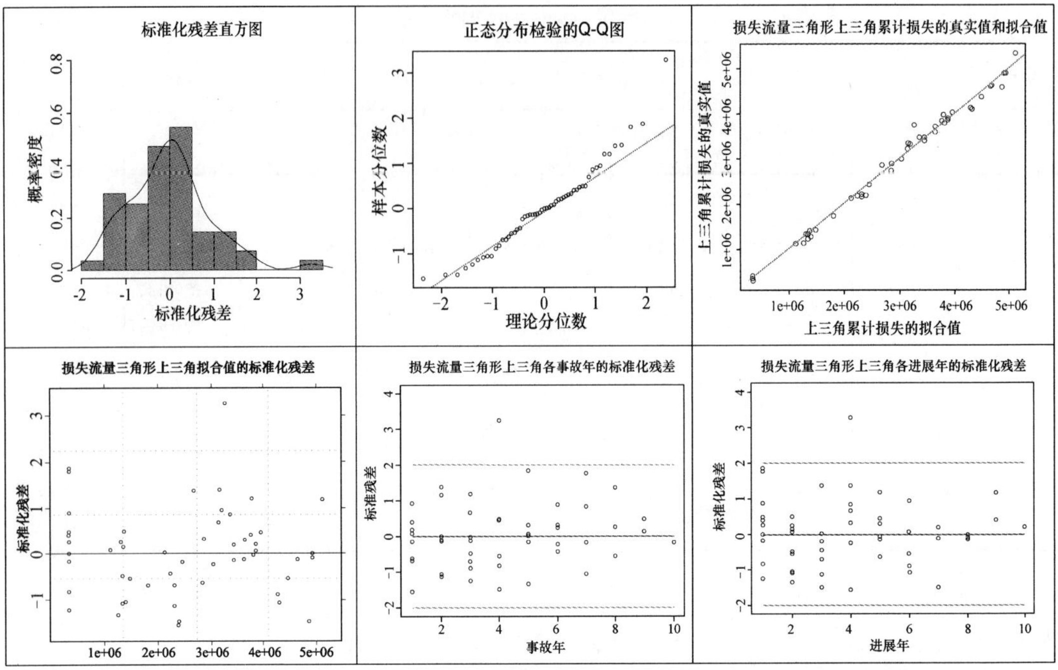

图 10.1　考虑随机形状效应的分层 Weibull 增长曲线模型标准化残差和累计损失的拟合值的检验结果

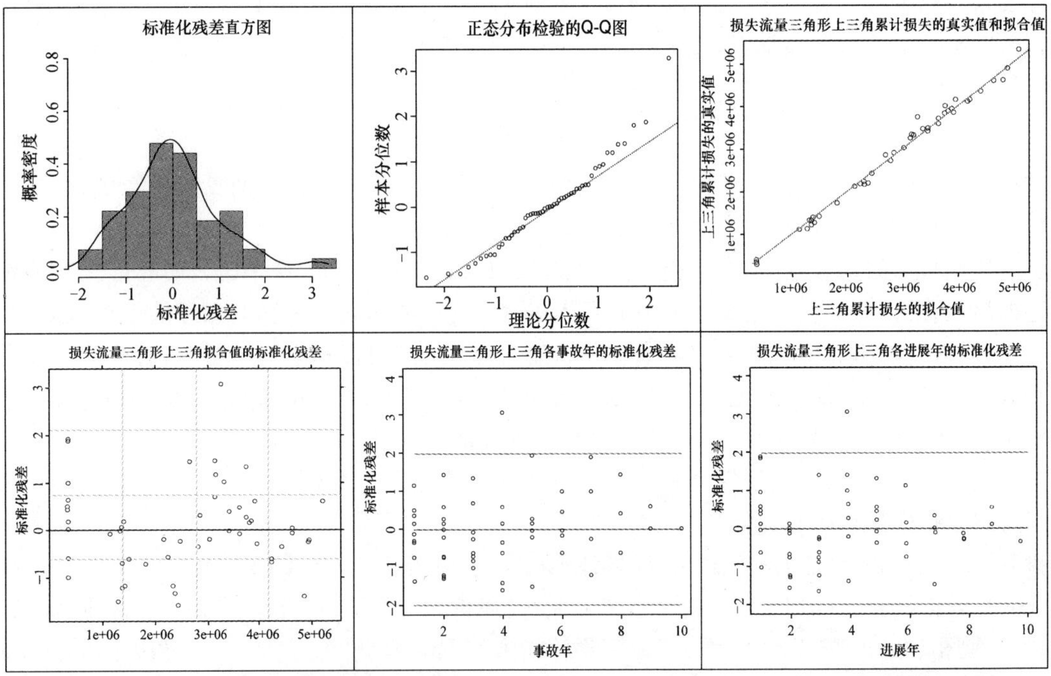

图 10.2　考虑随机形状效应的分层 Loglogistic 增长曲线模型标准化残差和累计损失的拟合值的检验结果

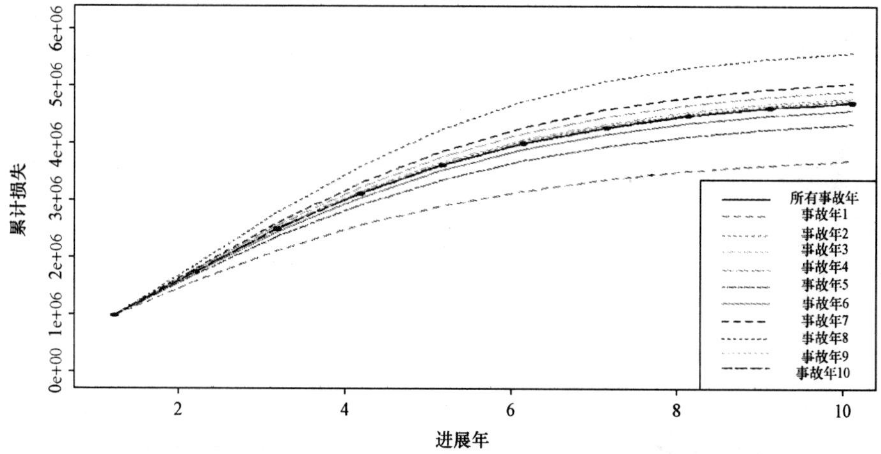

图 10.3　考虑随机形状效应的分层 Weibull 增长曲线的累计损失进展模型

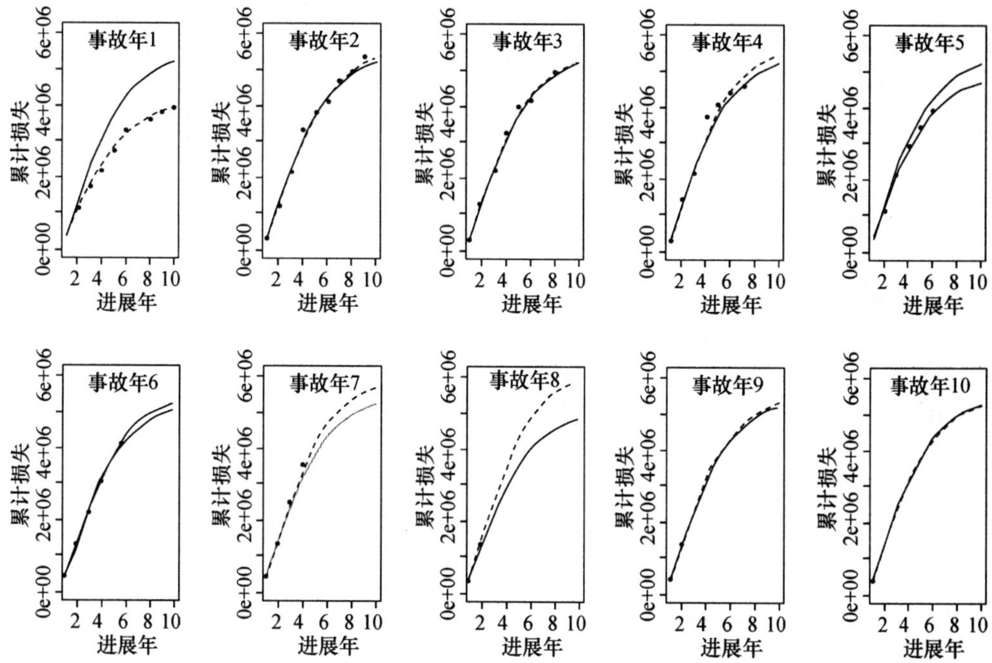

图 10.4　各事故年累计损失的真实值和分层 Weibull 增长曲线的估计值(考虑随机形状效应)

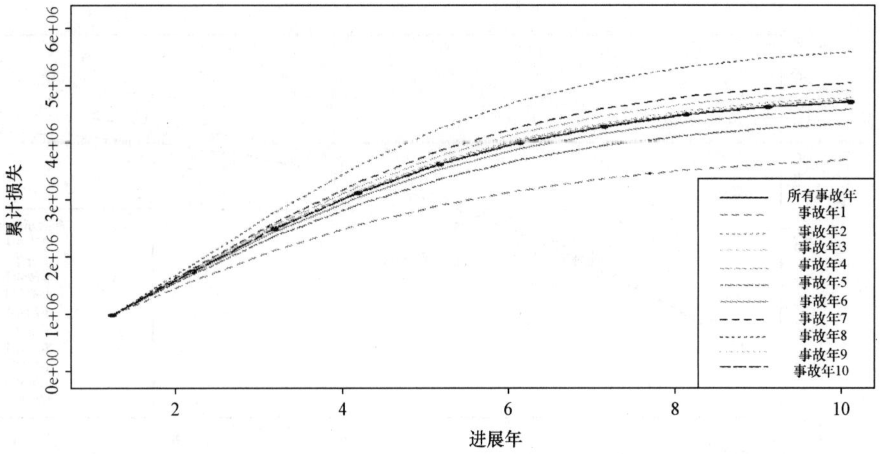

图 10.5　考虑随机形状效应的分层 Loglogistic 增长曲线的累计损失进展模型

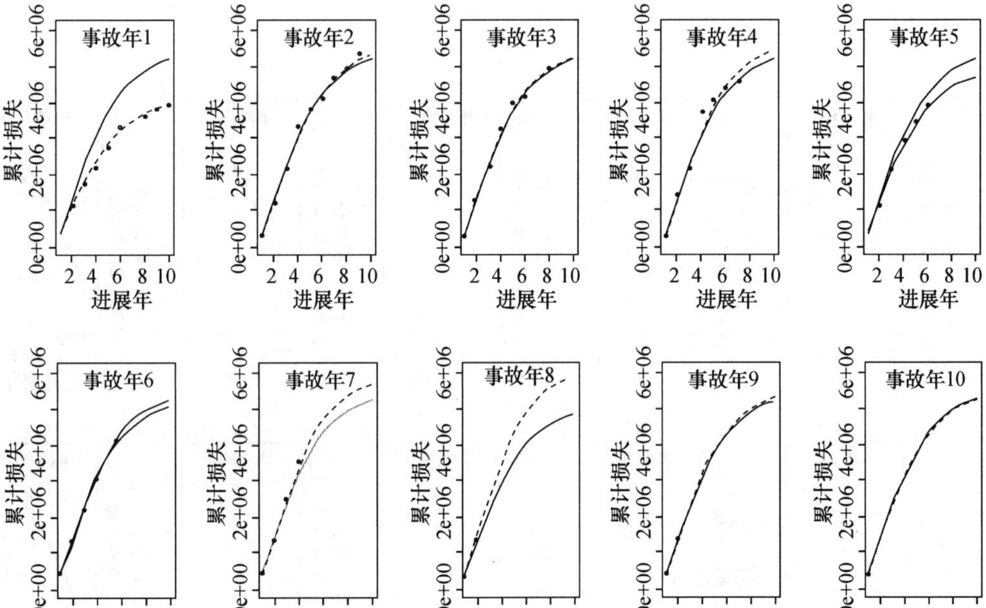

图 10.6　各事故年累计损失的真实值和分层 Loglogistic 增长曲线的估计值(考虑随机形状效应)

图 10.3—10.6 进一步支持两种模型拟合效果都非常好. 此外,有必要对第 1 和第 8 个事故年的增长曲线图加以说明. 在分层 Weibull 增长曲线模型中,第 1 个事故年的增长曲线与其他事故年的增长曲线不同,这也可以从表 10.6 中 ULT_1 的估计值为 4 104 870 看出来,

比 μ_{ULT} 的估计值低了 24.2%. 然而,该事故年已有 10 个观测值,某种程度上表明较低的 ULT_1 是有道理的. 相比之下,第 8 个事故年的 12→24 和 24→36 有更大的进展,使得 ULT_8 的估计值为 6 525 111,比 μ_{ULT} 的估计值高 20.6%. 当然,这是由于仅有三个观测值导致的. 而链梯法估计的 ULT_8 为 6 786 880. 因此,该模型估计的 ULT_8 处在整体平均水平 μ_{ULT} 和链梯法估计值之间. 这说明分层模型隐含着使用信度加权的方式将特定事故年的估计值收缩到整体平均水平. 事故年越近,收缩程度越明显. 最极端的收缩发生在第 10 个事故年,其估计的 ULT_{10} 为 5 411 352,仅仅比 μ_{ULT} 低一点. 考虑到第 10 个事故年只有一个数据点,所以信度因子最低. 这也可以从图 10.4 中第 10 个事故年的两条增长曲线几乎重合得到证实. 在分层 Loglogistic 增长曲线模型中,也可进行类似的比较.

10.4.3　考虑 Cape-Cod 方法的分层增长曲线模型参数估计及结果分析

沿用第九章中给出的假设,即第 1 个事故年的均衡保费是 1 000 万,其后每年增加 40 万. 选取初始值集合为 $\{\mu_{LR},\omega,\theta\}=\{0.5,1.4,3.75\}$. 在此基础上,表 10.8 和表 10.9 分别给出了考虑 Cape-Cod 方法的分层 Weibull 增长曲线模型和分层 Loglogistic 增长曲线模型得到的主要超参数估计值和 AIC 统计量.

表 10.8　Cape-Cod 分层 Weibull 增长曲线模型得到的主要超参数估计值和 AIC 统计量

分层 Weibull 增长曲线模型	μ_{LR}	$\omega(\mu_\omega)$	$\theta(\mu_\theta)$	σ_{LR}	σ	ζ	AIC 统计量
基础模型	0.46	1.317	3.909	0.038	94.153	0.5	1 482.694
放松过程方差假设	0.46	1.332	3.863	0.039	878.790	0.34	1 482.902
考虑随机形状效应	0.46	1.329	3.847	0.042	84.883	0.5	1 476.357
考虑随机尺度效应	0.46	1.318	3.868	0.052	92.436	0.5	1 484.225

表 10.9　Cape-Cod 分层 Loglogistic 增长曲线模型得到的主要超参数估计值和 AIC 统计量

分层 Loglogistic 增长曲线模型	μ_{LR}	$\omega(\mu_\omega)$	$\theta(\mu_\theta)$	σ_{LR}	σ	ζ	AIC 统计量
基础模型	0.60	1.414	4.131	0.050	98.882	0.5	1 487.259
放松过程方差假设	0.58	1.481	3.842	0.050	2 707.042	0.25	1 489.614
考虑随机形状效应	0.60	1.429	4.018	0.054	89.822	0.5	1 481.580
考虑随机尺度效应	0.60	1.415	4.088	0.080	95.388	0.5	1 486.936

从表 10.8 和表 10.9 可以看出,两种增长曲线下,考虑随机形状效应的分层模型都是更合适的选择. 在此基础上,表 10.10 和表 10.11 分别给出了考虑随机形状效应的 Cape-Cod

分层 Weibull 增长曲线模型和 Cape-Cod 分层 Loglogistic 增长曲线模型得到的最终损失、未决赔款准备金的估计值.

表 10.10　考虑随机形状效应的 Cape-Cod 分层 Weibull 增长曲线模型的估计结果　　单位：元

事故年 i	平均进展年	均衡保费	ω	θ	损失率	增长比例/%	累计损失	第 10 进展年	最终损失	未决赔款准备金
1	9.5	10 000 000	1.238	3.847	0.405	95.3	3 901 463	3 858 374	4 047 732	146 269
2	8.5	10 400 000	1.407	3.847	0.514	95.3	5 339 085	5 194 259	5 345 178	6 093
3	7.5	10 800 000	1.377	3.847	0.495	91.9	4 909 315	5 177 523	5 343 341	4 340 26
4	6.5	11 200 000	1.380	3.847	0.497	87.3	4 588 268	5 393 043	5 564 010	975 743
5	5.5	11 600 000	1.261	3.847	0.420	79.2	3 873 311	4 653 019	4 866 604	993 293
6	4.5	12 000 000	1.277	3.847	0.430	70.5	3 691 712	4 940 235	5 156 628	1 464 916
7	3.5	12 400 000	1.326	3.847	0.462	58.6	3 483 130	5 517 437	5 725 256	2 242 126
8	2.5	12 800 000	1.388	3.847	0.502	42.3	2 864 498	6 232 156	6 424 674	3 560 176
9	1.5	13 200 000	1.289	3.847	0.438	25.7	1 363 294	5 542 565	5 776 586	4 413 292
10	0.5	13 600 000	1.350	3.847	0.477	6.2	344 014	6 268 493	6 487 674	6 143 660
总计							34 358 090	52 777 105	54 737 682	20 379 592

表 10.11　考虑随机形状效应的 Cape-Cod 分层 Loglogistic 增长曲线模型的估计结果　　单位：元

事故年 i	平均进展年	均衡保费	ω	θ	损失率	增长比例/%	累计损失	第 10 进展年	最终损失	未决赔款准备金
1	9.5	10 000 000	1.338	4.018	0.521	76.0	3 901 463	3 957 965	5 209 216	1 307 753
2	8.5	10 400 000	1.507	4.018	0.664	75.6	5 339 085	5 419 001	6 900 420	1 561 335
3	7.5	10 800 000	1.481	4.018	0.642	71.6	4 909 315	5 416 811	6 930 838	2 021 523
4	6.5	11 200 000	1.487	4.018	0.646	67.2	4 588 268	5 662 582	7 238 045	2 649 777
5	5.5	11 600 000	1.367	4.018	0.545	60.6	3 873 311	4 836 485	6 327 657	2 454 346
6	4.5	12 000 000	1.381	4.018	0.557	53.9	3 691 712	5 127 113	6 688 813	2 997 101
7	3.5	12 400 000	1.425	4.018	0.594	45.1	3 483 130	5 698 980	7 370 618	3 887 488
8	2.5	12 800 000	1.477	4.018	0.638	33.2	2 864 498	6 374 761	8 163 733	5 299 235
9	1.5	13 200 000	1.381	4.018	0.557	20.4	1 363 294	5 631 664	7 348 294	5 985 000
10	0.5	13 600 000	1.443	4.018	0.609	4.7	344 014	6 431 001	8 288 635	7 944 621
总计							34 358 090	54 556 363	70 466 268	36 108 178

下面进一步给出这两种模型的标准化残差和累计损失的拟合值的检验结果，如图 10.7 和图 10.8 所示.

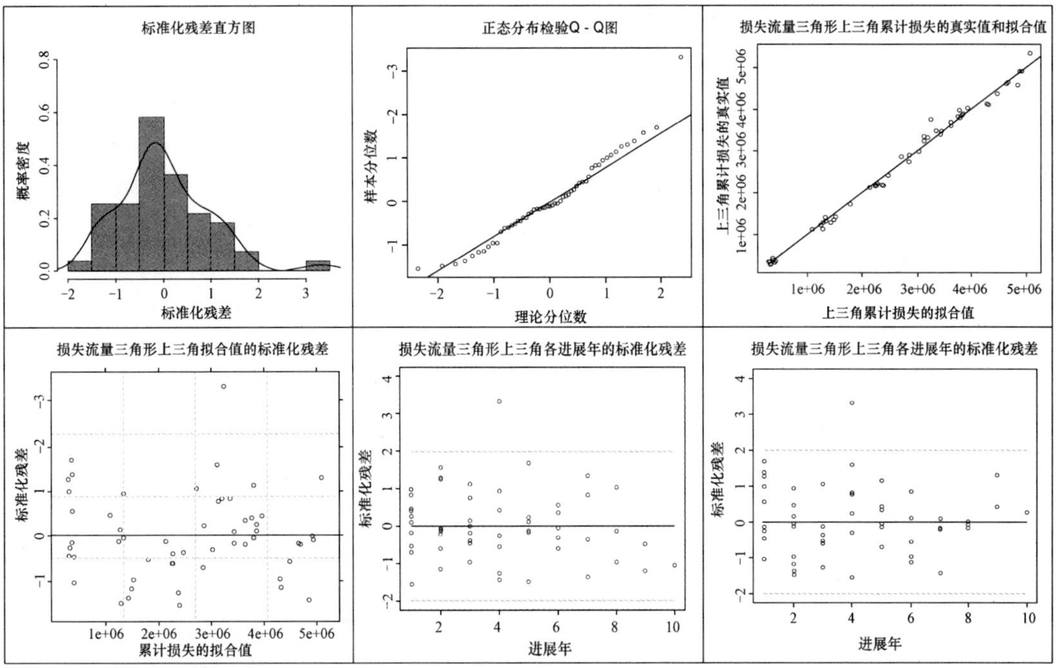

图 10.7 考虑随机形状效应 Cape-Cod 分层 Weibull 增长曲线模型残差和累计损失拟合值的检验结果

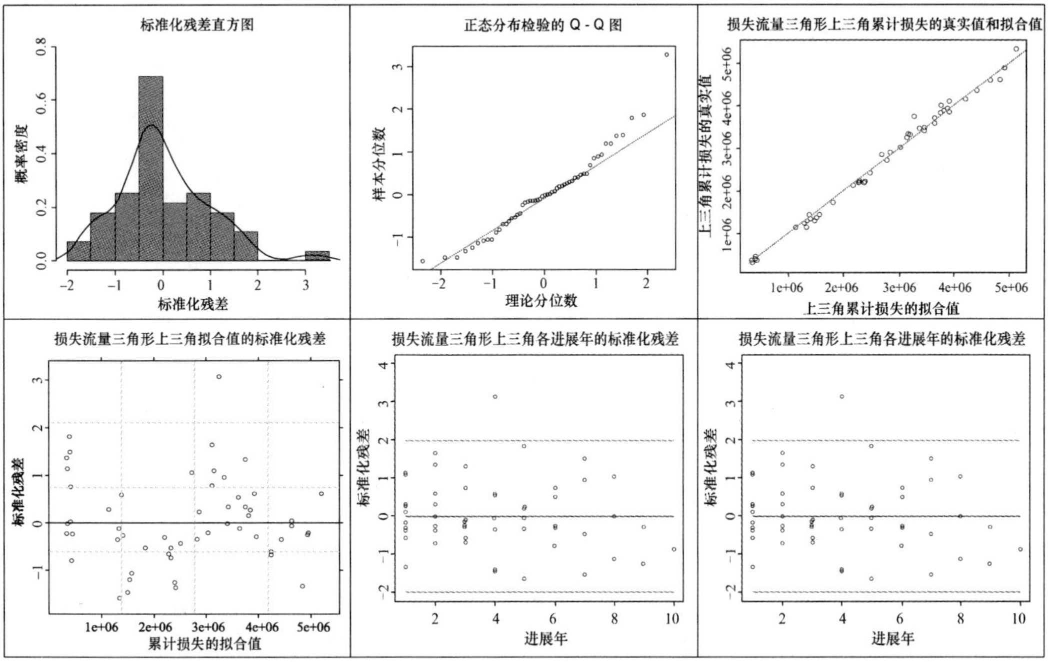

图 10.8 考虑随机形状效应 Cape-Cod 分层 Loglogistic 增长曲线模型残差和累计损失拟合值的检验结果

这些检验结果表明,这两个模型拟合效果都相当好.最后,评价这两个模型拟合效果的另一种方法是将每个事故年累计损失的估计增长曲线与累计损失的初始观测值加以比较,如图 10.9—10.12 所示.在这四个图中,实线表示由超参数 $\{\mu_{LR},\omega,\theta\}$ 描述的所有事故年累计损失的平均增长曲线,虚线表示由 θ 和随机效应 $\{LR_1,LR_2,\cdots,LR_{10}\}$, $\{\omega_1,\omega_2,\cdots,\omega_{10}\}$ 描述的每个事故年累计损失的增长曲线.图 10.10 和图 10.12 中的黑点表示各事故年累计损失的观测值.另外,从图 10.9 和图 10.11 可以看出,各事故年的增长曲线位于所有事故年整体平均增长曲线的两侧.

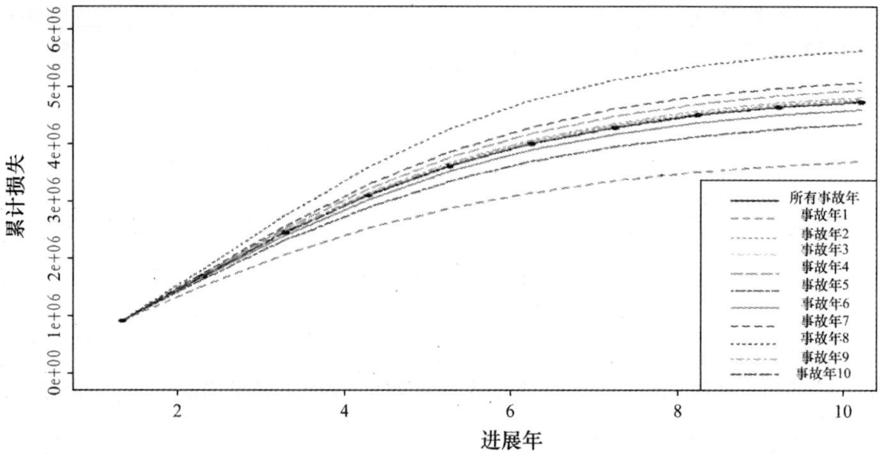

图 10.9　考虑随机形状效应的 Cape-Cod 分层 Weibull 增长曲线的累计损失进展模型

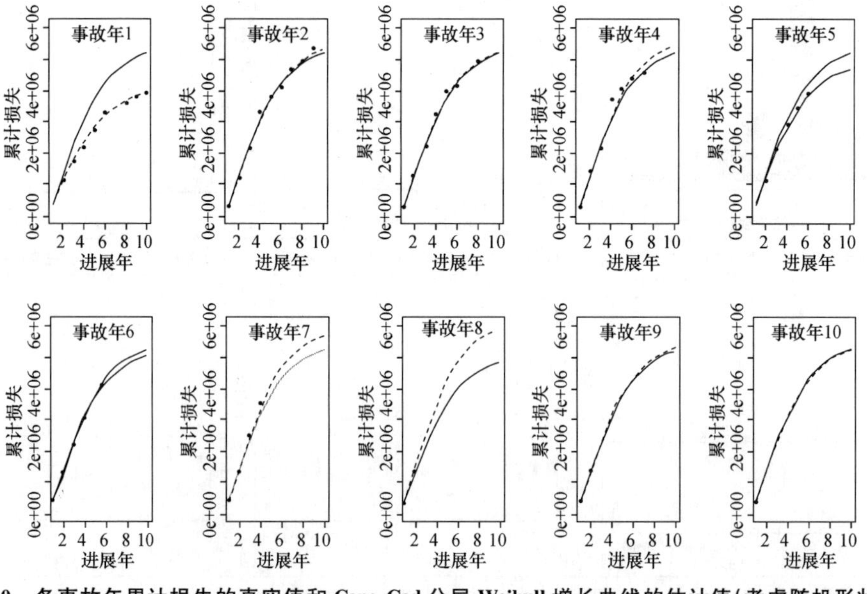

图 10.10　各事故年累计损失的真实值和 Cape-Cod 分层 Weibull 增长曲线的估计值(考虑随机形状效应)

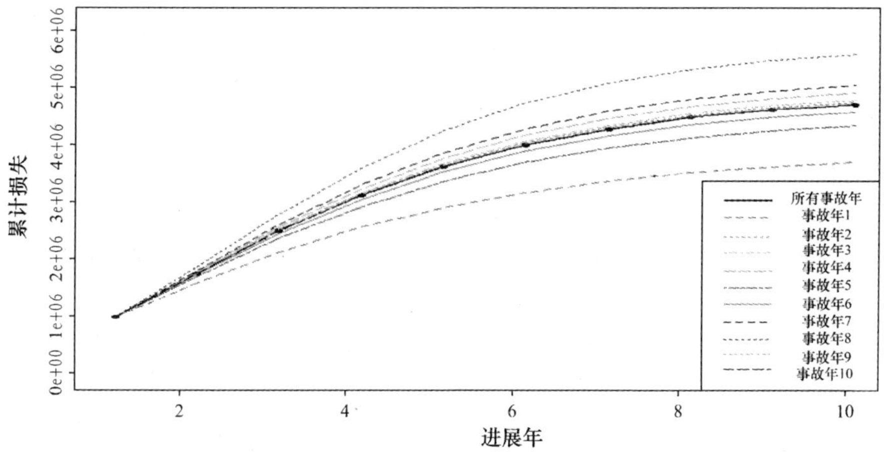

图 10.11　考虑随机形状效应的 Cape-Cod 分层 Loglogistic 增长曲线的累计损失进展模型

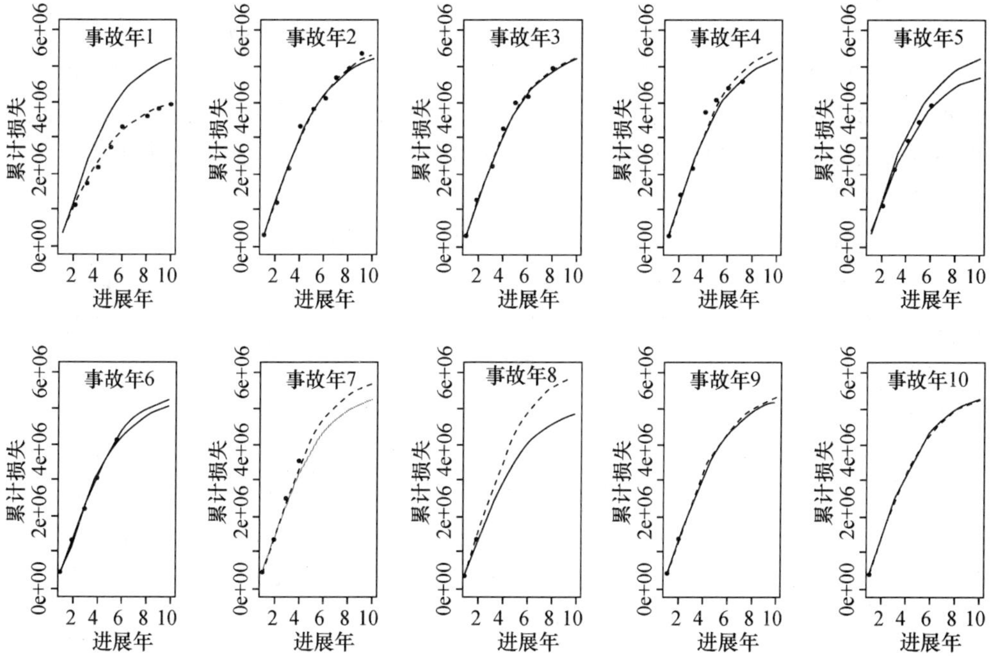

图 10.12　各事故年累计损失的真实值和 Cape-Cod 分层 Loglogistic 增长曲线的估计值(考虑随机形状效应)

这四个图进一步支持两种模型拟合效果非常好. 其他评论与考虑 LDF 的分层模型类似. 另外,在考虑 LDF 的分层模型和考虑 Cape-Cod 方法的分层模型中,添加随机形状效应后,第 8 个事故年的最近观测值比所有事故年的平均增长曲线更陡峭,可能该事故年预期将有更高的损失强度.然而,也可能该事故年的观测值是离群值,在这种情况下,应该减轻它在最终损失估计中的影响,此时则可以认为基础模型比含随机形状效应的分层模型更好.

10.4.4 结论分析

与非分层模型相比,采用分层模型评估索赔准备金具有以下一些优势:

(1) 与链梯法要求估计 9 个链梯比率和 1 个任意选定的尾部进展因子相比,结合非线性增长曲线,在分层模型中可以利用超参数预测损失估计的中间值和最终值,且不需要选定尾部因子.

(2) 在分层模型中不会出现参数过度化问题.这是因为分层模型不需要对每个事故年都设定一个最终损失参数.例如,在考虑 LDF 的分层模型中,通过使用超参数 $\{\mu_{ULT},\sigma_{ULT}\}$ 代替参数 $\{ULT_1,ULT_2,\cdots,ULT_{10}\}$;在考虑 Cape-Cod 方法的分层模型中,通过使用超参数 $\{\mu_{LR},\sigma_{LR}\}$ 代替参数 $\{LR_1,LR_2,\cdots,LR_{10}\}$.

(3) 基于 Cape-Cod 假设的分层模型不需要假设所有事故年的 ELR 为常数.本质上,本书第九章给出的 Cape-Cod 模型是当超参数 $\sigma_{LR}\to 0$ 时的分层模型的特例.

(4) 第九章考虑的 LDF 模型包含 12 个参数:$\{ULT_1,\cdots,ULT_{10},\omega,\theta\}$,而 Cape-Cod 模型包含 3 个参数:$\{ELR,\omega,\theta\}$.这种差异在本章考虑的分层模型中是不存在的,其中考虑 LDF 的基础分层模型和考虑 Cape-Cod 方法的基础分层模型都包含 5 个超参数,且两种模型的拟合效果都非常好.

(5) 本章给出的残差图并不能进一步判断 Weibull 增长曲线和 Loglogistic 增长曲线哪一个拟合效果更好.与第九章的结论一致,在分层模型中,Loglogistic 增长曲线估计的索赔准备金也明显高于 Weibull 增长曲线的估计值,这是因为 Loglogistic 增长曲线比 Weibull 增长曲线厚尾.实际上,使用 Loglogistic 增长曲线可以外推到无穷大的进展年,故选择该曲线时应慎重.在实务中,对损失进展过程可能长度的背景了解有助于确定选择哪一类曲线,或是采用其他的增长曲线.

(6) 考虑 Cape-Cod 方法的分层模型是考虑 LDF 的分层模型的一种改进.这是因为前者添加了保费信息,这些信息通常可以改进最终损失的估计,尤其对那些最近的数据稀少的事故年.在 Cape-Cod 分层模型中,越早事故年可以获得更多的损失进展信息,其最终损失的估计很少受保费信息的影响;相反地,越是最近的事故年,可获得的损失进展数据越少,因此,最终损失的估计更多地依赖于模型超参数 LR 的估计值和保费信息.

§10.5 本章小结

本章考虑了损失流量三角形中对应于同一个事故年的损失随时间反复观测的纵向特征,将损失流量三角形视为分层数据,结合损失进展的增长曲线,提出了为损失流量三角形建模的两种非线性分层增长曲线模型，即考虑损失进展因子的分层增长曲线模型和考虑Cape-Cod方法的分层增长曲线模型，并使用R软件对其进行了完整的编程实现.

本章并未涉及分层模型框架下的索赔准备金评估的波动性度量.索赔准备金估计的波动性问题可以分为以下两个方面：一是需要估计来自于损失进展过程的随机性导致的波动性，即过程方差；二是需要估计来自于模型超参数的不确定性导致的波动性，即参数误差.在此基础上，进一步结合贝叶斯方法，应用MCMC随机模拟索赔准备金的预测分布.这些内容将是进一步的研究方向.

在精算学中，分层建模技术的时代已经到来.贝叶斯信度模型可以作为分层模型的特定类型，这意味着精算师可以在一个完整的统计建模框架下实施信度计算.同时，分层模型也很容易将信度概念融入到GLM或非线性建模框架中.通过结合各种模型参数的子模型，在整体平均估计中采用合适权重的方式，分层模型增强了稀少数据的估计结果，这也是将贝叶斯信度理论整合于统计建模框架的基本观点.此外，分层建模框架也可以提供处理“大规模分类”问题的自然方式，对于分类费率厘定和预测模型来说，精算师可以考虑将分层结构加入到GLM中，以体现诸如地区、类型等大规模分类维度的不同特征.最后，在应用分层建模软件包时，可以很容易使用更直观的统计方法，如图形诊断、各个统计指标的比较来评价模型的拟合效果等.

参考文献

[1] Barnett G, Zehnwirth B. Best estimates for reserves. Proc, CAS, 2000, 87: 245-321.

[2] England P D, Verrall R J. Stochastic claims reserving in general insurance. British Actuarial Journal, 2002, 8(3): 443-518.

[3] England P D, Verrall R J. Predictive distributions of outstanding liabilities in general insurance. Annals of Actuarial Science, 2007, 1(2): 221-270.

[4] Clark D R. LDF curve fitting and stochastic loss reserving: a maximum likelihood approach. Casualty Actuarial Society Forum, Fall, 2003: 41-91.

[5] Meyers G. Estimating predictive distributions for loss reserve models. Variance, 2007, 1(2): 248-272.

[6] Björkwall S, Hössjer O, Ohlsson E, Verrall R. A generalized linear model with smoothing effects for claims reserving. Insurance: Mathematics and Economics, 2011, 49(1): 27-37.

[7] Pinheiro J C, Bates D M. Mixed-Effects Models in S and S-Plus. New York: Springer-Verlag, 2000.

[8] Raudenbush S W, Bryk A S. Hierarchical Linear Models: Applications and Data Anal-

ysis Method. 2rd edition. SAGE Publications, 2002.

[9] Gelman A, Hill J. Data Analysis Using Regression and Multilevel/Hierarchical Models. New York : Cambridge University Press, 2007.

[10] Frees E W. Regression Modeling with Actuarial and Financial Applications. Cambridge University Press, 2010.

[11] Mack T. Distribution-free calculation of the standard error of chain ladder reserve estimates. Astin Bulletin, 1993, 23(2): 213-225.

[12] Guszcza J. Hierarchical growth curve models for loss reserving. Casualty Actuarial Society E-Forum, Fall, 2008: 146-172.